中国农村住户调查年鉴

2000

国家统计局农村社会经济调查总队

中国统计出版社
China Statistics Press

(京)新登字 041 号

图书在版编目(CIP)数据

中国农村住户调查年鉴-2000/国家统计局农村社会经济调查总队编.
—北京:中国统计出版社,2000.7
ISBN 7-5037-3260-1/D·112

Ⅰ.中…
Ⅱ.国…
Ⅲ.农民-社会调查-统计资料-中国-2000-年鉴
Ⅳ.D422.7

中国版本图书馆 CIP 数据核字(2000)第 63634 号

中国农村住户调查年鉴-2000

作　者/国家统计局农村社会经济调查总队
责任编辑/陈悟朝
封面设计/张　冰
出版发行/中国统计出版社
通信地址/北京市西城区月坛南街 75 号　邮政编码/100826
办公地址/北京市丰台区西三环南路甲 6 号
电　话/(010)63459084,63266600-22500(发行部)
印　刷/科伦克三莱印务(北京)有限公司
经　销/新华书店
开　本/880×1230mm　1/16
印　张/16.75　(0.25 印张彩页)
印　数/1-3000
字　数/500 千字
版　别/2000 年 7 月第 1 版
版　次/2000 年 7 月第 1 次印刷
书　号/ISBN 7-5037-3260-1/D·112
定　价/86.00 元

《中国农村住户调查年鉴－2000》编辑委员会

前　言

住户调查是世界各国政府普遍开展的重要统计调查活动之一。为指导和协调各国住户调查活动，联合国统计委员会专门制定了《联合国国家住户能力调查方案》。《联合国国家住户能力调查方案》指出，住户调查的主要目的是“为人们的居住条件、从事的活动、收入水平和消费结构、人口特征、影响人们行为的文化因素以及对社会经济文化的反应，提供完整的和最新的信息”。中国农村住户调查的基本框架是按照《联合国国家住户能力调查方案》的要求设计的，其调查内容涉及农村居民家庭的要素、生产、流通、收入、消费、积累和社区环境等各个方面的情况，有近两千个调查指标，调查规模包括全国 31 个省(区、市)的 857 个县 67000 户，是至今为止世界上最大规模的常年记帐式抽样调查。

中国农村住户调查始于 1954 年。农村经济体制改革以前，调查内容主要是农民家庭收支情况，因此，该调查曾被称为“农民家庭收支调查”，或“农民家计调查”。该调查 1954－1977 年期间曾两次中断，第一次是在 1958－1961 年，由于“人民公社化”运动而中止；第二次是在 1966－1976 年，由于“文化大革命”运动而被迫中断。1977 年，在党和政府的关怀下该调查再次恢复，1979 年，随着我国的对外开放和国际交往的增加，该调查开始吸收国际上通行的抽样调查方案，改革原来的调查方案和方法，调查名称也由“农民家庭收支调查”改为“农村住户调查”。特别是 1984 年国家农村社会经济调查队系统成立以后，中国农村住户调查获得了长足发展，调查方法、调查内容逐渐与国际接轨，走上了科学化、现代化和规范化道路。

中国农村住户抽样调查资料一直作为党和政府制定农村发展政策的客观依据，很好地发挥了决策咨询作用。随着我国社会主义市场经济的发展，社会各界对住户调查资料的需求日益增加，为更好地满足社会需要，发挥统计调查咨询服务功能，我们决定正式公开出版《中国农村住户调查年鉴》，对我国农村住户调查的历史和调查成果进行全面归纳和总结。今年出版的《中国农村住户调查年鉴》除发布综合资料外，还发布了一些分组资料，有些资料是第一次向社会公开，具有较高的研究价值，欢迎社会各界使用并提出宝贵意见。

值此《中国农村住户调查年鉴》出版之际，我们对为中国农村住户调查的发展而做出贡献的前辈们表示崇高的敬意，对辛勤工作在第一线的调查员们表示亲切的慰问，对广大调查户的配合与支持表示衷心的感谢，也对关心和支持中国农村住户调查的国际组织和国际友人表示衷心的感谢。

国　家　统　计　局
农村社会经济调查总队
总队长：朱向东

编 者 说 明

一、《中国农村住户调查年鉴—2000》是一部全面反映中国农村居民生产、收入、消费和积累的资料性年刊，是首次在国内外公开发行。本书收录了中国开展住户调查以来的主要数据，以及历史重要年份各省(区、市)的主要数据和1999年住户调查的主要结果。

二、全书内容分为七个部分，即：1. 主要指标统计图；2. 综合资料；3. 主要年份分组资料；4. 各地区主要年份农村居民收支情况；5.1999年农村住户调查主要情况；6. 近年农村住户调查专文分析；7. 农村住户调查简介。

三、本书所收录的资料，1979年以前的资料来源于国家统计局开展的“农民家计调查”，1979年以后的资料来源于国家统计局开展的“农村住户抽样调查”。全国资料均未包括香港、澳门特别行政区和台湾省。

四、本年鉴部分数据合计由于单位取舍不同而产生的计算误差均未做机械调整。

五、本年鉴各表中，有关对全表的注解均在该表上方，对表中部分指标的注解则在该表下方。凡带续表的资料，对部分指标的注解在最后一张续表的下方。

六、本年鉴的符号使用说明：“…”表示数据不足本表最小单位数；“空格”表示该统计指标数据不详或无该项统计；“#”表示其中的主要项；“*”表示本表下有注解。

图1. 1978年以来农民收入增长曲线

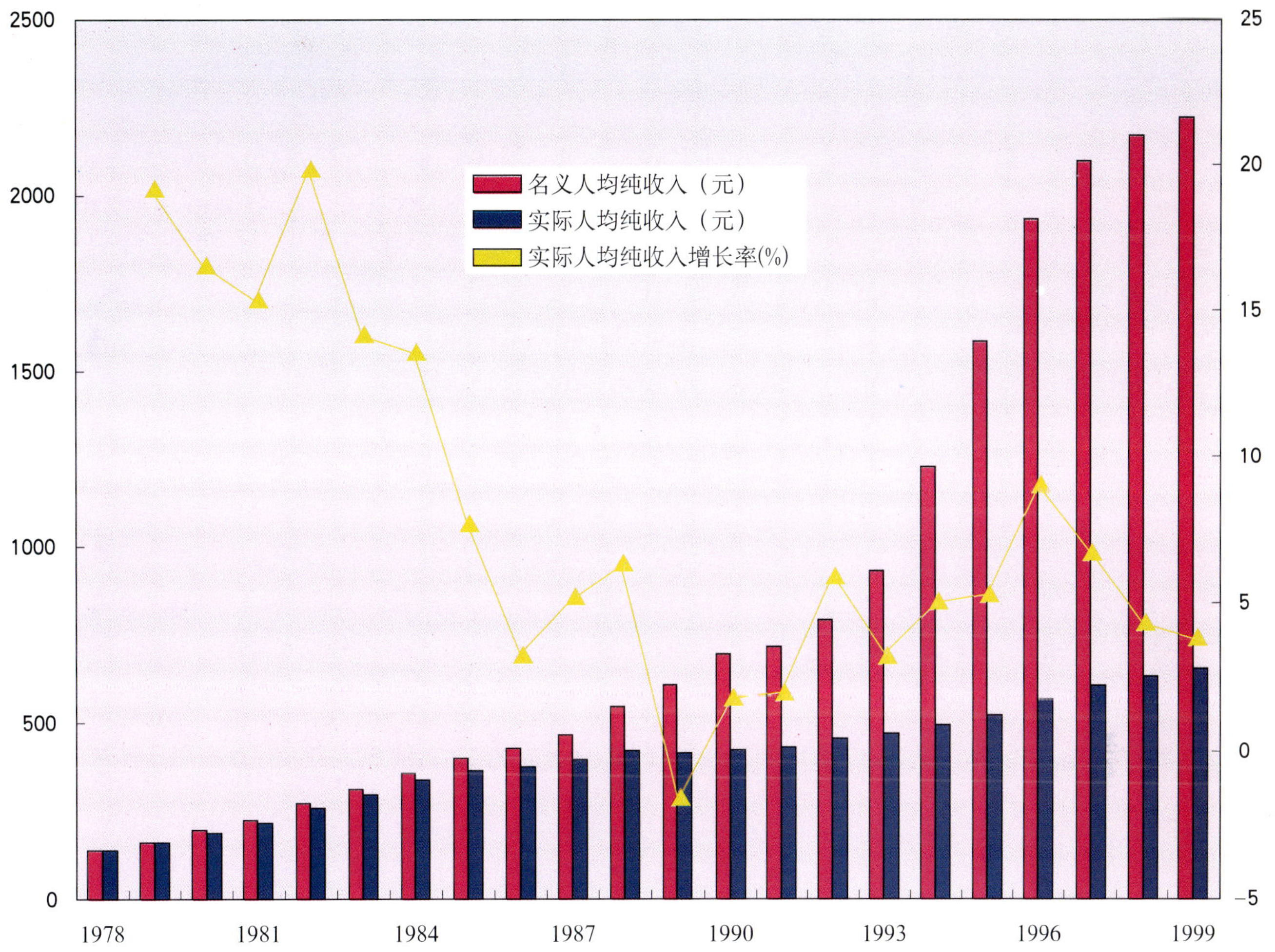

图2. 主要年份农民收入结构图

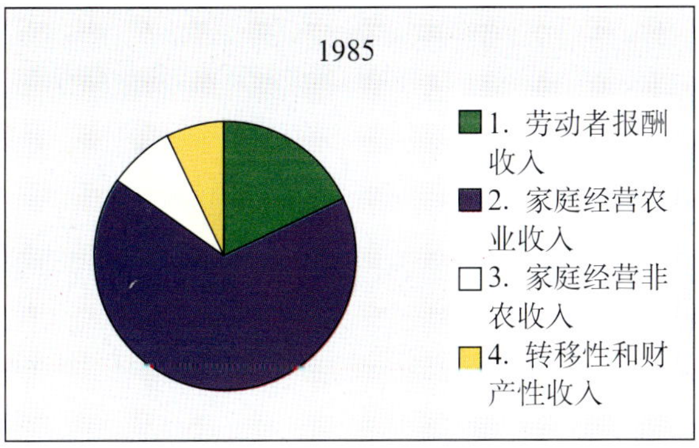

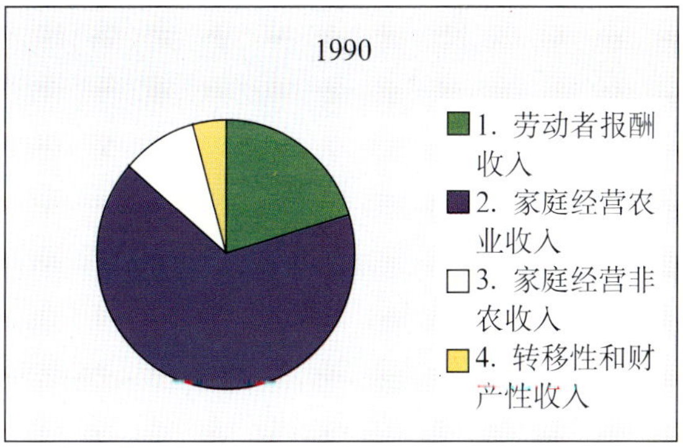

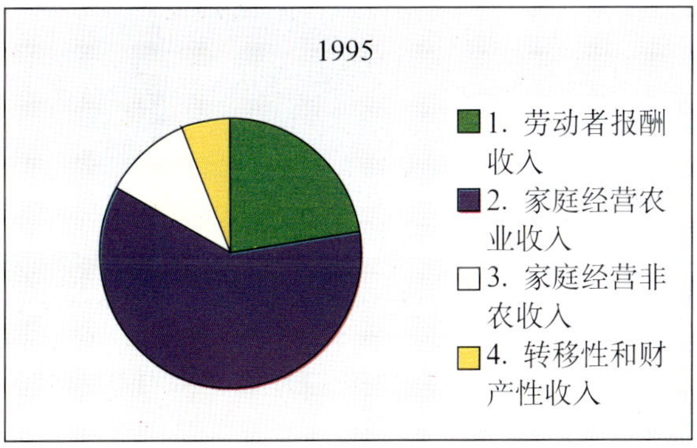

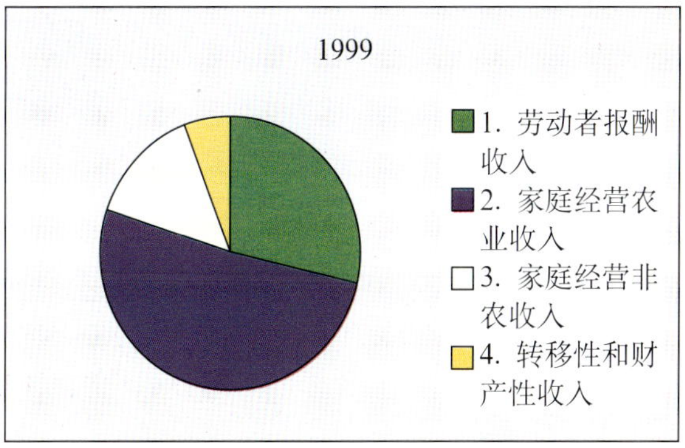

图3. 主要年份农民家庭经营收入比较

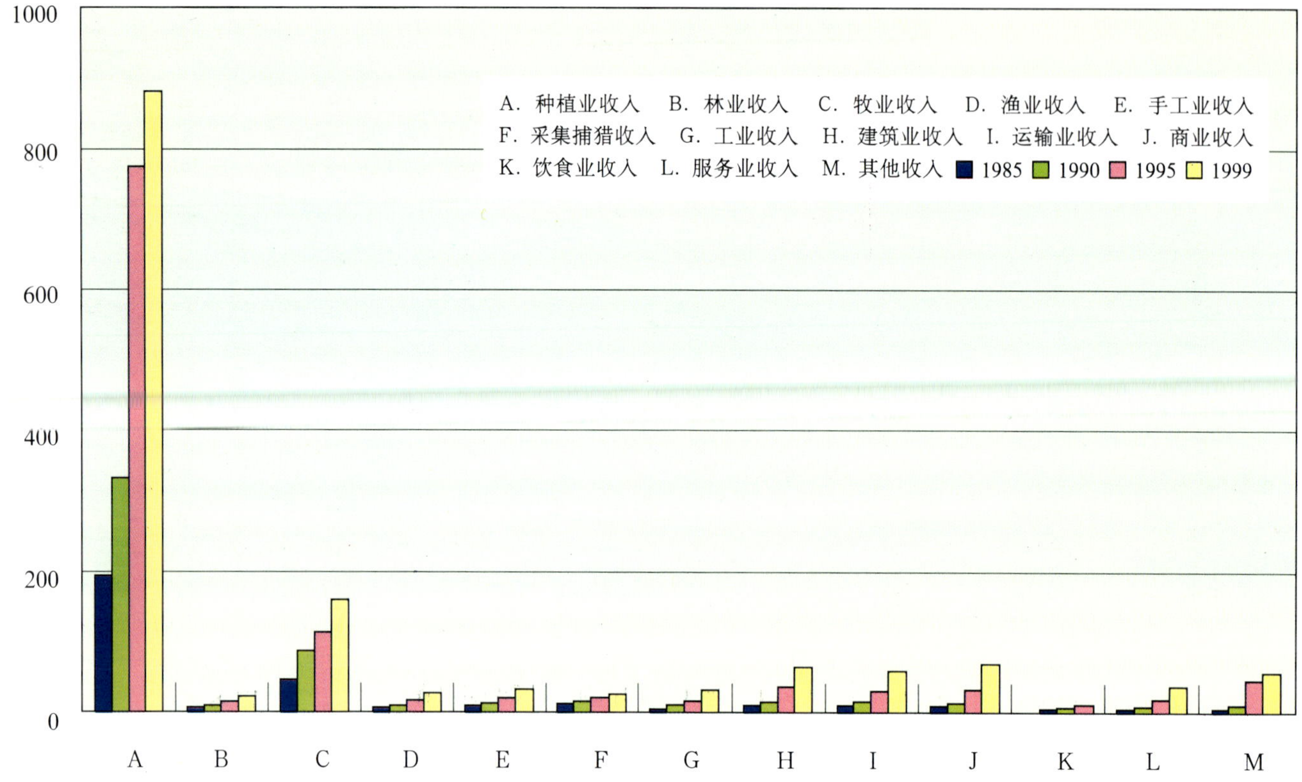

图4. 不同收入组农户分布

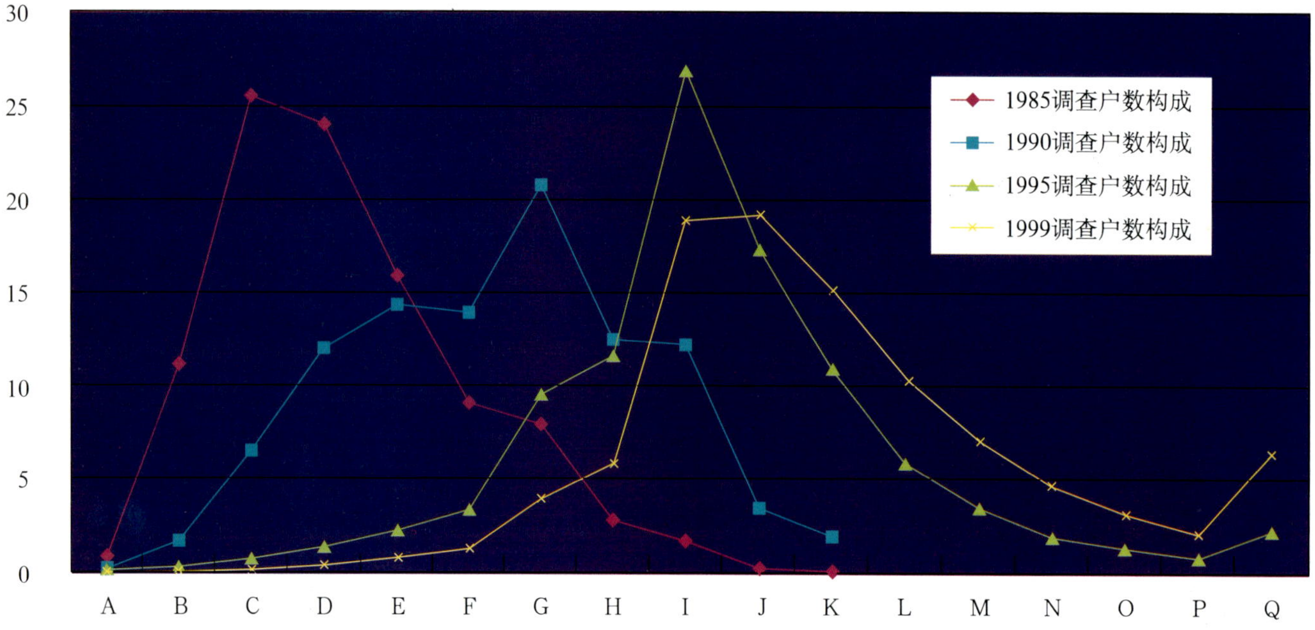

A. 100元以下 B. 100-200元 C. 200-300元 D. 300-400元 E.400-500元 F. 500-600元 G. 600-800元
H. 800-1000元 I. 1000-1500元 J. 1500-2000元 K. 2000-2500元 L.2500-3000元 M. 3000-3500元 N. 3500-4000元
O. 4000-4500元 P. 4500-5000元 Q. 5000元以上

图5. 农村居民基尼系数变化

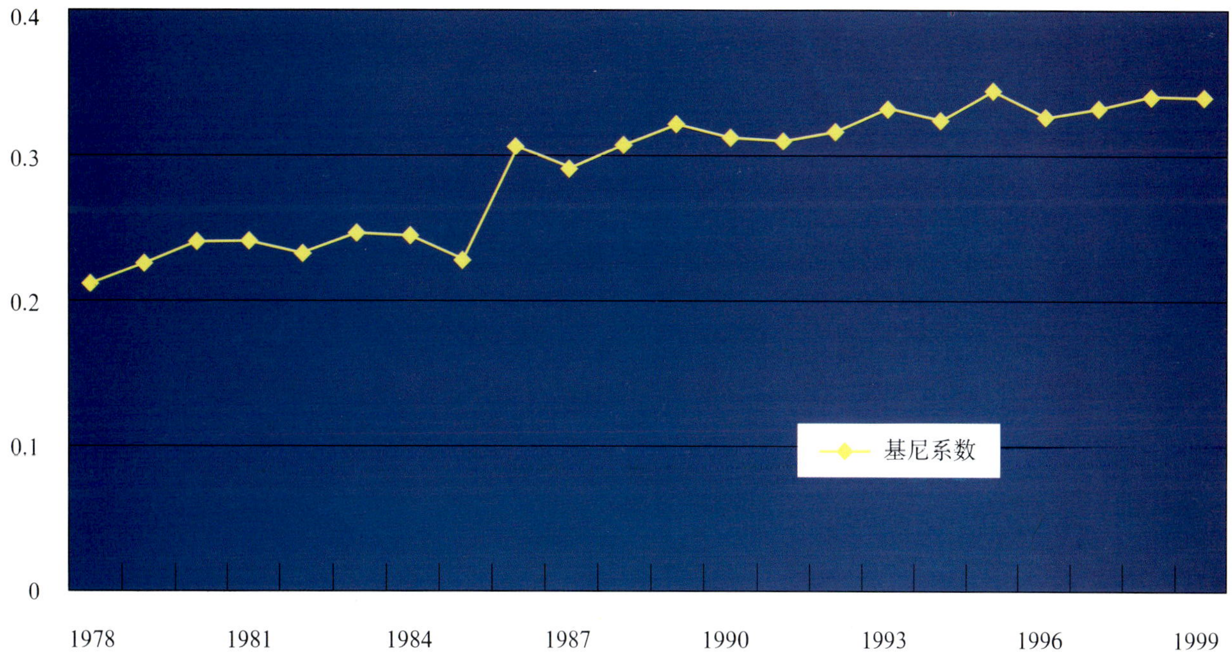

图6. 1978年以来农村居民生活消费支出增长曲线

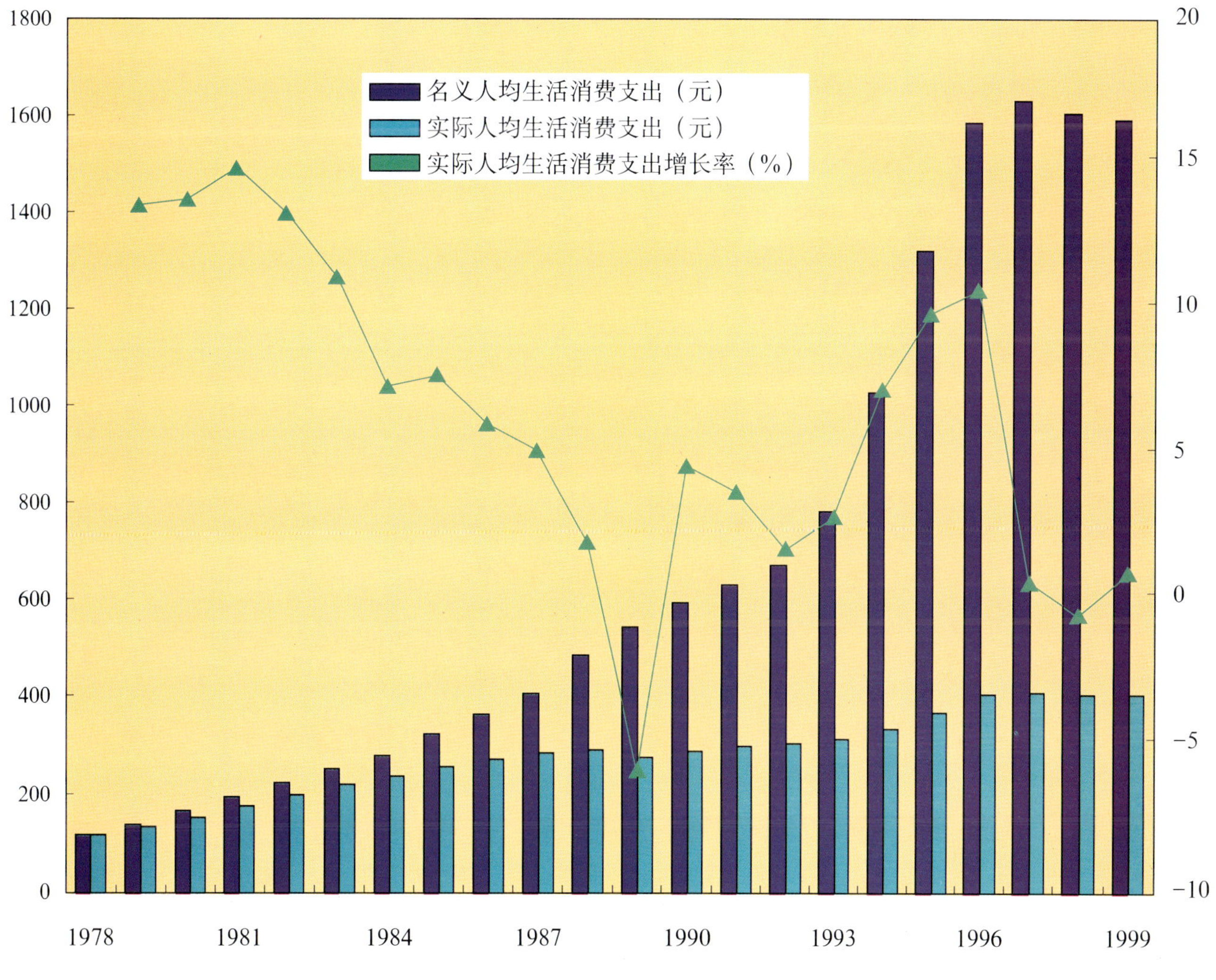

图7. 主要年份农村居民消费比较

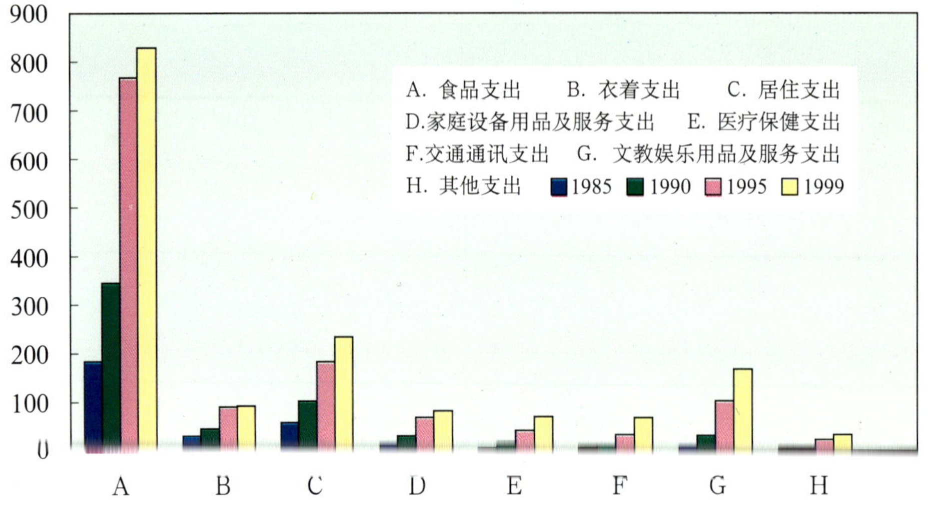

图8. 主要年份农村居民消费结构

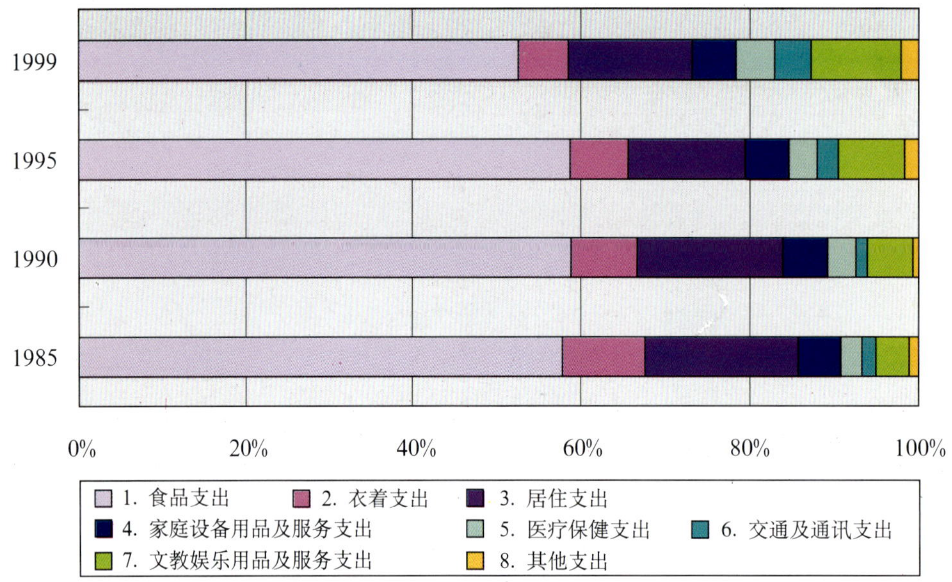

图9. 农村居民恩格尔系数变化

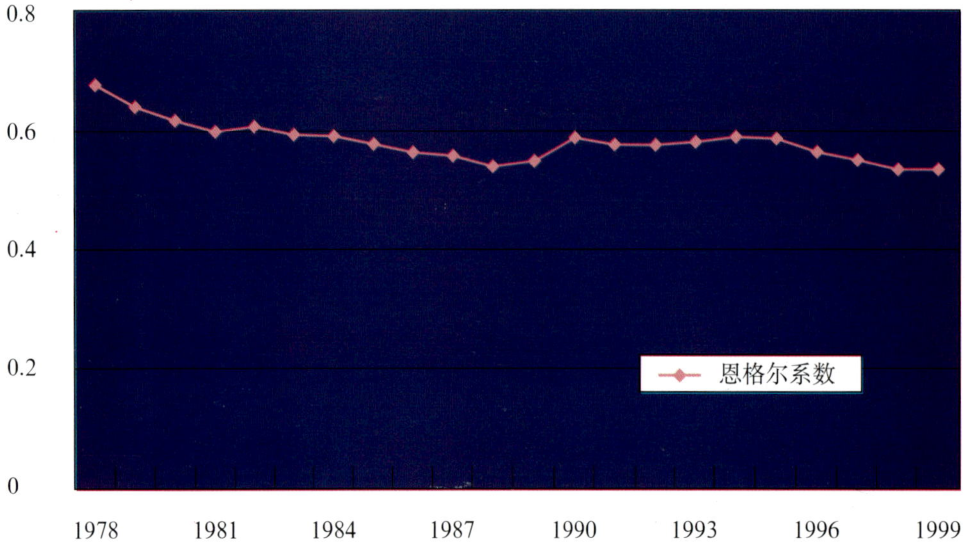

目　　录

第一部分　综合资料

第二部分　主要年份分组资料

第三部分 各地区主要年份农村居民收支情况

第四部分　1999年农村住户调查主要情况

第五部分　近年农村住户调查专文分析

附录　农村住户调查简介

第一部分

综合资料

1－1 家庭基本情况

年 份	调查户数 (户)	常住人口 (人/户)	整、半劳动力 (人/户)	劳动力负担人口 (人/劳动力)	经营耕地面积 (亩/人)	#承包耕地面积 (亩/人)	年末住房面积 (平方米/人)	#砖木结构面积 (平方米/人)	年末生产性固定资产原值 (元/户)
1954	15432	4.69							
1956	14172	4.86							
1957	17378	4.85	2.33	2.08					
1962	4658	5.03	2.31	2.18					
1963	9724	5.05	2.40	2.10					
1964	12095	4.99	2.39	2.09					
1965	11632	5.03	2.35	2.14					
1977	6089	5.73	2.25	2.54					
1978	6095	5.74	2.27	2.53	0.16		8.10		
1979	10282	5.66	2.38	2.38	0.18		8.40		
1980	15914	5.54	2.45	2.26	0.19		9.40		
1981	18529	5.50	2.53	2.17	0.23		10.16	4.87	
1982	22775	5.46	2.58	2.12	0.23		10.73	5.23	263.81
1983	30427	5.43	2.84	1.91	1.93	1.70	11.63	6.17	468.54
1984	31375	5.37	2.87	1.87	2.05	1.82	13.64	6.75	579.95
1985	66642	5.12	2.95	1.74	2.07	1.83	14.70	7.47	792.53
1986	66836	5.07	2.95	1.72	2.07	1.81	15.29	8.15	831.96
1987	66912	5.01	2.95	1.70	2.07	1.79	16.00	8.55	909.03
1988	67186	4.94	2.95	1.67	2.06	1.82	16.58	8.96	1033.04
1989	66906	4.86	2.94	1.65	2.11	1.86	17.21	9.33	1126.07
1990	66960	4.80	2.92	1.64	2.10	1.84	17.83	9.84	1258.06
1991	67410	4.71	2.83	1.67	2.18	1.81	18.49	10.41	1497.09
1992	67490	4.67	2.83	1.65	2.06	1.83	18.88	10.74	1643.95
1993	67570	4.59	2.87	1.60	2.17	1.93	20.71	11.78	1950.31
1994	67420	4.54	2.89	1.57	2.18	1.96	20.22	11.53	2347.63
1995	67340	4.48	2.88	1.56	2.17	1.94	21.01	11.91	2774.27
1996	67610	4.42	2.84	1.55	2.30	2.07	21.69	11.69	3605.07
1997	67680	4.35	2.79	1.56	2.07	1.89	22.45	11.86	3896.56
1998	68300	4.30	2.78	1.55	2.06	1.90	23.31	12.16	3970.81
1999	67430	4.25	2.77	1.54	2.07	1.91	24.23	12.28	4045.48

1－2 主要农产品出售量

单位:公斤/人

年份	粮食	棉花	油料	麻类	糖料	烟叶	蔬菜	果用瓜
1980								
1981	20.62	0.52	3.90	0.52	5.62	0.62	19.38	
1982	31.23	0.82	5.17	0.37	12.32	1.26	25.12	
1983	122.90	4.95	8.50	0.86	31.63	1.48	42.61	4.76
1984	141.27	5.49	10.63	1.65	38.53	2.20	53.55	9.72
1985	123.49	4.13	14.37	2.80	57.87	2.25	53.76	12.44
1986	146.79	3.58	14.21	1.64	62.66	1.74	63.68	15.15
1987	148.72	4.24	12.90	1.58	61.84	2.06	58.62	16.10
1988	150.36	3.85	10.84	1.48	64.79	2.69	58.62	18.64
1989	154.27	3.48	10.70	1.28	58.87	2.78	64.05	18.85
1990	180.24	4.31	12.87	1.56	70.64	2.67	65.07	18.71
1991	179.44	5.54	13.22	1.32	74.46	3.17	68.70	22.65
1992	165.89	4.16	11.27	1.18	86.80	3.58	75.58	21.82
1993	159.35	3.26	10.48	0.86	82.87	3.19	77.73	18.86
1994	188.53	4.01	10.68	0.50	62.22	2.02	72.68	16.47
1995	179.20	4.31	12.02	0.73	56.66	2.21	79.96	18.30
1996	203.47	3.90	11.64	0.83	68.65	3.07	97.00	23.17
1997	228.01	5.12	11.13	0.57	75.82	4.45	106.22	26.41
1998	227.53	5.10	12.39	0.41	81.69	2.33	108.72	30.57
1999	243.34	4.43	15.59	0.28	86.30	2.42	111.66	27.50

1－2续表

单位:公斤/人

年份	水果	蚕茧	猪肉	牛羊肉	牛羊奶	家禽	禽蛋	水产品
1980			8.94	0.32		0.61	1.07	
1981	1.82		8.63	0.39		0.73	1.15	
1982	2.74		9.53	0.50		1.07	1.27	
1983	6.00	0.41	13.61	1.03	0.38	1.15	1.68	0.71
1984	6.48	0.38	15.05	1.16	0.54	1.21	1.94	0.81
1985	6.78	0.36	16.27	1.09	1.02	1.00	2.21	1.74
1986	8.10	0.34	16.89	1.00	1.51	1.60	2.25	2.04
1987	10.89	0.41	17.29	1.18	1.78	1.62	1.97	2.21
1988	10.56	0.45	16.51	1.23	1.84	2.07	2.08	2.64
1989	11.93	0.58	16.79	1.17	1.44	1.59	2.01	2.18
1990	13.17	0.58	17.84	1.26	1.68	1.45	1.89	2.05
1991	15.74	0.65	20.07	1.66	1.91	2.18	2.65	2.92
1992	16.92	0.70	21.17	1.58	1.85	2.23	2.90	3.21
1993	19.60	0.75	23.80	1.88	1.76	2.41	2.89	3.10
1994	22.64	0.83			1.81	2.30	3.35	2.97
1995	24.28	0.79			1.90	2.42	3.54	2.94
1996	29.78	0.50			2.55	2.45	2.58	3.27
1997	36.21	0.54	26.08	4.09	2.76	2.99	3.76	4.50
1998	38.51	0.65	23.04	2.71	2.60	2.42	3.57	4.31
1999	43.17	0.62	28.41	3.71	3.00	3.41	4.07	6.20

1－3　主要食品消费量

单位;公斤/人

年　份	粮　食	其中:1.细粮	2.粗粮	油脂类	其中:1.植物油	2.动物油	蔬　菜
1954	221.73	95.07	126.66	1.26	1.11	0.15	70.66
1956	246.50	126.00	120.50	1.53	1.25	0.28	91.00
1957	227.00	110.06	116.94	1.58	1.25	0.33	102.25
1962	189.30	91.70	97.60	0.95	0.80	0.15	199.65
1963	207.95	94.35	113.60	1.15	0.85	0.30	134.85
1964	212.68	106.01	106.67	1.29	0.93	0.36	126.43
1965	226.50	113.00	113.50	1.49	1.10	0.39	130.00
1977	234.71	113.40	121.31	1.81	1.16	0.65	134.00
1978	247.83	122.50	125.33	1.97	1.30	0.67	141.50
1979	256.74	139.43	117.31	2.38	1.52	0.86	131.17
1980	257.16	162.92	94.24	2.48	1.40	1.08	127.21
1981	256.14	172.41	83.73	3.12	1.89	1.23	123.99
1982	259.97	191.84	68.13	3.43	2.07	1.36	132.04
1983	259.90	196.26	63.64	3.52	2.19	1.33	130.95
1984	266.52	209.05	57.47	3.97	2.47	1.50	140.03
1985	257.45	208.83	48.62	4.04	2.60	1.44	131.13
1986	259.30	212.23	47.07	4.19	2.63	1.56	133.65
1987	259.38	211.38	48.00	4.69	3.11	1.58	130.42
1988	259.51	210.70	48.81	4.76	3.28	1.48	130.08
1989	262.28	213.45	48.83	4.81	3.27	1.54	133.38
1990	262.08	215.02	47.06	5.17	3.54	1.63	134.00
1991	255.58	213.82	41.76	5.65	3.85	1.80	126.97
1992	250.50	210.63	39.87	5.85	4.07	1.78	129.12
1993	266.02	221.02	45.00	5.66	4.06	1.60	107.43
1994	260.56	211.98	48.58	5.66	4.11	1.55	107.86
1995	258.92	210.74	48.18	5.80	4.25	1.55	104.62
1996	256.19	206.51	49.68	6.07	4.48	1.59	106.26
1997	250.67	208.89	41.78	6.16	4.73	1.43	107.21
1998	249.28	208.97	40.31	6.13	4.59	1.54	108.96
1999	247.45	206.18	41.28	6.17	4.58	1.59	108.89

1－3 续表 单位:公斤/人

年　　份	猪牛羊肉	1.猪　肉	2.牛羊肉	家　　禽	蛋及蛋制品	水产品 *	食　　糖	酒　类
1954	4.59	3.70	0.89		0.81	1.36	0.40	0.83
1956	4.22	3.10	1.12		0.68	1.23	0.45	0.49
1957	4.53	3.45	1.08		0.80	1.10	0.47	0.52
1962	2.70	1.80	0.90		0.54	1.35	0.55	0.55
1963	4.20	3.00	1.20		0.82	1.35	0.40	0.50
1964	4.44	3.50	0.94		0.85	1.28	0.65	0.63
1965	4.81	3.84	0.97		0.85	1.28	0.65	0.63
1977	5.29	4.76	0.53	0.20	0.71	0.78	0.69	1.18
1978	5.75	5.17	0.58	0.25	0.79	0.84	0.73	1.22
1979	6.50	6.07	0.43	0.31	0.89	0.69	0.80	1.41
1980	7.74	7.26	0.48	0.66	1.20	1.10	1.06	1.89
1981	8.70	8.17	0.53	0.70	1.25	1.28	1.09	2.32
1982	9.05	8.36	0.69	0.78	1.42	1.32	1.18	2.73
1983	9.96	9.29	0.67	0.82	1.57	1.58	1.26	3.19
1984	10.62	9.93	0.69	0.94	1.84	1.74	1.30	3.48
1985	10.97	10.32	0.65	1.03	2.05	1.64	1.46	4.37
1986	11.79	11.14	0.65	1.14	2.08	1.87	1.59	4.96
1987	11.65	10.98	0.67	1.15	2.25	1.96	1.70	5.48
1988	10.71	10.05	0.66	1.25	2.28	1.91	1.41	5.93
1989	11.00	10.28	0.72	1.28	2.41	2.10	1.54	5.95
1990	11.34	10.54	0.80	1.25	2.41	2.13	1.50	6.14
1991	12.15	11.19	0.96	1.34	2.73	2.21	1.40	6.38
1992	11.83	10.88	0.95	1.49	2.85	2.25	1.54	6.56
1993	11.68	10.86	0.82	1.62	2.88	2.76	1.43	6.53
1994	11.00	10.23	0.77	1.63	3.03	2.96	1.34	6.03
1995	11.29	10.58	0.71	1.83	3.22	3.36	1.28	6.53
1996	12.90	11.85	1.05	1.93	3.35	3.68	1.37	7.11
1997	12.72	11.46	1.26	2.36	4.08	3.75	1.35	7.13
1998	13.02	11.89	1.13	2.33	4.11	3.66	1.40	6.98
1999	13.87	12.70	1.17	2.48	4.28	3.82	1.46	6.98

注:1993 年以前的水产品量为鱼虾量。

1－4　主要建筑材料购买量

年　　份	水　泥 (公斤/户)	木　材 (平方米/户)	钢　材 (公斤/户)	水泥预制件 (件/户)	玻　璃 (平方米/户)	砖　瓦 (块/户)	油　毡 (捆/户)
1983	72.35	0.18	4.84	0.36	0.22		
1984	90.94	0.12	5.15	1.36	0.24		
1985	88.20	0.14	5.14	1.28	0.27	672.09	0.04
1986	68.17	0.15	3.92	1.00	0.36	1173.46	0.04
1987	143.50	0.18	9.22	1.25	1.77	1331.85	0.08
1988	161.38	[illegible]	[illegible]	[illegible]	[illegible]	[illegible]	0.06
1989	163.72	0.10	10.23	1.26	0.35	1037.68	0.05
1990	171.78	0.09	11.15	1.10	0.33	901.16	0.05
1991	177.21	0.08	10.77	0.95	0.36	844.08	0.04
1992	154.35	0.07	9.89	1.03	0.31	746.38	0.03
1993	111.94	0.12	7.29	0.83	0.30	589.87	0.04
1994	154.60	0.15	11.46	0.97	0.30	758.16	0.11
1995	187.79	0.15	13.91	1.44	0.33	818.15	0.09
1996	236.67	0.37	16.70	1.72	0.40	937.16	0.13
1997	254.82	0.13	18.88	1.88	0.49	926.74	0.13
1998	264.99	0.10	19.33	1.50	0.29	817.60	0.07
1999	285.11	0.11	21.89	1.83	0.52	865.44	0.03

1－5　主要生产资料购买量

单位:公斤/户

年　　份	化　　肥	饼　　肥	农　　药	农用薄膜	生产用柴油	生产用汽油	生产用煤
1983	395.60	20.50	6.63	0.95	7.39	0.17	
1984	392.43	50.35	4.22	0.94	10.16	1.01	
1985	375.63	17.09	2.92	0.85	11.15	1.44	60.45
1986	431.93	14.98	3.02	0.93	14.21	1.39	59.70
1987	464.06	13.12	3.57	1.15	16.88	1.76	67.11
1988	454.64	10.20	3.21	1.05	17.77	1.70	87.57
1989	471.99	7.38	3.09	1.16	17.94	2.38	80.72
1990	494.08	7.58	3.33	1.39	16.90	1.51	58.73
1991	521.70	8.58	3.92	1.76	18.04	1.21	55.78
1992	496.96	6.80	3.87	1.93	19.80	1.45	54.92
1993	531.86	3.47	4.39	2.04	21.99	2.60	62.78
1994	531.86	3.47	4.39	2.04	21.99	2.60	62.78
1995	569.50	4.19	5.70	2.51	22.34	3.38	72.26
1996	590.04	5.25	6.58	3.14	29.24	4.91	86.34
1997	566.41	4.03	6.58	3.14	29.85	5.38	75.73
1998	551.84	3.90	6.30	3.31	28.35	5.77	49.46
1999	547.66	5.21	7.20	2.96	29.24	7.17	50.31

1-6 主要耐用物品拥有量

单位:百户

年份	自行车(辆)	缝纫机(架)	钟(台)	手表(只)	电风扇(台)	洗衣机(只)	电冰箱(只)	摩托车(辆)
1978	30.75	19.79	24.32	27.42				
1979	36.20	22.62	27.32	27.83				
1980	36.87	23.31	30.95	37.58				
1981	44.41	27.69	33.94	55.09				
1982	51.50	32.76	36.26	68.09	2.29			
1983	63.41	38.07	40.65	91.44	4.42	0.36		
1984	74.48	42.57	42.10	109.44	5.86	0.97	0.03	
1985	80.64	43.21	37.32	126.32	9.66	1.90	0.06	
1986	90.31	46.99	50.74	145.06	13.63	3.22	0.20	0.58
1987	98.52	49.79	46.92	161.22	19.76	4.78	0.31	0.56
1988	107.49	52.54	47.23	168.90	28.09	6.79	0.63	0.91
1989	113.43	53.76	48.13	171.32	33.96	8.15	0.89	0.95
1990	118.33	55.19	49.01	172.22	41.36	9.12	1.22	0.89
1991	121.64	55.84	47.95	160.98	53.30	10.99	1.64	1.10
1992	125.66	57.31	52.21	164.94	60.08	12.23	2.17	1.42
1993	133.39	61.31	62.56	170.08	71.79	13.82	3.05	2.14
1994	136.50	62.75	65.71	174.20	80.91	15.30	4.00	3.19
1995	147.02	65.74	67.94	169.09	88.96	16.90	5.15	4.91
1996	139.12	64.62	74.39	154.78	100.46	20.54	7.27	8.40
1997	141.95	63.97	82.14	153.55	105.93	21.87	8.49	10.89
1998	137.15	65.82	79.03	154.55	111.59	22.81	9.25	13.52
1999	136.85	67.06	81.45	152.76	116.07	24.32	10.64	16.49

年份	收音机(台)	黑白电视机(台)	彩色电视机(台)	收录机(台)	照相机(台)	沙发(个)	大衣柜(个)	写字台(台)
1978	19.50							
1979	26.13							
1980	33.54	0.39						
1981	42.25	0.87						
1982	50.46	1.68		0.66				
1983	56.82	3.99		1.51				
1984	61.13	7.24		2.75				
1985	54.19	10.94	0.80	4.33		13.07	53.37	38.21
1986	54.24	15.76	1.52	6.60	0.33	18.12	59.15	43.30
1987	52.98	22.04	2.34	9.68	0.50	22.93	64.27	47.18
1988	52.17	28.64	2.80	13.04	0.63	28.12	68.49	51.31
1989	48.48	33.91	3.63	16.23	0.79	33.22	72.99	53.75
1990	45.15	39.72	4.72	17.83	0.70	36.98	75.67	56.08
1991	32.41	47.53	6.44	19.64	0.87	42.77	78.49	62.86
1992	31.95	52.44	8.08	20.95	1.00	47.03	81.34	64.42
1993	32.22	58.30	10.86	24.24	0.99	54.54	81.85	73.92
1994	31.19	61.77	13.52	26.08	1.16	60.01	85.53	77.15
1995	31.05	63.81	16.92	28.25	1.42	65.41	84.88	79.00
1996	28.53	65.06	22.91	31.15	1.94	74.08	82.59	80.66
1997	28.11	65.12	27.32	32.02	2.06	79.57	84.22	81.71
1998	28.19	63.57	32.59	32.36	2.22	82.53	85.41	82.71
1999	26.97	62.35	38.24	31.99	2.69	84.24	86.47	84.52

1－7 农村居民生活质量

年　　份	恩格尔系数	摄取热量（千卡/人日）	摄取脂肪（克/人日）	摄取蛋白（克/人日）
1978	0.6771			
1979	0.6396			
1980	0.6177	2324.57	32.74	57.80
1981	0.5986	2332.87	34.89	57.31
1982	0.6067	2358.72	34.85	57.90
1983	0.5941	2430.93	37.05	59.45
1984	0.5917	2513.50	39.16	61.52
1985	0.5779	2454.63	39.79	59.62
1986	0.5636	2491.22	41.14	60.73
1987	0.5575	2518.60	42.57	61.02
1988	0.5399	2513.95	41.49	60.87
1989	0.5481	2543.37	42.08	61.73
1990	0.5880	2541.67	43.16	61.54
1991	0.5761	2506.42	45.06	60.39
1992	0.5755	2406.48	36.80	64.52
1993	0.5806	2555.96	41.24	69.40
1994	0.5886	2455.70	38.79	66.36
1995	0.5862	2482.22	39.60	66.92
1996	0.5634	2510.41	42.77	67.33
1997	0.5505	2509.46	43.41	70.02
1998	0.5343	2528.26	44.19	69.15
1999	0.5256	2506.60	46.26	68.84

1－8 农村居民总收入

单位：元/人

年　　份	总收入	一、基本收入	1.劳动者报酬收入	2.家庭经营收入	二、转移性和财产性收入
1978	151.79	142.39	88.38	54.01	9.40
1979	179.84	164.63	100.96	63.67	15.21
1980	216.93	193.82	106.38	87.44	23.11
1981	253.97	231.25	116.20	115.05	22.72
1982	306.28	281.82	142.85	138.97	24.46
1983	412.10	387.54	57.53	330.01	24.56
1984	475.65	448.47	66.45	382.01	27.19
1985	547.31	517.40	72.15	445.25	29.91
1986	593.02	558.32	81.58	476.74	34.70
1987	653.58	626.34	95.47	530.87	27.24
1988	785.30	755.24	117.77	637.47	30.06
1989	874.97	841.16	136.46	704.70	33.81
1990	990.38	954.59	138.80	815.79	35.79
1991	1046.10	1006.62	151.92	854.70	39.48
1992	1155.38	1110.09	184.38	925.71	45.29
1993	1333.82	1278.09	194.51	1083.58	55.73
1994	1789.38	1705.66	262.98	1442.68	83.72
1995	2337.87	2231.12	353.70	1877.42	106.75
1996	2806.73	2684.56	450.84	2233.72	122.17
1997	2999.20	2883.24	536.56	2346.68	115.96
1998	2995.48	2860.39	573.58	2286.81	135.09
1999	2987.44	2841.82	630.25	2211.57	145.63

1-9 农村居民家庭经营总收入

单位:元/人

年份	家庭经营收入	1.种植业收入	2.林业收入	3.牧业收入	4.渔业收入	5.手工业收入	6.采集捕猎收入	7.工业收入
1978	54.01	17.30		26.13		1.73	5.65	
1979	63.67	17.42		34.58		2.13	4.34	
1980	87.44	25.17		43.63		3.70	6.37	
1981	115.05	34.30		52.93		4.91	7.51	
1982	138.97	38.46		61.16	0.50	5.88	8.50	
1983	330.01	224.25	4.10	65.26	1.60	8.09	8.42	
1984	382.01	258.32	5.48	73.60	2.16	9.20	8.79	
1985	445.25	268.74	7.39	96.30	5.70	12.13	10.30	4.25
1986	476.74	289.68	6.66	101.15	6.89	13.46	9.97	5.69
1987	530.87	318.07	7.37	114.62	8.10	13.91	10.64	8.91
1988	637.47	353.43	8.61	160.58	11.43	15.12	12.97	13.05
1989	704.70	400.22	8.95	174.56	10.76	15.53	12.11	13.94
1990	815.79	512.75	8.48	174.95	10.23	14.80	14.36	13.23
1991	854.70	525.72	9.76	193.46	11.46	16.01	14.77	13.27
1992	925.71	556.25	11.31	214.25	13.46	17.09	15.97	14.87
1993	1083.58	634.73	15.12	239.19	16.32	12.20	16.20	16.48
1994	1442.68	863.54	15.77	321.65	21.03	23.13	19.60	20.18
1995	1877.42	1155.52	16.52	404.77	26.86	27.24	21.40	26.90
1996	2233.72	1376.37	19.10	457.64	31.73	37.36	23.40	36.76
1997	2346.67	1364.24	21.94	536.64	34.54	37.37	25.02	41.41
1998	2286.81	1319.06	21.11	491.30	38.68	36.38	27.57	44.89
1999	2211.57	1261.72	24.58	443.39	42.36	37.96	22.12	44.16

年份	8.建筑业收入	9.运输业收入	10.商业收入	11.饮食业收入	12.服务业收入	13.其他收入	第一产业收入	第二产业收入	第三产业收入
1978						3.20	50.81		3.20
1979						5.20	58.47		5.20
1980						8.57	78.87		8.57
1981		2.34	0.76			12.30	99.65		15.40
1982		2.65	2.52			19.30	114.50		11.20
1983	4.20	5.37	2.84		1.37	4.51	311.72	4.20	14.09
1984	4.80	8.12	3.86		2.06	5.62	357.55	4.80	19.66
1985	8.00	12.58	8.72		3.95	7.19	400.56	12.25	32.44
1986	9.06	14.10	6.70	2.36	4.55	6.47	427.81	14.75	34.18
1987	10.46	15.68	8.37	2.69	5.15	6.90	472.71	19.37	38.79
1988	12.62	19.67	11.51	3.24	6.29	8.95	562.14	25.67	49.66
1989	13.84	21.72	12.29	3.40	7.34	10.04	622.13	27.78	54.79
1990	12.65	21.21	11.99	2.82	7.71	10.61	735.57	25.88	54.34
1991	12.39	21.47	13.15	2.77	8.12	12.35	771.18	25.66	57.86
1992	15.45	25.97	15.94	2.98	9.49	12.68	828.33	30.32	67.06
1993	20.69	31.11	21.42	4.03	13.04	43.05	933.76	37.17	112.65
1994	27.64	36.83	29.69	5.47	17.07	41.08	1264.72	47.82	130.14
1995	38.54	47.62	37.52	6.21	20.30	48.02	1652.31	65.44	159.67
1996	50.55	61.50	49.28	6.83	26.09	57.11	1945.60	87.31	200.81
1997	59.86	70.06	62.40	8.35	29.06	55.78	2019.75	101.27	225.65
1998	58.04	72.14	70.54	11.71	33.93	61.46	1934.09	102.93	249.78
1999	66.18	80.49	73.61	14.33	37.49	63.19	1832.13	110.33	269.11

注:1978-1982 年的第三产业收入为第二和第三产业收入合计,1981-1982 年商业收入为商业、饮食业、服务业收入合计。

1－10 农村居民现金收入

单位:元/人

年份	现金收入	一、基本收入	1.劳动者报酬收入	2.家庭经营收入	二、转移性和财产性收入	三、储蓄借贷现金收入	扣除储蓄借贷后的现金收入
1978	67.84	63.73	25.38	38.35	0.15	3.96	63.88
1979	92.46	83.50	31.28	52.22	1.01	7.95	84.51
1980	128.76	97.61	40.23	57.38	15.51	15.64	113.12
1981	179.55	134.46	52.93	87.03	18.75	26.34	153.21
1982	218.12	161.07	56.2	111.49	23.41	33.64	184.48
1983	301.55	226.16	53.83	172.33	24.23	51.16	250.39
1984	351.55	263.91	59.86	205.01	32.04	55.60	295.95
1985	429.49	320.57	68.89	251.68	36.82	72.10	357.39
1986	472.04	361.29	79.34	281.95	40.53	70.22	401.82
1987	543.49	415.48	93.21	322.27	44.82	83.19	460.30
1988	690.41	532.48	115.41	417.07	54.11	103.82	586.59
1989	769.27	598.77	134.00	464.77	58.91	111.59	657.68
1990	796.11	617.62	136.43	481.19	59.05	119.44	676.67
1991	895.29	672.17	148.88	523.29	64.67	158.45	736.84
1992	968.26	732.20	179.42	552.78	75.96	160.10	808.16
1993	1080.75	822.39	192.83	629.56	87.76	170.60	910.15
1994	1442.87	1130.55	261.59	868.96	102.93	209.39	1233.48
1995	1882.49	1469.61	352.88	1116.73	125.95	286.93	1595.56
1996	2309.39	1770.03	447.36	1322.67	156.98	382.38	1927.01
1997	2516.37	1959.25	512.39	1446.86	171.96	385.16	2131.21
1998	2528.32	1967.02	573.69	1393.33	196.59	364.71	2163.61
1999	2556.35	2008.66	628.43	1380.23	198.03	349.66	2206.69

1－11 农村居民家庭经营现金收入

单位:元/人

年份	家庭经营现金收入	1.出售产品收入	#种植业产品收入	#牧业产品收入	2.工业加工费	3.建筑业收入	4.运输业收入
1978	29.71	26.73					
1979	40.33	35.41					
1980	57.38	48.61					
1981	87.03	69.80					
1982	111.49	89.15					
1983	172.33	155.80				4.09	5.27
1984	205.01	181.34	109.48	55.65		4.63	7.79
1985	251.68	213.56	111.25	73.71		7.67	12.13
1986	281.95	240.22	131.80	36.68		8.81	13.67
1987	322.27	272.34	148.88	88.09	2.09	10.13	15.36
1988	417.07	352.20	177.55	129.62	4.00	12.35	19.42
1989	464.77	392.61	209.24	140.32	5.02	13.66	21.23
1990	481.19	408.49	235.20	135.18	6.93	12.46	20.89
1991	523.29	446.92	254.41	150.89	7.70	12.26	21.11
1992	552.78	462.67	250.88	166.73	8.73	15.18	25.34
1993	629.56	486.33	253.98	185.23	10.21	20.63	31.22
1994	868.96	688.07	385.01	254.02	13.88	27.64	36.83
1995	1116.73	891.28	512.11	318.88	17.42	38.57	47.62
1996	1322.67	1029.31	603.69	352.22	24.10	50.54	61.49
1997	1446.86	1109.34	624.53	410.48	27.48	59.83	70.03
1998	1393.33	1029.30	593.99	359.15	29.77	58.04	72.14
1999	1380.23	984.63	574.32	331.37	32.92	66.18	80.49

年份	5.商业收入	6.饮食业收入	7.服务业收入	8.其他家庭经营收入	从第一产业得到的收入	从第二产业得到的收入	从第三产业得到的收入
1978				2.98	26.73		2.98
1979				4.92	35.41		4.92
1980				8.77	48.61		8.77
1981	0.72			16.51	69.80		17.23
1982	2.49			19.85	89.15		22.34
1983	2.81		1.34	3.03	155.80	4.09	12.45
1984	3.83		2.04	4.42	181.34	4.63	18.08
1985	8.50		3.87	5.95	213.56	7.67	30.45
1986	6.59	2.31	4.47	5.88	240.22	8.81	32.92
1987	8.21	2.63	5.10	6.41	272.34	12.22	37.71
1988	11.43	3.20	6.21	8.26	352.20	16.35	48.52
1989	12.14	3.35	7.29	9.47	392.61	18.68	53.48
1990	11.86	2.79	7.64	10.13	408.49	19.39	53.31
1991	12.90	2.73	7.98	11.69	446.92	19.96	56.41
1992	15.58	2.94	9.32	13.02	462.67	23.91	66.20
1993	21.42	4.02	12.92	42.81	486.33	30.84	112.39
1994	29.69	5.37	17.05	50.43	688.07	41.52	139.37
1995	37.52	6.14	20.30	57.88	891.28	55.99	169.46
1996	49.27	6.83	26.10	75.03	1029.31	74.64	218.72
1997	62.40	8.35	29.06	80.37	1109.34	87.31	250.21
1998	70.54	11.71	33.93	87.89	1029.30	87.81	276.22
1999	73.61	14.33	37.49	90.59	984.63	99.10	296.51

1－12　按收入来源分的农村居民纯收入

单位:元/人

年　份	纯收入	一、基本收入	1.劳动者报酬收入	2.家庭经营纯收入	二、转移性和财产性收入
1954	64.14	58.82	2.43	56.39	5.32
1956	72.92	62.49	45.47	17.02	10.43
1957	72.95	64.86	43.40	21.46	8.09
1962	99.09	90.40	52.25	38.15	8.69
1963	101.32	90.24	54.59	35.65	11.08
1964	102.28	90.81	55.09	35.72	11.47
1965	107.20	96.46	63.17	33.29	10.74
1976	113.05	104.58	78.35	26.23	8.47
1977	117.09	108.86	76.05	32.81	8.23
1978	133.57	124.05	88.26	35.79	9.52
1979	160.17	144.67	100.67	44.00	15.50
1980	191.33	168.93	106.38	62.55	22.40
1981	223.44	198.32	113.80	84.52	25.12
1982	270.11	245.65	142.85	102.80	24.46
1983	309.77	285.21	57.53	227.68	24.56
1984	355.33	328.15	66.46	261.69	27.18
1985	397.60	367.69	71.71	295.98	29.91
1986	423.76	394.86	81.58	313.28	28.90
1987	462.55	440.97	95.47	345.50	21.58
1988	544.94	520.94	117.77	403.17	24.00
1989	601.51	571.02	136.46	434.56	30.49
1990	686.31	657.35	138.80	518.55	28.96
1991	708.55	675.51	151.92	523.59	33.04
1992	783.99	745.95	184.38	561.57	38.04
1993	921.62	872.99	194.51	678.48	48.63
1994	1220.98	1144.84	262.98	881.86	76.14
1995	1577.74	1479.49	353.70	1125.79	98.25
1996	1926.07	1813.29	450.84	1362.45	112.78
1997	2090.13	1987.28	514.56	1472.72	102.85
1998	2161.98	2039.58	573.58	1466.00	122.40
1999	2210.34	2078.62	630.26	1448.36	131.72

注:1978年以前的调查数据未作调整,其中:1.劳动者报酬收入为“从集体统一经营中得到的收入”;2.转移性和财产性收入为“其他非借贷性收入。

1-13 按收入性质分的农村居民纯收入

单位:元/人

年份	纯收入	一、生产性纯收入	1.第一产业纯收入	2.第二产业纯收入	3.第三产业纯收入*	二、非生产性纯收入
1978	133.57	122.86	113.47		9.39	10.71
1979	160.17	142.24	128.37		13.87	17.93
1980	191.33	168.93	149.62		19.31	22.40
1981	223.44	194.51	170.58		23.93	28.93
1982	270.11	237.15	203.65		33.50	32.96
1983	309.77	272.91	221.77		51.14	36.86
1984	355.33	315.06	250.36		64.70	40.27
1985	397.60	367.69	298.28	29.47	39.94	29.91
1986	423.76	394.86	215.02	36.39	43.45	28.90
1987	462.55	440.97	344.19	45.56	50.22	21.58
1988	544.94	520.26	395.31	61.69	63.26	24.68
1989	601.51	570.61	428.23	70.60	71.78	30.90
1990	686.31	657.35	510.86	70.68	75.81	28.96
1991	708.55	675.51	516.90	78.77	79.84	33.04
1992	783.99	745.95	543.74	104.42	97.79	38.04
1993	921.62	872.99	589.57	149.46	133.96	48.63
1994	1220.98	1144.83	780.91	210.14	153.78	76.15
1995	1577.74	1479.49	996.51	287.24	195.74	98.25
1996	1926.07	1813.29	1192.61	372.37	248.31	112.78
1997	2090.13	1987.27	1267.69	437.78	281.80	102.86
1998	2161.98	2039.58	1237.44	498.92	303.22	122.40
1999	2210.34	2078.62	1180.02	564.30	334.30	131.72

注:1978-1984年第三产业纯收入为第二、三产业纯收入合计。

1-14 按收入形态分的农村居民纯收入

单位:元/人

年份	纯收入	现金纯收入	实物纯收入
1978	133.57	55.99	77.58
1979	160.17	72.02	88.15
1980	191.33	94.37	96.96
1981	223.44	123.36	100.08
1982	270.11	153.56	116.55
1983	309.77	174.64	135.13
1984	355.33	202.36	152.97
1985	397.60	250.89	146.71
1986	423.76	269.86	153.90
1987	462.55	308.03	154.52
1988	544.94	386.44	158.50
1989	601.51	425.99	175.52
1990	686.31	439.72	246.59
1991	708.55	467.58	240.97
1992	783.99	508.48	275.51
1993	921.62	571.20	350.42
1994	1220.98	791.77	429.21
1995	1577.74	987.01	590.73
1996	1926.07	1218.67	707.40
1997	2090.13	1403.67	686.46
1998	2161.98	1455.68	706.30
1999	2210.34	1538.24	672.10

1－15　农村居民家庭经营纯收入

单位：元/人

年　份	家庭经营纯收入	1.种植业纯收入	2.林　业纯收入	3.牧　业纯收入	4.渔　业纯收入	5.手工业纯收入	6.采集捕猎纯收入	7.工　业纯收入
1978	35.79	15.15		12.01		1.42	5.19	
1979	44.00	15.29		19.00		1.76	3.90	
1980	62.55	21.93		25.71		2.87	5.80	
1981	84.52	28.82		33.03		3.75	6.16	
1982	89.53	32.08		35.14	0.43	4.43	8.00	
1983	227.68	166.56	3.67	27.58	1.15	5.27	8.42	
1984	261.69	190.65	4.64	30.78	1.51	5.55	8.78	
1985	295.98	191.46	6.16	44.36	3.59	8.11	10.13	2.18
1986	313.28	205.03	5.87	43.28	4.72	8.70	9.97	3.14
1987	345.50	207.80	6.57	60.48	5.56	9.74	10.64	5.40
1988	403.17	222.16	7.75	84.37	7.78	10.61	12.97	8.02
1989	434.56	240.19	8.13	93.15	7.35	10.72	12.11	8.71
1990	518.55	330.11	7.53	86.04	7.11	10.89	14.36	9.15
1991	523.59	323.53	8.48	94.10	8.19	11.48	14.77	8.56
1992	561.57	337.91	9.60	101.90	8.86	12.62	15.97	9.34
1993	678.48	438.48	12.63	84.39	9.16	5.52	16.20	7.94
1994	881.85	590.42	12.90	97.62	10.96	15.13	19.60	10.83
1995	1125.79	775.12	13.52	111.76	15.69	18.97	21.40	13.63
1996	1362.45	924.40	16.13	141.01	17.50	24.83	23.40	19.84
1997	1472.72	943.01	19.37	184.72	20.98	26.89	25.00	24.48
1998	1466.00	927.25	18.67	167.85	22.44	28.62	27.57	27.32
1999	1448.36	882.09	21.58	157.71	24.80	30.65	22.12	29.95

1-15 续表　　　　单位:元/人

年　份	8.建筑业纯收入	9.运输业纯收入	10.商　业纯收入	11.饮食业纯收入	12.服务业纯收入	13.其他纯收入	第一产业纯　收　入	第二产业纯　收　入	第三产业纯　收　入
1978						2.02	33.77		2.02
1979						4.05	39.95		4.05
1980						6.24	56.31		6.24
1981			0.76			12.00	71.76		12.76
1982			2.52			6.93	80.08		9.45
1983	4.20	5.37	2.84		1.37	1.25	212.65	4.20	10.83
1984	4.80	8.12	3.86		2.06	0.94	241.92	4.80	14.97
1985	7.41	8.47	6.13		3.25	4.73	263.81	9.59	22.58
1986	8.81	8.42	5.66	1.28	3.69	4.71	277.57	11.95	23.76
1987	10.25	10.38	7.27	1.68	4.52	5.21	300.79	15.65	29.06
1988	12.30	12.86	9.86	2.16	5.43	6.9	345.64	20.32	37.21
1989	13.50	13.97	10.65	2.26	6.41	7.41	371.65	22.21	40.70
1990	12.18	13.45	10.75	1.94	6.77	8.27	456.04	21.33	41.18
1991	11.90	13.60	10.91	1.72	6.98	9.37	460.55	20.46	42.58
1992	14.81	16.66	13.45	2.17	8.21	10.07	486.86	24.15	50.56
1993	18.22	16.52	16.86	2.61	11.11	38.84	566.38	26.16	85.94
1994	25.18	20.84	24.20	3.30	14.29	36.58	746.63	36.01	99.21
1995	34.53	27.76	30.21	4.05	17.18	41.97	956.46	48.16	121.17
1996	44.74	36.00	39.56	4.53	21.97	48.54	1147.27	64.58	150.60
1997	53.47	46.20	49.74	5.51	25.33	48.02	1219.97	77.95	174.80
1998	52.78	50.24	54.60	7.73	30.02	50.91	1192.40	80.10	193.50
1999	61.18	56.73	64.70	10.12	34.01	52.72	1138.95	91.13	218.28

1－16　农村居民收入分配状况

年　　份	纯收入(元/人)	扣除物价因素影响的纯收入(元/人)	基尼系数
1978	133.57	133.57	0.2124
1979	160.17	159.22	
1980	191.33	186.76	0.2407
1981	223.44	220.79	0.2406
1982	270.11	267.90	0.2317
1983	309.77	308.47	0.2461
1984	355.33	351.90	0.2439
1985	397.60	383.05	0.2267
1986	423.76	410.32	0.3042
1987	462.55	445.80	0.2889
1988	544.94	492.15	0.3053
1989	601.51	536.22	0.3185
1990	686.31	612.34	0.3099
1991	708.55	700.04	0.3072
1992	783.99	750.35	0.3134
1993	921.62	809.08	0.3292
1994	1220.98	967.98	0.3210
1995	1577.74	1285.69	0.3415
1996	1926.07	1719.74	0.3229
1997	2090.13	2054.73	0.3285
1998	2161.98	2180.10	0.3369
1999	2210.34	2244.14	0.3361

1－17　农村居民总支出

单位:元/人

年　　份	总支出	一、家庭经营费用支出	二、购置生产性固定资产	三、交纳税款	四、上交集体承包任务	五、集体提留和摊派	六、生活消费支出	七、其他非借贷性支出
1978	135.82	16.79		0.24			116.06	2.73
1979	159.41	19.39		0.28			134.51	5.23
1980	196.23	25.32		0.28			162.21	8.42
1981	240.20	30.08	6.27	0.45			190.81	12.59
1982	282.13	35.58	11.69	0.59			220.23	14.04
1983	380.47	80.28	18.44	5.97	10.35		248.29	17.14
1984	421.70	95.67	16.89	6.57	10.92		273.80	17.85
1985	485.51	121.39	18.70	7.64	10.79		317.42	9.57
1986	535.82	132.65	16.66	8.07	11.80		356.95	9.69
1987	603.99	150.59	20.52	8.84	13.85		398.29	11.90
1988	737.29	194.57	25.14	9.84	16.10		476.66	14.98
1989	830.74	221.91	23.11	11.97	20.67		535.37	17.71
1990	903.47	241.09	20.29	13.21	25.45		584.63	18.80
1991	979.64	267.27	26.61	12.90	29.79		619.79	23.28
1992	1055.91	292.28	28.78	15.15	33.24		659.01	27.45
1993	1211.18	330.03	40.29	15.82	16.17	14.77	769.65	24.45
1994	1635.53	458.57	46.13	23.92	22.27	21.60	1016.81	46.23
1995	2138.33	621.71	62.33	28.10	28.56	31.99	1310.36	55.28
1996	2535.16	709.42	63.79	38.13	28.18	41.08	1572.08	82.48
1997	2536.79	706.27	59.98	37.52	27.74	42.76	1617.15	45.37
1998	2457.17	652.48	54.31	37.93	24.33	44.44	1590.33	53.35
1999	2390.37	599.72	57.63	36.00	21.27	42.71	1577.42	55.62

注:1980年家庭经营费用支出包括“开发性生产投资”、“包产支出和赔款”。

1-18　农村居民家庭经营费用支出

单位:元/人

年份	家庭经营费用支出	1.种植业支出	2.林业支出	3.牧业支出	4.渔业支出	5.手工业支出	6.工业支出	7.建筑业支出
1978	16.79							
1979	19.39							
1980	24.61	2.66		17.64		0.83		
1981	30.08	5.30		19.63		1.16		
1982	35.58	6.37		25.42	0.07	1.45		
1983	80.28	45.26	0.34	29.56	0.35	2.21		
1984	95.67	53.81	0.67	34.05	0.52	2.90		
1985	121.39	55.95	0.95	48.37	1.90	3.57	1.71	0.29
1986	132.65	63.65	0.79	50.55	2.17	4.14	2.13	0.25
1987	150.59	75.49	0.80	54.14	2.54	4.17	3.51	0.21
1988	194.57	91.54	0.86	76.21	3.65	4.51	5.03	0.32
1989	221.91	112.13	0.83	81.41	3.42	4.82	5.24	0.35
1990	241.09	126.49	0.95	88.91	3.12	3.91	4.08	0.47
1991	267.27	138.35	1.28	99.36	3.27	4.53	4.71	0.49
1992	292.28	146.48	1.71	112.35	4.60	4.47	5.53	0.64
1993	330.03	159.89	2.02	126.11	5.83	5.45	6.96	2.01
1994	458.57	223.32	2.34	183.18	8.23	6.54	7.64	2.01
1995	621.71	314.65	2.48	242.36	9.24	6.84	10.98	3.32
1996	709.42	368.00	2.42	257.81	11.59	10.21	13.78	4.73
1997	706.27	340.41	2.08	284.39	10.96	8.47	13.68	5.16
1998	652.48	311.46	1.94	257.12	12.91	6.17	13.96	4.18
1999	599.72	298.31	2.35	224.48	13.80	5.74	11.16	3.93

年份	8.运输业支出	9.商业支出	10.饮食业支出	11.服务业支出	12.其他支出	第一产业支出	第二产业支出	第三产业支出
1977								
1978								
1979								
1980					1.76	21.13		1.76
1981					2.26	26.09		2.26
1982					2.27	33.31		2.27
1983					2.56	77.72		2.56
1984					3.72	91.95		3.72
1985	3.64	2.27		0.55	2.19	110.74	2.00	8.65
1986	4.66	0.91	0.98	0.66	1.76	121.30	2.38	8.97
1987	5.30	1.10	1.00	0.63	1.70	137.14	3.72	9.73
1988	6.81	1.65	1.08	0.86	2.05	176.77	5.35	12.45
1989	7.76	1.65	1.15	0.94	2.21	202.61	5.59	13.71
1990	7.76	1.24	0.88	0.94	2.34	223.38	4.55	13.16
1991	7.87	2.24	1.05	1.14	2.98	246.79	5.20	15.28
1992	9.31	2.49	0.81	1.28	2.61	269.61	6.17	16.50
1993	11.88	3.71	1.16	1.57	3.44	299.30	8.97	21.76
1994	13.07	4.48	1.77	2.27	3.72	423.61	9.65	25.31
1995	16.43	6.05	1.79	2.58	4.99	575.57	14.30	31.84
1996	20.77	7.92	1.88	3.36	6.95	650.03	18.51	40.88
1997	19.28	10.23	2.29	3.02	6.30	646.31	18.84	41.12
1998	17.41	12.67	3.17	3.11	8.38	589.59	18.15	44.74
1999	18.67	7.00	3.31	2.73	8.24	544.68	15.09	39.95

1－19　农村居民生活消费支出

单位:元/人

年　份	生活消费支　出	一、食　品支　出	二、衣　着支　出	三、居　住支　出	四、家庭设备用品及服务	五、医疗保健支　出	六、交通和通讯支出	七、文教娱乐用品及服务	八、其　他支　出
1954	59.57	40.86	7.79	7.15					
1956	66.63	45.40	8.84	6.36					
1957	70.86	46.59	9.52	8.60					
1962	92.21	56.13	7.73	17.34					
1963	93.86	59.41	8.75	14.94					
1964	93.59	62.81	8.59	12.46					
1965	95.11	65.11	10.00	10.59					
1978	116.06	78.58	14.74	11.95					
1979	134.51	86.03	17.64	16.00					
1980	162.21	100.19	19.99	22.46	4.14	3.42	0.59	8.25	3.17
1981	190.81	114.09	23.83	31.61	4.16	4.22	0.58	10.12	2.20
1982	220.23	133.47	25.04	35.56	9.39	4.69	0.62	7.43	4.01
1983	248.29	147.59	27.99	42.03	14.03	4.40	3.55	5.72	2.98
1984	273.80	162.34	28.89	48.36	14.82	5.04	3.42	8.24	2.68
1985	317.42	183.43	30.77	57.87	16.19	7.67	5.58	12.36	3.55
1986	356.95	201.50	32.99	70.28	19.56	8.74	6.19	14.43	3.26
1987	398.29	222.05	34.19	79.77	21.52	10.65	8.21	18.48	3.42
1988	476.66	257.37	41.11	96.34	29.96	13.38	8.89	25.69	3.92
1989	535.37	293.44	44.49	105.23	32.36	16.44	8.53	30.61	4.27
1990	584.63	343.76	45.44	101.37	30.90	19.02	8.42	31.38	4.34
1991	619.79	357.06	51.05	102.30	35.27	22.31	10.32	36.44	5.04
1992	659.01	379.26	52.51	104.89	36.67	24.15	12.23	43.77	5.53
1993	769.65	446.83	55.33	106.79	44.67	27.17	17.41	58.38	13.07
1994	1016.81	598.47	70.32	142.34	55.46	32.07	24.02	75.11	19.02
1995	1310.36	768.19	89.79	182.21	68.48	42.48	33.76	102.39	23.06
1996	1572.08	885.49	113.77	219.06	84.22	58.26	47.08	132.46	31.74
1997	1617.15	890.28	109.41	233.23	85.41	62.45	53.92	148.18	34.27
1998	1590.33	849.64	98.06	239.62	81.92	68.13	60.68	159.41	32.87
1999	1577.42	829.02	92.04	232.69	82.27	70.02	68.73	168.33	34.32

注:1979 年以前生活消费支出中的各细项均为其中项 。

1－20 农村居民现金支出

单位:元/人

年　　份	现金支出	一、家庭经营费用支出	二、购置生产性固定资产支出	三、交　纳税　款	四、上交集体承包任务
1978	65.17	7.43		0.23	
1979	89.31	9.13		0.28	
1980	122.93	13.81		0.24	
1981	172.78	22.41	6.14	0.43	
1982	208.12	20.90	11.50	0.55	
1983	292.28	50.58	18.23	3.53	7.39
1984	328.45	61.13	16.65	4.59	9.11
1985	389.19	79.99	18.94	6.79	9.56
1986	444.01	86.93	16.95	7.24	10.50
1987	515.47	100.96	20.66	7.94	12.46
1988	646.42	137.75	25.57	8.95	14.68
1989	736.74	160.41	23.57	10.75	18.95
1990	741.17	162.90	20.46	11.18	22.19
1991	830.19	188.39	26.70	10.81	25.38
1992	895.44	206.46	29.75	12.90	28.19
1993	1005.77	241.16	34.52	13.35	14.03
1994	1330.40	327.82	46.05	19.50	18.15
1995	1766.67	454.74	62.32	22.32	22.76
1996	2137.39	523.97	63.79	30.57	23.01
1997	2297.30	539.93	59.98	31.74	23.39
1998	2316.35	511.66	54.31	32.50	21.07
1999	2338.08	470.73	57.63	31.42	18.93

年　　份	五、集体提留和摊派	六、生活消费支出	七、其他非借贷性支出	八、储蓄借贷支出
1978		47.64	5.51	4.36
1979		61.76	8.84	9.30
1980		83.83	9.14	15.91
1981		108.87	12.07	22.86
1982		126.43	13.27	35.47
1983		148.30	16.52	47.73
1984		163.18	17.47	56.32
1985		194.68	21.27	57.96
1986		228.19	25.80	68.40
1987		263.84	30.49	79.12
1988		330.90	37.57	91.00
1989		378.50	45.08	99.48
1990		374.74	47.59	102.11
1991		404.74	57.38	116.79
1992		431.37	60.54	126.23
1993	14.68	490.14	61.60	136.29
1994	21.51	648.19	74.78	174.40
1995	31.88	859.43	92.36	220.86
1996	40.87	1076.22	129.06	249.90
1997	42.68	1126.28	135.75	337.55
1998	44.43	1128.16	138.85	385.37
1999	42.71	1144.61	151.19	420.85

1－21　农村居民家庭经营费用现金支出

单位:元/人

年　份	家庭经营费用支出	1.种植业支　出	2.林　业支　出	3.牧　业支　出	4.渔　业支　出	5.手工业支　出	6.工　业支　出	7.建筑业支　出
1978	7.43							
1979	9.13							
1980	13.81							
1981	22.41							
1982	20.90							
1983	50.50	31.91	0.74	[illegible]	[illegible]	[illegible]		
1984	61.13	36.87	0.62	16.87	0.49	2.81		
1985	79.99	39.66	0.86	24.18	1.72	3.43	1.73	0.28
1986	86.93	45.51	0.67	23.96	2.04	3.91	2.04	0.23
1987	100.96	55.18	0.67	25.93	2.41	3.92	3.40	0.19
1988	137.75	68.67	0.73	44.22	3.49	4.08	4.51	0.31
1989	160.41	87.62	0.67	46.06	3.27	4.55	4.97	0.31
1990	162.90	95.86	0.76	43.18	3.02	3.60	3.81	0.42
1991	188.39	108.57	1.06	52.07	3.14	4.27	4.60	0.46
1992	206.46	114.48	1.04	61.01	4.17	4.27	5.33	0.58
1993	241.16	127.77	1.78	70.71	5.66	5.34	6.87	1.97
1994	327.82	176.87	1.97	101.83	7.85	5.88	7.54	1.93
1995	454.74	254.81	2.12	138.30	8.82	6.60	10.60	3.22
1996	523.97	303.84	2.09	141.59	11.06	9.85	13.29	4.51
1997	539.93	290.04	1.93	172.32	10.42	8.37	13.47	5.08
1998	511.66	271.30	1.83	159.82	12.50	6.12	13.35	4.14
1999	470.73	263.38	2.28	132.81	13.45	5.69	11.12	3.88

年　份	8.运输业支　出	9.商　业支　出	10.饮食业支　出	11.服务业支　出	12.其　他支　出	第一产业支　出	第二产业支　出	第三产业支　出
1978								
1979								
1980								
1981								
1982								
1983					2.02	48.39		2.02
1984					3.47	57.66		3.47
1985	3.44	2.17		0.53	1.99	69.85	2.01	8.13
1986	4.48	0.89	0.95	0.65	1.60	76.09	2.27	8.57
1987	5.14	1.08	0.94	0.62	1.48	88.11	3.59	9.26
1988	6.42	1.62	1.06	0.86	1.78	121.19	4.82	11.74
1989	7.42	1.59	1.11	0.91	1.93	142.17	5.28	12.96
1990	7.46	1.17	0.84	0.90	1.88	146.42	4.23	12.25
1991	7.67	2.08	1.01	1.05	2.41	169.11	5.06	14.22
1992	8.86	2.36	0.76	1.14	2.10	184.97	5.91	15.22
1993	11.80	3.63	1.21	1.52	3.02	211.26	8.84	21.18
1994	12.94	4.35	1.72	2.07	2.87	294.40	9.47	23.95
1995	16.26	5.74	1.64	2.47	4.14	410.65	13.82	30.25
1996	20.38	7.78	1.85	3.28	4.44	468.43	17.80	37.73
1997	19.20	10.16	2.21	2.96	3.76	483.08	18.55	38.29
1998	17.37	12.63	3.15	3.05	6.42	451.57	17.49	42.62
1999	18.65	6.96	3.29	2.72	6.50	417.61	15.00	38.12

1－22 农村居民生活消费现金支出

单位：元/人

年份	生活消费现金支出	一、食品支出	二、衣着支出	三、居住支出	四、家庭设备用品及服务	五、医疗保健支出	六、交通和通讯支出	七、文教娱乐用品及服务	八、其他商品及服务支出
1978	47.64								
1979	61.76								
1980	83.83	31.36	19.84	14.48	3.18	3.30	0.58	8.01	3.08
1981	108.87	41.95	23.50	20.82	4.08	4.14	0.57	9.92	3.89
1982	126.43	53.88	24.63	25.11	4.86	4.99	0.61	7.35	5.00
1983	148.30	59.82	27.82	30.91	14.04	3.99	3.25	5.68	2.79
1984	163.18	64.67	27.97	36.11	14.58	5.68	4.08	7.10	2.99
1985	194.68	76.56	30.13	42.83	16.06	7.65	5.59	12.34	3.52
1986	228.19	88.94	32.36	54.88	19.44	8.72	6.18	14.41	3.26
1987	263.84	104.27	33.52	63.98	21.41	10.65	8.16	18.44	3.41
1988	330.90	129.63	40.33	79.47	29.76	13.36	8.88	25.60	3.87
1989	378.50	155.37	43.46	87.72	32.16	16.43	8.53	30.59	4.24
1990	374.74	155.85	44.03	81.15	30.74	18.98	8.41	31.33	4.25
1991	404.74	164.40	49.69	81.81	34.83	22.31	10.32	36.31	5.07
1992	431.37	175.73	51.18	82.80	36.22	24.11	12.15	43.71	5.47
1993	490.14	198.02	54.75	78.20	44.35	26.12	17.40	58.25	13.05
1994	648.19	264.01	69.67	109.24	55.09	32.06	24.01	75.09	19.02
1995	859.43	353.22	88.66	147.86	68.08	42.47	33.73	102.35	23.06
1996	1076.22	423.80	112.70	186.24	83.96	58.26	47.07	132.46	31.73
1997	1126.28	435.74	108.31	198.25	85.16	62.45	53.92	148.18	34.27
1998	1128.16	428.90	97.04	199.35	81.77	68.13	60.68	159.41	32.88
1999	1144.61	425.98	91.48	203.60	82.14	70.02	68.73	168.33	34.33

第二部分

主要年份分组资料

2－1　1980 年农村住户基本情况

（按纯收入分组）

指　　标	单　位	60 元以下	60－80 元	80－100 元	100－150 元	150－200 元
一、农户所占比重	%	0.94	2.55	5.72	25.60	24.98
二、常住人口	人/户	5.60	6.26	6.16	5.98	5.65
三、整、半劳动力	人/户	2.65	2.80	2.32	2.75	2.61
四、经营耕地面积	亩/人	0.27	0.27	0.23	0.20	0.18
#自留地	亩/人	0.14	0.18	0.16	0.14	0.13
五、年末使用房屋面积	平方米/人	8.81	8.40	9.25	10.24	11.34
六、总收入	元/人	64.82	86.91	108.47	146.86	198.88
#家庭副业收入	元/人	30.71	40.73	50.33	66.32	85.92
七、纯收入	元/人	52.66	72.68	91.84	126.35	174.00
八、现金收入	元/人	45.93	47.69	54.65	77.34	110.76
#储蓄借贷收入	元/人	11.71	9.05	7.06	8.94	12.51
九、总支出	元/人	93.56	100.77	113.41	143.26	183.63
#生产费用支出*	元/人	12.04	14.13	16.47	20.29	24.58
#生活消费支出	元/人	79.08	84.03	93.96	118.11	151.51
十、现金支出	元/人	45.09	47.30	54.15	74.84	105.58
#储蓄借贷支出	元/人	3.42	2.80	4.06	6.06	11.25
#生产费用现金支出*	元/人	6.91	7.46	8.61	10.74	13.52
#生活消费现金支出	元/人	32.31	33.93	38.28	53.08	73.34
十一、主要食品消费量						
粮　食	公斤/人	185.85	203.12	218.78	248.55	273.30
蔬　菜	公斤/人	65.23	78.66	91.66	110.52	128.09
食用油	公斤/人	1.03	1.26	1.57	2.09	2.79
猪牛羊肉	公斤/人	2.99	3.44	4.12	5.64	7.47
家　禽	公斤/人	0.21	0.26	0.32	0.43	0.61
禽　蛋	公斤/人	0.49	0.55	0.56	0.72	1.00
食　糖	公斤/人	0.39	0.45	0.53	0.70	0.95
酒	公斤/人	0.49	0.63	0.98	1.37	1.85

注：1980 年、1985 年生产费用支出和生产费用现金支出包括开发性投资。

2-1 续表

指　　标	单　位	200-250元	250-300元	300-500元	500元以上
一、农户所占比重	%	17.33	9.96	11.30	1.62
二、常住人口	人/户	5.30	5.07	4.67	4.10
三、整、半劳动力	人/户	2.64	2.68	2.71	2.64
四、经营耕地面积	亩/人	0.18	0.18	0.18	0.18
#自留地	亩/人	0.13	0.11	0.11	0.13
五、年末使用房屋面积	平方米/人	12.51	13.43	15.00	17.15
六、总收入	元/人	254.44	304.98	402.48	641.34
#家庭副业收入	元/人	106.14	115.42	133.64	147.94
七、纯收入	元/人	223.44	271.88	365.27	600.42
八、现金收入	元/人	150.45	194.10	276.18	476.77
#储蓄借贷收入	元/人	16.06	26.00	34.59	67.81
九、总支出	元/人	226.45	265.64	331.75	475.44
#生产费用支出*	元/人	30.70	32.74	36.87	40.61
#生活消费支出	元/人	185.14	218.90	273.48	395.20
十、现金支出	元/人	143.01	183.80	260.93	442.27
#储蓄借贷支出	元/人	17.80	26.19	48.63	102.19
#生产费用现金支出*	元/人	17.27	18.38	21.02	25.08
#生活消费现金支出	元/人	97.15	124.33	169.76	275.66
十一、主要食品消费量					
粮　食	公斤/人	299.90	308.96	312.36	327.78
蔬　菜	公斤/人	143.10	154.59	163.34	181.35
食用油	公斤/人	3.25	4.05	4.38	5.14
猪牛羊肉	公斤/人	8.90	10.60	12.66	16.15
家　禽	公斤/人	0.84	0.97	1.15	1.40
禽　蛋	公斤/人	1.28	1.95	2.21	2.78
食　糖	公斤/人	1.26	1.49	2.14	3.33
酒	公斤/人	2.23	2.68	3.38	4.83

2－2　1985年农村住户基本情况

（按纯收入分组）

指　　标	单　位	100元以下	100－150元	150－200元	200－300元
一、农户所占比重	%	0.95	3.35	7.85	25.64
二、常住人口	人/户	5.24	5.47	5.55	5.41
三、整、半劳动力	人/户	2.60	2.80	2.93	2.98
四、经营耕地面积	亩/人	3.11	2.40	2.07	1.95
#承包耕地面积	亩/人	2.68	2.11	1.81	1.71
五、年内新建房屋面积	平方米/人	0.76	0.42	0.51	0.66
六、年末住房面积	平方米/人	10.08	10.19	11.11	12.77
#砖木结构面积	平方米/人	3.13	3.17	3.73	5.15
七、年末住房价值	元/间	317.86	295.37	315.94	363.98
八、年末生产性					
固定资产原值	元/户	921.24	639.85	609.71	638.32
九、总收入	元/人	229.74	232.30	281.85	372.78
十、纯收入	元/人	72.23	133.28	179.79	252.36
十一、现金收入	元/人	250.49	168.18	195.48	261.97
#储蓄借贷收入	元/人	106.58	45.00	41.64	46.38
十二、总支出	元/人	351.02	270.21	294.80	360.11
#生产费用支出*	元/人	147.43	84.63	86.48	103.81
#生活消费支出	元/人	179.15	169.90	191.13	236.17
十三、现金支出	元/人	251.89	165.63	187.85	245.05
#储蓄借贷支出	元/人	29.70	16.74	20.98	28.93
#生产费用支出*	元/人	103.42	51.29	53.24	66.37
#生活消费支出	元/人	91.71	80.10	92.78	123.37
十四、主要食品消费量					
粮　食	公斤/人	213.14	209.13	222.93	243.94
蔬　菜	公斤/人	88.03	87.27	95.25	116.73
食用油	公斤/人	2.63	2.41	2.66	3.28
猪牛羊肉	公斤/人	4.89	5.65	6.81	8.92
家　禽	公斤/人	0.29	0.38	0.50	0.69
禽　蛋	公斤/人	1.22	0.90	1.04	1.38
食　糖	公斤/人	0.50	0.56	0.76	1.03
酒	公斤/人	1.65	1.61	2.15	2.84

2－2续表

指　　标	单　位	300－400元	400－500元	500－600元	600－800元
一、农户所占比重	%	24.10	15.94	9.13	7.99
二、常住人口	人/户	5.24	4.97	4.77	4.53
三、整、半劳动力	人/户	2.99	2.95	2.94	2.89
四、经营耕地面积	亩/人	1.95	2.08	2.17	2.24
#承包耕地面积	亩/人	1.74	1.85	1.92	1.97
五、年内新建房屋面积	平方米/人	1.04	1.25	1.52	2.00
六、年末住房面积	平方米/人	14.62	16.12	17.31	19.13
#砖木结构面积	平方米/人	7.18	9.02	10.27	12.41
七、年末住房价值	元/间	430.26	496.39	576.94	663.55
八、年末生产性					
固定资产原值	元/户	711.96	807.10	900.05	919.46
九、总收入	元/人	492.88	614.52	735.57	907.21
十、纯收入	元/人	347.67	444.23	542.39	680.55
十一、现金收入	元/人	366.99	485.98	617.75	806.76
#储蓄借贷收入	元/人	58.69	73.68	98.90	125.37
十二、总支出	元/人	450.71	541.91	631.64	757.15
#生产费用支出*	元/人	127.35	152.58	174.70	210.62
#生活消费支出	元/人	297.26	357.01	419.79	502.27
十三、现金支出	元/人	335.24	436.78	550.11	712.15
#储蓄借贷支出	元/人	42.35	61.29	88.17	125.25
#生产费用支出*	元/人	86.59	107.75	128.02	160.32
#生活消费支出	元/人	170.58	222.19	280.31	363.74
十四、主要食品消费量					
粮　食	公斤/人	265.58	275.73	279.01	275.24
蔬　菜	公斤/人	133.70	146.09	153.13	157.07
食用油	公斤/人	4.08	4.64	5.07	5.38
猪牛羊肉	公斤/人	10.83	12.28	13.87	14.86
家　禽	公斤/人	0.99	1.20	1.39	1.69
禽　蛋	公斤/人	1.90	2.49	2.89	3.43
食　糖	公斤/人	1.36	1.66	1.88	2.30
酒	公斤/人	3.66	4.66	5.60	7.01

2－2 续表

指　　标	单　位	800－1000 元	1000－1500 元	1500－2000 元	2000 元以上
一、农户所占比重	%	2.85	1.76	0.29	0.15
二、常住人口	人/户	4.25	4.14	4.27	3.72
三、整、半劳动力	人/户	2.81	2.84	2.93	2.58
四、经营耕地面积	亩/人	2.32	2.25	1.78	1.35
#承包耕地面积	亩/人	2.07	2.00	1.47	1.07
五、年内新建房屋面积	平方米/人	2.42	3.09	4.38	4.38
六、年末住房面积	平方米/人	20.76	22.78	22.77	27.84
#砖木结构面积	平方米/人	14.73	17.16	17.24	19.85
七、年末住房价值	元/间	796.30	912.46	1108.09	1414.56
八、年末生产性					
固定资产原值	元/户	1108.10	1768.32	2245.90	2776.44
九、总收入	元/人	1143.84	1536.90	2276.65	3077.84
十、纯收入	元/人	878.86	1157.21	1686.62	2538.17
十一、现金收入	元/人	1082.12	1585.54	2377.07	3615.65
#储蓄借贷收入	元/人	177.00	304.44	341.31	752.17
十二、总支出	元/人	932.15	1242.16	1845.75	2448.55
#生产费用支出*	元/人	263.68	416.62	669.48	870.23
#生活消费支出	元/人	614.79	756.29	1080.91	1461.72
十三、现金支出	元/人	943.70	1385.61	2144.39	3196.37
#储蓄借贷支出	元/人	185.91	316.96	462.73	783.48
#生产费用支出*	元/人	212.86	358.39	617.56	879.31
#生活消费支出	元/人	472.65	619.06	940.86	1345.24
十四、主要食品消费量					
粮　食	公斤/人	278.34	276.92	263.58	242.44
蔬　菜	公斤/人	157.74	158.17	160.84	171.32
食用油	公斤/人	5.64	5.97	6.07	6.00
猪牛羊肉	公斤/人	16.72	18.28	19.22	22.66
家　禽	公斤/人	2.02	2.77	3.92	6.97
禽　蛋	公斤/人	4.24	4.67	5.29	4.96
食　糖	公斤/人	2.69	3.26	3.51	6.33
酒	公斤/人	9.33	10.93	13.46	24.27

2－3 1990年农村住户基本情况

（按纯收入分组）

指　　标	单　位	100元以下	100－150元	150－200元	200－300元
一、农户所占比重	%	0.30	0.49	1.29	6.56
二、常住人口	人/户	3.47	5.02	5.12	5.35
三、整、半劳动力	人/户	2.05	2.66	2.76	3.00
四、经营耕地面积	亩/人	3.28	2.36	1.98	1.87
#承包耕地面积	亩/人	2.99	2.10	1.74	1.64
五、年内新建房屋面积	平方米/人	0.82	0.15	0.16	0.37
六、年末住房面积	平方米/人	13.55	12.53	11.76	12.61
#砖木结构面积	平方米/人	4.93	4.65	4.00	5.05
七、年末住房价值	元/间	590.72	481.67	443.71	461.28
八、年末生产性					
固定资产原值	元/户	1484.12	1416.38	950.84	1051.46
九、总收入	元/人	447.43	378.00	368.17	444.77
十、纯收入	元/人	66.13	133.10	181.22	257.69
十一、现金收入	元/人	444.75	304.97	261.37	302.67
#储蓄借贷收入	元/人	181.01	83.89	63.72	60.96
十二、总支出	元/人	744.50	534.62	448.90	498.07
#生产费用支出	元/人	324.44	190.74	145.56	154.52
#生活消费支出	元/人	363.67	295.09	269.21	311.24
十三、现金支出	元/人	561.14	357.99	284.05	316.27
#储蓄借贷支出	元/人	40.28	27.70	22.39	25.81
#生产费用支出	元/人	236.46	120.76	87.78	93.05
#生活消费支出	元/人	220.66	157.20	135.00	158.42
十四、主要食品消费量					
粮　食	公斤/人	220.36	217.12	208.91	224.99
蔬　菜	公斤/人	105.12	87.07	81.76	91.12
食用油	公斤/人	4.15	3.29	3.00	3.25
猪牛羊肉	公斤/人	1.75	0.99	4.08	1.64
家　禽	公斤/人	0.49	0.37	0.43	0.47
禽　蛋	公斤/人	1.65	1.30	1.27	1.17
食　糖	公斤/人	0.80	0.68	0.74	0.80
酒	公斤/人	3.46	3.01	2.13	2.47

2－3 续表

指　　标	单　位	300－400 元	400－500 元	500－600 元	600－800 元
一、农户所占比重	%	12.04	14.37	13.94	20.80
二、常住人口	人/户	5.25	5.04	4.93	4.79
三、整、半劳动力	人/户	2.99	2.97	2.96	2.92
四、经营耕地面积	亩/人	1.71	1.76	1.75	1.84
#承包耕地面积	亩/人	1.49	1.55	1.54	1.62
五、年内新建房屋面积	平方米/人	0.40	0.50	0.60	0.77
六、年末住房面积	平方米/人	13.89	15.48	16.87	18.56
#砖木结构面积	平方米/人	6.19	7.55	8.84	10.52
七、年末住房价值	元/间	503.79	570.17	652.68	749.07
八、年末生产性					
固定资产原值	元/户	1007.19	1053.47	1125.18	1233.33
九、总收入	元/人	561.29	688.75	814.03	1000.57
十、纯收入	元/人	351.91	450.07	548.15	691.94
十一、现金收入	元/人	375.32	477.04	595.27	768.50
#储蓄借贷收入	元/人	61.55	71.80	87.81	106.27
十二、总支出	元/人	573.42	672.06	774.30	910.58
#生产费用支出	元/人	172.77	199.07	224.97	261.81
#生活消费支出	元/人	363.52	429.63	500.93	590.65
十三、现金支出	元/人	375.81	465.29	569.86	717.36
#储蓄借贷支出	元/人	33.60	46.34	62.19	88.82
#生产费用支出	元/人	106.83	125.76	149.24	178.72
#生活消费支出	元/人	188.77	236.74	291.53	367.10
十四、主要食品消费量					
粮　食	公斤/人	241.08	259.09	272.82	284.59
蔬　菜	公斤/人	106.91	121.11	130.71	144.45
食用油	公斤/人	3.75	4.42	4.87	5.56
猪牛羊肉	公斤/人	1.79	1.59	1.51	1.85
家　禽	公斤/人	0.62	0.84	1.03	1.30
禽　蛋	公斤/人	1.43	1.78	1.96	2.51
食　糖	公斤/人	0.93	1.14	1.32	1.59
酒	公斤/人	3.20	4.02	5.19	6.76

2-3 续表

指　　标	单　位	800-1000元	1000-1500元	1500-2000元	2000元以上
一、农户所占比重	%	12.49	12.25	3.48	1.99
二、常住人口	人/户	4.55	4.27	4.04	3.78
三、整、半劳动力	人/户	2.86	2.82	2.79	2.72
四、经营耕地面积	亩/人	1.98	2.15	2.28	2.28
#承包耕地面积	亩/人	1.76	1.92	2.04	2.07
五、年内新建房屋面积	平方米/人	1.12	1.51	2.36	3.20
六、年末住房面积	平方米/人	20.33	22.94	27.38	32.83
#砖木结构面积	平方米/人	12.29	14.84	18.39	23.88
七、年末住房价值	元/间	912.00	1214.18	1720.84	1741.74
八、年末生产性					
固定资产原值	元/户	1349.96	1599.58	2019.11	2362.30
九、总收入	元/人	1254.18	1637.08	2293.27	3397.65
十、纯收入	元/人	889.36	1195.78	1714.42	2611.61
十一、现金收入	元/人	1034.97	1448.10	2231.27	3502.17
#储蓄借贷收入	元/人	148.51	211.86	349.69	549.46
十二、总支出	元/人	1112.26	1381.35	1887.23	2656.42
#生产费用支出	元/人	318.25	389.83	531.33	745.02
#生活消费支出	元/人	723.20	902.50	1240.14	1754.46
十三、现金支出	元/人	953.66	1296.92	1955.36	3087.68
#储蓄借贷支出	元/人	133.05	212.26	356.53	725.52
#生产费用支出	元/人	228.64	297.16	444.21	656.33
#生活消费支出	元/人	485.59	654.16	978.97	1461.34
十四、主要食品消费量					
粮　食	公斤/人	291.04	288.07	282.96	287.24
蔬　菜	公斤/人	157.29	162.81	164.46	164.55
食用油	公斤/人	6.30	6.96	7.54	7.97
猪牛羊肉	公斤/人	2.05	2.52	1.55	2.97
家　禽	公斤/人	1.61	2.09	3.18	4.57
禽　蛋	公斤/人	3.03	4.01	4.93	6.38
食　糖	公斤/人	1.95	2.22	2.75	3.37
酒	公斤/人	8.14	10.39	13.07	15.86

2-4 1995年农村住户基本情况

（按纯收入分组）

指　　标	单　位	100元以下	100-200元	200-300元	300-400元	400-500元
一、农户所占比重	%	0.21	0.36	0.78	1.47	2.30
二、常住人口	人/户	4.82	5.19	5.21	5.29	5.13
三、整、半劳动力	人/户	2.84	3.08	3.04	3.10	2.99
四、经营耕地面积	亩/人	5.24	3.92	3.25	2.75	2.42
#承包耕地面积	亩/人	4.42	3.15	2.41	2.33	2.05
五、年内新建房屋面积	平方米/人	0.82	0.29	0.42	0.42	0.22
六、年末住房面积	平方米/人	16.16	17.85	14.22	14.39	15.38
#砖木结构面积	平方米/人	6.74	4.92	5.49	5.10	6.01
七、年末住房价值	元/间	2369.05	1243.00	1161.50	1124.80	832.30
八、年末生产性						
固定资产原值	元/户	6695.34	5119.31	3506.17	285.46	2654.76
九、总收入	元/人	1367.43	939.76	865.00	898.23	954.73
十、纯收入	元/人	-77.21	152.98	258.66	353.39	451.59
十一、现金收入	元/人	1897.12	949.17	850.26	696.23	683.92
#储蓄借贷收入	元/人	815.54	322.13	313.25	171.84	138.81
十二、总支出	元/人	2743.70	1546.24	1367.59	1226.57	1214.05
#生产费用支出	元/人	1263.26	680.62	561.46	473.96	430.75
#生活消费支出	元/人	1150.96	732.08	702.17	672.89	708.55
十三、现金支出	元/人	2283.04	1183.64	973.73	803.82	760.58
#储蓄借贷支出	元/人	224.03	95.72	70.42	50.94	47.09
#生产费用支出	元/人	1099.31	540.18	417.98	331.51	286.38
#生活消费支出	元/人	675.51	416.10	384.69	339.08	353.32
十四、主要食品消费量						
粮　食	公斤/人	287.42	218.35	209.43	211.57	214.67
蔬　菜	公斤/人	83.28	59.30	58.93	62.48	154.51
食用油	公斤/人	5.35	4.47	4.07	4.27	3.93
猪牛羊肉	公斤/人	7.28	5.62	6.37	7.42	7.86
家　禽	公斤/人	0.75	0.51	0.66	0.58	0.62
禽　蛋	公斤/人	2.56	1.67	1.51	1.25	1.31
食　糖	公斤/人	1.06	0.97	0.90	0.85	0.96
酒	公斤/人	6.23	3.97	3.47	2.99	3.09

2-4 续表

指　　标	单　位	500-600元	600-800元	800-1000元	1000-1200元	1200-1300元
一、农户所占比重	%	3.37	9.54	11.63	11.83	5.38
二、常住人口	人/户	5.05	4.91	4.75	4.63	4.54
三、整、半劳动力	人/户	3.02	3.00	2.96	2.92	2.90
四、经营耕地面积	亩/人	1.19	2.18	2.07	2.11	2.03
#承包耕地面积	亩/人	1.91	1.87	1.85	1.91	1.84
五、年内新建房屋面积	平方米/人	0.42	0.59	0.59	0.60	0.67
六、年末住房面积	平方米/人	16.06	17.21	18.07	19.43	19.80
#砖木结构面积	平方米/人	6.30	8.07	9.25	10.97	12.05
七、年末住房价值	元/间	1070.40	1130.50	1170.40	1161.40	1615.00
八、年末生产性						
固定资产原值	元/户	2411.36	2440.61	2398.33	2377.51	2434.94
九、总收入	元/人	1064.76	1242.54	1491.25	1739.62	1917.82
十、纯收入	元/人	550.98	704.74	902.15	1097.03	1248.25
十一、现金收入	元/人	766.33	866.95	1039.16	1231.15	1373.42
#储蓄借贷收入	元/人	162.19	156.39	176.22	186.82	207.94
十二、总支出	元/人	1286.62	1399.36	1528.74	1696.34	1809.53
#生产费用支出	元/人	447.97	468.31	510.68	557.08	582.51
#生活消费支出	元/人	745.37	832.34	909.91	1019.75	1106.61
十三、现金支出	元/人	823.75	895.15	1040.03	1203.23	1326.32
#储蓄借贷支出	元/人	56.88	68.97	85.94	104.08	122.13
#生产费用支出	元/人	299.20	308.66	342.87	384.81	414.65
#生活消费支出	元/人	382.73	424.30	498.48	586.35	651.23
十四、主要食品消费量						
粮　食	公斤/人	223.46	228.31	239.81	252.20	262.90
蔬　菜	公斤/人	74.48	82.92	92.05	99.44	105.38
食用油	公斤/人	4.15	4.40	4.98	5.36	5.61
猪牛羊肉	公斤/人	8.45	9.41	9.99	10.24	10.22
家　禽	公斤/人	0.84	0.84	1.03	1.26	1.47
禽　蛋	公斤/人	1.48	1.79	2.14	2.50	2.88
食　糖	公斤/人	1.00	0.90	1.00	1.16	1.25
酒	公斤/人	3.55	3.84	4.27	4.99	5.59

2－4 续表

指　　标	单　位	1300－1500 元	1500－1700 元	1700－2000 元	2000－2500 元	2500－3000 元
一、农户所占比重	%	9.74	7.92	9.39	10.29	5.89
二、常住人口	人/户	4.51	4.40	4.31	4.19	4.05
三、整、半劳动力	人/户	2.90	2.84	2.84	2.79	2.76
四、经营耕地面积	亩/人	2.00	2.21	2.11	2.24	2.16
#承包耕地面积	亩/人	1.80	2.03	1.92	2.05	1.98
五、年内新建房屋面积	平方米/人	0.65	0.76	0.90	0.98	1.25
六、年末住房面积	平方米/人	20.30	22.06	22.22	23.95	26.44
#砖木结构面积	平方米/人	12.05	13.43	13.83	14.86	16.35
七、年末住房价值	元/间	1658.40	1681.90	1925.90	2459.20	2966.30
八、年末生产性						
固定资产原值	元/户	2530.25	2643.71	2799.74	2966.62	3137.98
九、总收入	元/人	2112.53	2396.31	2691.32	3165.30	3733.04
十、纯收入	元/人	1396.76	1596.02	1839.23	2228.63	2723.07
十一、现金收入	元/人	1557.01	1835.18	2128.13	2604.85	3217.41
#储蓄借贷收入	元/人	222.15	256.90	307.98	360.07	437.85
十二、总支出	元/人	1947.95	2167.06	2443.58	772.06	835.40
#生产费用支出	元/人	631.40	707.85	772.80	480.01	510.55
#生活消费支出	元/人	1175.29	1301.92	1501.90	1662.18	1937.67
十三、现金支出	元/人	1479.50	1718.86	1973.42	2379.01	2887.69
#储蓄借贷支出	元/人	151.94	183.55	226.38	307.96	415.67
#生产费用支出	元/人	455.53	524.30	587.61	681.89	766.46
#生活消费支出	元/人	713.70	831.16	964.26	1168.87	1438.97
十四、主要食品消费量						
粮　食	公斤/人	264.19	268.99	272.89	274.86	274.56
蔬　菜	公斤/人	110.22	117.33	120.78	125.73	128.47
食用油	公斤/人	5.97	6.12	6.52	6.98	7.39
猪牛羊肉	公斤/人	11.24	11.52	12.24	13.07	14.16
家　禽	公斤/人	1.61	1.80	2.28	2.53	3.17
禽　蛋	公斤/人	3.12	3.51	4.06	4.72	5.00
食　糖	公斤/人	1.25	1.37	1.44	1.62	1.68
酒	公斤/人	5.88	6.53	7.49	8.55	10.49

2-4 续表

指　　标	单　位	3000－3500 元	3500－4000 元	4000－4500 元	4500－5000 元	5000 元以上
一、农户所占比重	%	3.49	1.95	1.34	0.86	2.26
二、常住人口	人/户	3.97	3.83	3.73	3.61	3.52
三、整、半劳动力	人/户	2.75	2.75	2.68	2.65	2.64
四、经营耕地面积	亩/人	2.12	1.99	3.01	2.52	13.52
#承包耕地面积	亩/人	1.89	1.80	2.88	2.36	2.14
五、年内新建房屋面积	平方米/人	1.34	1.60	1.19	2.07	2.35
六、年末住房面积	平方米/人	27.35	30.07	31.05	34.17	38.82
#砖木结构面积	平方米/人	16.57	18.13	19.05	20.23	23.70
七、年末住房价值	元/间	2536.00	3918.80	4248.10	5038.10	5316.40
八、年末生产性						
固定资产原值	元/户	3357.98	3571.49	3790.24	3480.29	5712.43
九、总收入	元/人	4277.65	4807.92	5603.63	6269.24	8646.85
十、纯收入	元/人	3223.40	3726.78	4233.57	4740.43	6833.26
十一、现金收入	元/人	3824.81	4406.20	5333.12	6245.60	9031.52
#储蓄借贷收入	元/人	545.57	260.48	765.51	914.41	1544.49
十二、总支出	元/人	875.78	902.96	1167.95	1313.97	1540.17
#生产费用支出	元/人	508.66	543.04	560.71	556.70	749.14
#生活消费支出	元/人	2223.12	2487.94	2867.76	3310.35	4292.22
十三、现金支出	元/人	3387.52	3889.43	4773.26	5522.78	7964.73
#储蓄借贷支出	元/人	541.10	676.23	884.89	991.66	1795.51
#生产费用支出	元/人	825.40	904.65	1147.57	1294.86	1826.44
#生活消费支出	元/人	1727.63	1996.60	2355.23	2819.10	3794.05
十四、主要食品消费量						
粮　食	公斤/人	272.01	280.78	282.47	274.66	274.46
蔬　菜	公斤/人	128.01	124.00	126.66	122.86	123.38
食用油	公斤/人	7.56	7.62	8.12	7.65	8.23
猪牛羊肉	公斤/人	15.07	15.74	17.32	18.72	19.93
家　禽	公斤/人	3.69	4.35	5.06	5.82	6.70
禽　蛋	公斤/人	5.54	5.80	6.25	6.17	6.97
食　糖	公斤/人	1.92	2.07	2.05	2.28	2.73
酒	公斤/人	12.17	13.12	15.15	16.41	19.57

2-5 1998年农村住户基本情况

（按纯收入分组）

指　标	单　位	100元以下	100-200元	200-300元	300-400元	400-500元
一、农户所占比重	%	0.18	0.14	0.27	0.48	0.81
二、常住人口	人/户	3.96	4.80	4.82	4.98	5.04
三、整、半劳动力	人/户	2.62	3.14	2.85	3.01	4.43
四、经营耕地面积	亩/人	6.00	3.66	2.68	2.24	2.17
#承包耕地面积	亩/人	5.52	3.55	2.49	2.06	2.01
五、年内新建房屋面积	平方米/人	1.07	0.55	0.75	0.81	0.35
六、年末住房面积	平方米/人	20.80	15.89	15.57	14.76	14.27
#砖木结构面积	平方米/人	11.92	5.88	4.91	5.46	5.75
七、年末住房价值	元/间	4023.95	2304.10	1918.12	1663.69	1594.81
八、年末生产性						
固定资产原值	元/户	10241.40	5560.64	5868.62	5078.06	3569.37
九、总收入	元/人	1933.27	1394.94	1077.59	1062.08	996.74
十、纯收入	元/人	-404.59	158.00	255.50	354.80	453.82
十一、现金收入	元/人	2891.27	1989.90	1063.88	1111.45	828.50
#储蓄借贷收入	元/人	1108.45	923.75	387.86	419.27	221.64
十二、总支出	元/人	3824.90	2403.37	1774.88	1608.37	1360.51
#生产费用支出	元/人	1898.11	1111.74	665.03	693.18	465.94
#生活消费支出	元/人	1381.85	1107.12	943.42	799.04	786.87
十三、现金支出	元/人	3365.29	2205.13	1269.61	1228.22	959.53
#储蓄借贷支出	元/人	183.37	220.71	89.73	74.36	67.25
#生产费用支出	元/人	1678.10	955.97	471.70	561.61	341.73
#生活消费支出	元/人	1020.56	757.18	536.56	466.56	439.07
十四、主要食品消费量						
粮　食	公斤/人	241.63	221.11	273.98	210.48	214.85
蔬　菜	公斤/人	83.33	63.39	65.56	61.63	64.00
食用油	公斤/人	5.93	47.20	4.48	3.95	4.17
猪牛羊肉	公斤/人	6.67	9.25	8.18	7.63	8.42
家　禽	公斤/人	2.10	1.15	0.80	0.56	0.70
禽　蛋	公斤/人	6.36	2.20	2.26	1.88	1.60
食　糖	公斤/人	0.89	0.90	0.68	0.79	0.68
酒	公斤/人	9.46	5.26	3.84	3.25	2.51

2-5续表

指　　标	单　位	500-600元	600-800元	800-1000元	1000-1200元	1200-1300元
一、农户所占比重	%	1.21	4.05	6.23	7.79	4.05
二、常住人口	人/户	5.09	5.04	4.82	4.71	4.61
三、整、半劳动力	人/户	2.94	3.00	2.90	2.90	2.86
四、经营耕地面积	亩/人	2.37	2.00	1.96	1.94	1.96
#承包耕地面积	亩/人	2.17	1.82	1.79	1.77	1.82
五、年内新建房屋面积	平方米/人	0.29	0.41	0.43	0.52	0.66
六、年末住房面积	平方米/人	15.38	15.70	17.36	19.42	19.05
#砖木结构面积	平方米/人	5.70	6.09	7.88	8.97	9.22
七、年末住房价值	元/间	1622.40	1653.78	1897.67	1787.53	2232.67
八、年末生产性						
固定资产原值	元/户	4099.92	3604.96	3180.74	3366.11	3453.20
九、总收入	元/人	1076.34	1246.46	1470.85	1695.05	1885.53
十、纯收入	元/人	551.92	707.49	905.45	1100.98	1248.59
十一、现金收入	元/人	866.00	906.79	1045.84	1215.12	1396.51
#储蓄借贷收入	元/人	200.40	195.78	191.61	208.17	228.78
十二、总支出	元/人	1335.57	1368.96	1494.50	1608.29	1748.24
#生产费用支出	元/人	454.93	440.63	461.72	483.03	525.48
#生活消费支出	元/人	782.35	840.24	937.01	1014.27	1102.08
十三、现金支出	元/人	952.41	950.83	1066.62	1207.21	1365.27
#储蓄借贷支出	元/人	89.22	77.82	101.68	122.61	151.93
#生产费用支出	元/人	324.43	308.18	321.75	346.72	383.70
#生活消费支出	元/人	430.37	462.78	525.14	595.31	669.35
十四、主要食品消费量						
粮　食	公斤/人	216.17	221.51	227.75	232.76	236.39
蔬　菜	公斤/人	64.26	67.46	82.48	87.75	94.11
食用油	公斤/人	4.25	4.27	4.58	4.86	5.21
猪牛羊肉	公斤/人	8.85	9.23	10.39	10.39	10.39
家　禽	公斤/人	0.67	0.85	1.00	1.10	1.23
禽　蛋	公斤/人	1.61	0.70	2.04	2.34	2.82
食　糖	公斤/人	0.82	0.86	0.99	1.11	1.20
酒	公斤/人	2.88	3.18	3.60	4.23	4.69

2－5 续表

指　　标	单　位	1300－1500 元	1500－1700 元	1700－2000 元	2000－2500 元	2500－3000 元
一、农户所占比重	%	8.29	8.14	11.43	14.63	10.54
二、常住人口	人/户	4.49	4.41	4.32	4.19	4.05
三、整、半劳动力	人/户	2.82	2.80	2.77	2.74	2.69
四、经营耕地面积	亩/人	2.00	2.06	2.09	20.03	2.09
#承包耕地面积	亩/人	1.84	1.89	1.93	1.88	1.94
五、年内新建房屋面积	平方米/人	0.58	0.66	0.77	0.87	0.92
六、年末住房面积	平方米/人	22.76	22.26	22.43	24.60	25.83
#砖木结构面积	平方米/人	10.18	11.75	12.14	13.54	14.58
七、年末住房价值	元/间	2342.62	2382.80	2680.38	2900.40	3082.68
八、年末生产性						
固定资产原值	元/户	3309.20	3449.66	3638.70	3896.24	4211.07
九、总收入	元/人	2060.13	2319.91	2621.10	3085.96	3655.08
十、纯收入	元/人	1399.75	1597.64	1845.24	2232.30	2728.90
十一、现金收入	元/人	1516.45	173.32	2031.72	2493.44	3051.17
#储蓄借贷收入	元/人	226.86	250.68	282.42	331.89	371.92
十二、总支出	元/人	1831.93	1997.32	2195.28	2493.48	2779.49
#生产费用支出	元/人	537.82	594.56	644.36	718.87	790.00
#生活消费支出	元/人	1167.28	1266.23	1401.61	1615.21	1815.42
十三、现金支出	元/人	1442.57	1621.48	1876.76	2267.36	2677.62
#储蓄借贷支出	元/人	169.64	194.81	244.51	338.32	433.33
#生产费用支出	元/人	391.72	444.53	493.63	568.89	648.68
#生活消费支出	元/人	716.00	793.94	923.88	1117.80	1326.42
十四、主要食品消费量						
粮　食	公斤/人	244.50	251.44	253.99	259.28	258.28
蔬　菜	公斤/人	100.40	105.78	110.49	117.78	117.38
食用油	公斤/人	5.39	5.65	5.95	6.47	6.80
猪牛羊肉	公斤/人	10.39	10.39	10.39	10.39	13.71
家　禽	公斤/人	1.53	1.78	2.06	2.59	2.90
禽　蛋	公斤/人	3.04	3.43	3.96	4.59	5.26
食　糖	公斤/人	1.26	1.24	1.32	1.47	1.57
酒	公斤/人	5.16	5.77	6.44	7.29	8.46

2－5 续表

指　　标	单　位	3000－3500 元	3500－4000 元	4000－4500 元	4500－5000 元	5000 元以上
一、农户所占比重	%	6.93	4.28	3.00	2.06	5.50
二、常住人口	人/户	3.96	3.86	3.77	3.62	3.54
三、整、半劳动力	人/户	2.71	2.69	2.65	2.59	2.63
四、经营耕地面积	亩/人	2.13	2.15	2.18	2.19	2.07
#承包耕地面积	亩/人	1.98	1.98	2.03	2.01	1.92
五、年内新建房屋面积	平方米/人	1.20	1.30	1.35	1.58	2.14
六、年末住房面积	平方米/人	29.44	29.61	32.33	33.34	39.64
#砖木结构面积	平方米/人	17.04	16.60	16.96	17.14	18.43
七、年末住房价值	元/间	3836.17	4252.34	4849.38	4856.45	6904.81
八、年末生产性						
固定资产原值	元/户	4306.66	4505.86	4793.66	4980.23	6483.89
九、总收入	元/人	4214.72	4793.32	5357.24	5988.54	9148.08
十、纯收入	元/人	3228.27	3731.00	4233.83	4728.82	7202.31
十一、现金收入	元/人	3674.65	4276.26	5005.06	5629.55	9638.90
#储蓄借贷收入	元/人	470.43	492.35	652.82	669.95	1488.61
十二、总支出	元/人	3155.09	3481.37	3935.50	4291.27	6518.64
#生产费用支出	元/人	843.49	929.30	961.38	9236.78	1827.82
#生活消费支出	元/人	2112.92	2334.60	2723.84	2928.29	4299.95
十三、现金支出	元/人	3224.98	3705.17	4297.64	4900.25	8388.03
#储蓄借贷支出	元/人	584.63	720.25	857.08	1044.61	2167.27
#生产费用支出	元/人	706.79	796.28	839.43	965.40	1720.22
#生活消费支出	元/人	1612.93	1832.30	2187.90	2426.33	3827.91
十四、主要食品消费量						
粮　食	公斤/人	263.25	263.37	263.2	268.72	263.63
蔬　菜	公斤/人	121.25	120.77	128.99	123.88	125.65
食用油	公斤/人	7.35	7.48	7.80	8.04	8.41
猪牛羊肉	公斤/人	15.11	15.74	16.91	17.62	18.89
家　禽	公斤/人	3.55	3.89	4.38	4.99	5.98
禽　蛋	公斤/人	5.82	6.12	6.82	6.94	7.29
食　糖	公斤/人	1.82	1.84	2.09	2.16	2.40
酒	公斤/人	10.20	10.60	9.83	12.81	17.38

2－6　1999年农村住户基本情况

（按纯收入分组）

指　　标	单　位	100元以下	100－200元	200－300元	300－400元	400－500元
一、农户所占比重	%	0.17	0.13	0.24	0.48	0.86
二、常住人口	人/户	3.87	4.38	4.88	4.99	5.00
三、整、半劳动力	人/户	2.58	2.63	2.90	2.93	2.86
四、经营耕地面积	亩/人	4.93	3.08	3.36	2.58	2.56
#承包耕地面积	亩/人	4.62	2.93	3.13	2.35	2.29
五、年内新建房屋面积	平方米/人	3.45	2.25	0.94	0.85	0.34
六、年末住房面积	平方米/人	20.54	18.24	15.63	14.35	14.88
#砖木结构面积	平方米/人	10.57	8.35	5.82	5.42	5.25
七、年末住房价值	元/间	3630.56	2994.24	734.03	1980.55	2000.87
八、年末生产性						
固定资产原值	元/户	12387.59	7339.42	5705.58	4576.17	4618.07
九、总收入	元/人	1847.60	1241.05	1012.27	967.45	1024.88
十、纯收入	元/人	－300.40	156.76	250.26	354.07	453.51
十一、现金收入	元/人	3305.92	1457.22	916.53	845.47	870.44
#储蓄借贷收入	元/人	1579.14	493.13	234.79	239.36	230.09
十二、总支出	元/人	3866.61	1997.10	1520.39	1309.56	1301.84
#生产费用支出	元/人	2203.21	841.35	622.28	505.43	452.68
#生活消费支出	元/人	1413.40	994.34	790.51	706.87	752.22
十三、现金支出	元/人	3608.32	1715.78	1179.30	977.31	954.22
#储蓄借贷支出	元/人	302.97	143.37	73.66	71.77	75.30
#生产费用支出	元/人	1963.03	706.18	489.97	402.31	326.55
#生活消费支出	元/人	1068.04	681.55	491.56	397.56	444.55
十四、主要食品消费量						
粮　食	公斤/人	235.92	219.18	213.67	206.17	202.26
蔬　菜	公斤/人	91.56	72.35	55.59	59.51	57.76
食用油	公斤/人	5.72	5.75	4.33	4.06	4.03
猪牛羊肉	公斤/人	11.50	8.12	8.75	7.55	7.84
家　禽	公斤/人	0.83	0.77	0.53	0.46	0.53
禽　蛋	公斤/人	4.35	2.11	2.02	1.95	1.66
食　糖	公斤/人	1.06	0.95	0.64	0.67	0.72
酒	公斤/人	13.77	5.16	4.55	3.69	2.98

2－6 续表

指　　标	单　位	500－600 元	600－800 元	800－1000 元	1000－1200 元	1200－1300 元
一、农户所占比重	%	1.35	3.99	5.77	7.04	3.80
二、常住人口	人/户	4.94	4.94	4.81	4.66	4.51
三、整、半劳动力	人/户	2.98	2.97	2.94	2.89	2.81
四、经营耕地面积	亩/人	2.43	2.22	2.04	2.01	1.99
#承包耕地面积	亩/人	2.25	2.04	1.88	1.85	1.84
五、年内新建房屋面积	平方米/人	0.67	0.70	2.27	0.72	0.80
六、年末住房面积	平方米/人	16.03	16.31	18.53	18.86	20.09
#砖木结构面积	平方米/人	5.39	6.19	7.61	8.88	9.36
七、年末住房价值	元/间	1809.43	1789.91	1957.82	2178.56	2266.24
八、年末生产性						
固定资产原值	元/户	4006.67	3542.67	3333.79	3417.85	3376.57
九、总收入	元/人	1110.14	1209.78	1418.25	1679.00	1849.75
十、纯收入	元/人	552.70	707.57	904.20	1101.97	1250.86
十一、现金收入	元/人	865.95	896.67	1021.70	1228.23	1359.46
#储蓄借贷收入	元/人	185.56	184.90	185.43	201.40	211.66
十二、总支出	元/人	1331.11	1321.98	1412.56	1581.92	1677.22
#生产费用支出	元/人	452.10	401.94	410.55	467.83	482.50
#生活消费支出	元/人	785.99	829.74	907.83	1004.36	1079.63
十三、现金支出	元/人	959.37	948.21	1041.67	1209.94	1322.65
#储蓄借贷支出	元/人	65.83	91.07	109.61	131.14	159.48
#生产费用支出	元/人	331.60	277.48	286.85	333.70	352.85
#生活消费支出	元/人	451.05	468.92	521.90	596.25	658.61
十四、主要食品消费量						
粮　食	公斤/人	210.33	216.57	223.68	232.33	239.68
蔬　菜	公斤/人	67.24	67.51	79.95	90.77	97.17
食用油	公斤/人	4.27	4.58	4.96	5.09	5.19
猪牛羊肉	公斤/人	9.55	10.41	11.35	12.40	12.48
家　禽	公斤/人	0.64	0.72	0.87	1.32	1.44
禽　蛋	公斤/人	1.65	1.72	2.20	2.62	3.10
食　糖	公斤/人	0.82	0.94	1.03	1.16	1.26
酒	公斤/人	4.71	5.38	5.43	5.61	5.80

2-6 续表

指　　标	单　位	1300-1500元	1500-1700元	1700-2000元	2000-2500元	2500-3000元
一、农户所占比重	%	8.08	8.05	11.15	15.18	10.33
二、常住人口	人/户	4.46	4.38	4.27	4.17	4.04
三、整、半劳动力	人/户	2.80	2.79	2.76	2.73	2.73
四、经营耕地面积	亩/人	2.06	1.98	1.99	2.04	2.13
#承包耕地面积	亩/人	1.91	1.84	1.84	1.90	1.98
五、年内新建房屋面积	平方米/人	0.82	1.05	1.01	1.20	1.52
六、年末住房面积	平方米/人	21.47	22.47	23.53	24.86	26.81
#砖木结构面积	平方米/人	10.60	11.67	12.61	13.88	14.69
七、年末住房价值	元/间	2422.88	2610.02	2703.68	3028.70	3365.15
八、年末生产性						
固定资产原值	元/户	3447.79	3583.51	3519.41	3806.39	4217.97
九、总收入	元/人	2035.18	2269.28	2552.60	3020.55	3596.15
十、纯收入	元/人	1400.31	1598.28	1845.90	2234.76	2729.32
十一、现金收入	元/人	1530.05	1749.82	2002.32	2450.97	3074.35
#储蓄借贷收入	元/人	235.41	253.39	262.88	297.72	382.63
十二、总支出	元/人	1792.51	1939.29	2081.05	2350.71	2711.02
#生产费用支出	元/人	518.31	877.53	585.81	663.39	730.65
#生活消费支出	元/人	1151.35	1264.55	1355.03	1535.01	1802.10
十三、现金支出	元/人	1455.54	1631.80	1828.16	2189.75	2710.16
#储蓄借贷支出	元/人	175.70	211.04	264.92	343.81	482.40
#生产费用支出	元/人	379.98	408.25	445.98	526.26	540.18
#生活消费支出	元/人	723.50	822.93	906.11	1079.14	1337.14
十四、主要食品消费量						
粮　食	公斤/人	241.78	248.93	252.48	257.41	262.37
蔬　菜	公斤/人	103.15	109.65	113.80	118.58	126.21
食用油	公斤/人	5.59	5.96	6.06	6.56	6.84
猪牛羊肉	公斤/人	12.79	12.98	13.57	13.84	15.03
家　禽	公斤/人	1.63	1.92	2.18	2.61	3.11
禽　蛋	公斤/人	3.26	3.60	4.07	4.84	5.54
食　糖	公斤/人	1.26	1.39	1.42	1.50	1.62
酒	公斤/人	5.78	6.40	6.60	7.47	8.45

2－6 续表

项　　目	单　位	3000－3500 元	3500－4000 元	4000－4500 元	4500－5000 元	5000 元以上
一、农户所占比重	%	7.05	4.67	3.18	2.13	6.35
二、常住人口	人/户	3.93	3.83	3.70	3.63	3.53
三、整、半劳动力	人/户	2.69	2.70	2.64	2.61	2.59
四、经营耕地面积	亩/人	2.10	2.08	2.10	2.00	1.87
#承包耕地面积	亩/人	1.97	1.92	1.97	1.86	1.70
五、年内新建房屋面积	平方米/人	1.92	1.89	1.73	8.43	2.57
六、年末住房面积	平方米/人	28.61	30.56	33.25	37.32	39.92
#砖木结构面积	平方米/人	15.50	15.99	17.31	16.47	18.25
七、年末住房价值	元/间	3868.36	4270.52	3852.71	5318.68	6690.34
八、年末生产性						
固定资产原值	元/户	4159.12	4839.23	4818.10	4603.89	6911.63
九、总收入	元/人	4147.64	4680.38	5268.22	5831.02	8888.70
十、纯收入	元/人	3229.14	3727.85	4232.53	4732.21	7247.73
十一、现金收入	元/人	3682.03	4242.11	4864.98	5628.27	9179.37
#储蓄借贷收入	元/人	472.12	523.22	518.99	696.06	1177.03
十二、总支出	元/人	3088.70	3342.69	3660.08	4206.31	5852.26
#生产费用支出	元/人	712.32	813.26	873.23	954.74	1557.14
#生活消费支出	元/人	2096.21	2322.54	2570.92	2978.08	3945.84
十三、现金支出	元/人	3214.64	3681.47	4162.35	4915.34	7798.83
#储蓄借贷支出	元/人	583.13	761.29	891.82	1104.81	2164.23
#生产费用支出	元/人	585.72	616.56	702.23	770.04	1246.53
#生活消费支出	元/人	1632.29	1857.12	2106.46	2531.18	3518.23
十四、主要食品消费量						
粮　食	公斤/人	261.74	264.21	261.35	257.71	257.50
蔬　菜	公斤/人	128.10	128.73	131.20	133.42	126.71
食用油	公斤/人	7.31	7.48	7.71	7.64	8.12
猪牛羊肉	公斤/人	16.11	16.94	18.01	18.68	19.55
家　禽	公斤/人	3.59	4.04	4.40	5.22	6.65
禽　蛋	公斤/人	5.81	6.19	6.47	7.62	7.60
食　糖	公斤/人	1.85	1.81	1.97	2.15	2.45
酒	公斤/人	9.95	10.61	11.63	13.17	15.33

2－7　1980年农村住户基本情况

（按三个经济地带分组）

指　　标	单　位	全　　国	东部地区	中部地区	西部地区
一、调查户数	%	15914	5658	5687	4569
二、常住人口	人/户	5.54	5.50	5.64	5.46
三、整、半劳动力	人/户	2.45	2.52	2.34	2.52
四、经营耕地面积	亩/人	0.19	0.14	0.23	0.20
#自留地	亩/人	0.15	0.10	0.17	0.15
五、年末使用房屋面积	平方米/人	11.59	11.77	11.00	12.13
六、总收入	元/人	216.93	246.41	202.27	199.00
七、纯收入	元/人	191.33	217.75	180.98	171.63
八、现金收入	元/人	128.76	152.12	116.12	102.26
#储蓄借贷收入	元/人	15.64	20.42	13.66	10.56
九、总支出	元/人	196.23	221.28	184.62	179.38
#生产费用支出及纳税*	元/人	25.60	28.67	21.24	27.37
#生活消费支出	元/人	162.21	182.00	156.25	145.18
十、现金支出	元/人	122.93	145.31	110.00	98.63
#储蓄借贷支出	元/人	15.91	22.24	12.97	10.12
#生产费用现金支出*	元/人	14.05	14.28	12.07	14.83
#生活消费现金支出	元/人	83.83	97.47	76.93	66.82
十一、主要食品消费量					
粮　食	公斤/人	257.16	266.38	262.76	238.45
蔬　菜	公斤/人	127.21	127.86	120.85	122.21
食用油	公斤/人	2.49	2.40	2.58	2.48
猪牛羊肉	公斤/人	7.75	6.55	6.85	10.40
家　禽	公斤/人	0.66	0.90	0.59	0.43
禽　蛋	公斤/人	1.20	1.12	1.22	0.73
食　糖	公斤/人	1.06	1.43	0.76	0.98
酒	公斤/人	1.89	2.55	1.40	1.69

注：1980年、1985年生产费用支出和生产费用现金支出包括“开发性投资”。下同。

2－8　1985年农村住户基本情况

（按三个经济地带分组）

指　　标	单　位	全　　国	东部地区	中部地区	西部地区
一、调查户数	户	66642	25126	24660	16856
二、常住人口	人/户	5.12	4.98	5.12	5.35
三、整、半劳动力	人/户	2.95	2.93	2.91	3.01
四、经营耕地面积	亩/人	2.07	1.49	2.66	2.03
#承包耕地面积	亩/人	1.83	1.34	2.35	1.78
五、年末住房面积	平方米/人	14.70	15.83	14.54	13.37
#砖木结构面积	平方米/人	7.47	10.74	7.33	3.10
六、年末使用房屋价值	元/平方米	26.76	35.42	24.34	17.81
七、年末生产性					
固定资产原值	元/户	792.53	634.66	897.63	874.11
八、总收入	元/人	547.31	617.30	530.68	437.16
九、纯收入	元/人	397.60	452.16	377.83	313.37
十、现金收入	元/人	429.49	536.44	413.60	303.27
#储蓄借贷收入	元/人	72.10	90.82	72.85	45.11
十一、总支出	元/人	485.51	544.81	466.91	388.90
#生产费用支出*	元/人	140.09	155.99	141.10	116.63
#生活消费支出	元/人	317.42	370.86	306.57	258.45
十二、现金支出	元/人	389.19	490.25	372.37	272.49
#储蓄借贷支出	元/人	57.96	77.94	53.06	37.07
#生产费用支出*	元/人	98.93	117.70	98.31	73.72
#生活消费支出	元/人	194.68	255.95	175.53	136.46
十三、主要食品消费量					
粮　食	公斤/人	257.44	250.43	278.62	237.51
蔬　菜	公斤/人	131.13	129.11	142.08	118.57
食用油	公斤/人	4.04	3.91	4.53	3.53
猪牛羊肉	公斤/人	10.97	10.19	10.28	13.00
家　禽	公斤/人	1.03	1.44	0.97	0.55
禽　蛋	公斤/人	2.05	2.57	2.10	1.23
食　糖	公斤/人	1.45	1.97	1.19	1.11
酒	公斤/人	4.37	5.68	3.43	3.87

2－9　1990年农村住户基本情况

（按三个经济地带分组）

指　　标	单　位	全　　国	东部地区	中部地区	西部地区
一、调查户数	户	66960	25520	24510	16930
二、常住人口	人/户	4.80	4.68	4.76	5.04
三、整、半劳动力	人/户	2.92	2.89	2.88	3.02
四、经营耕地面积	亩/人	2.10	1.45	2.72	2.16
#承包耕地面积	亩/人	1.84	1.29	2.42	1.80
五、年末住房面积	平方米/人	17.83	19.61	17.59	15.67
#砖木结构面积	平方米/人	9.84	13.35	10.33	4.25
六、年末使用房屋价值	元/平方米	44.60	62.05	39.50	25.01
七、年末生产性					
固定资产原值	元/户	1258.06	1124.97	1323.71	1363.62
八、总收入	元/人	990.38	1176.23	951.77	783.29
九、纯收入	元/人	686.31	847.63	632.88	533.76
十、现金收入	元/人	796.11	1021.99	744.42	550.92
#储蓄借贷收入	元/人	119.44	154.57	118.90	71.05
十一、总支出	元/人	903.47	1034.71	839.25	711.87
#生产费用支出	元/人	261.38	286.92	263.07	223.33
#生活消费支出	元/人	584.64	711.38	543.23	463.98
十二、现金支出	元/人	741.17	949.43	694.51	513.73
#储蓄借贷支出	元/人	102.11	138.70	93.42	62.83
#生产费用支出	元/人	183.24	219.09	177.22	141.74
#生活消费支出	元/人	374.74	503.82	328.01	258.12
十三、主要食品消费量					
粮　食	公斤/人	262.08	250.24	287.19	244.32
蔬　菜	公斤/人	134.00	131.19	147.77	119.11
食用油	公斤/人	5.17	5.13	5.70	4.51
猪牛羊肉	公斤/人	11.34	10.33	10.43	14.01
家　禽	公斤/人	1.26	1.86	1.04	0.73
禽　蛋	公斤/人	2.41	3.01	2.53	1.42
食　糖	公斤/人	1.50	1.94	1.34	1.10
酒	公斤/人	6.14	7.53	4.54	6.41

2－10 1995年农村住户基本情况

（按三个经济地带分组）

指　标	单　位	全　国	东部地区	中部地区	西部地区
一、调查户数	户	67340	25600	24350	17390
二、常住人口	人/户	4.48	4.38	4.38	4.78
三、整、半劳动力	人/户	2.88	2.85	2.83	3.30
四、经营耕地面积	亩/人	2.17	1.42	2.88	2.27
#承包耕地面积	亩/人	1.94	1.29	2.61	1.96
五、年末住房面积	平方米/人	21.01	23.52	20.27	18.59
#砖木结构面积	平方米/人	11.91	15.46	12.84	5.92
六、年末使用房屋价值	元/平方米	101.93	146.29	81.56	55.18
七、年末生产性					
固定资产原值	元/户	2774.27	2693.39	2732.72	2951.53
八、总收入	元/人	2337.87	2944.29	2182.26	1719.00
九、纯收入	元/人	1577.74	2127.23	1402.69	1060.69
十、现金收入	元/人	1882.49	2519.07	1688.61	1272.06
#储蓄借贷收入	元/人	286.93	366.17	281.37	187.12
十一、总支出	元/人	2138.33	2571.25	2031.68	1690.83
#生产费用支出	元/人	684.04	737.45	683.48	612.66
#生活消费支出	元/人	1310.36	1670.77	1187.19	981.96
十二、现金支出	元/人	1766.67	2300.28	1635.10	1215.24
#储蓄借贷支出	元/人	220.86	330.70	175.34	131.01
#生产费用支出	元/人	517.06	582.55	517.65	427.91
#生活消费支出	元/人	859.43	1201.18	742.06	548.74
十三、主要食品消费量					
粮　食	公斤/人	258.92	247.78	282.07	244.24
蔬　菜	公斤/人	104.62	107.09	110.31	94.00
食用油	公斤/人	5.80	5.67	6.38	5.23
猪牛羊肉	公斤/人	11.29	10.71	9.79	14.00
家　禽	公斤/人	1.83	2.91	1.38	0.97
禽　蛋	公斤/人	3.22	4.36	3.34	1.52
食　糖	公斤/人	1.28	1.52	1.20	1.06
酒	公斤/人	6.53	8.93	6.35	3.51

2－11 1998年农村住户基本情况

（按三个经济地带分组）

指 标	单 位	全 国	东部地区	中部地区	西部地区
一、调查户数	户	68300	25680	24680	17940
二、常住人口	人/户	4.30	4.20	4.20	4.57
三、整、半劳动力	人/户	2.78	2.77	2.72	2.86
四、经营耕地面积	亩/人	2.06	1.41	2.75	2.06
#承包耕地面积	亩/人	1.90	1.29	2.60	1.83
五、年末住房面积	平方米/人	23.31	26.30	23.13	19.61
#砖木结构面积	平方米/人	12.16	14.87	13.83	6.49
六、年末使用房屋价值	元/平方米	152.95	208.84	126.72	93.44
七、年末生产性					
固定资产原值	元/户	3970.81	4047.61	3795.53	4102.01
八、总收入	元/人	2995.48	3771.63	2828.99	2278.58
九、纯收入	元/人	2161.98	2853.56	1986.12	1474.25
十、现金收入	元/人	2528.32	3459.41	2228.23	1765.23
#储蓄借贷收入	元/人	364.71	454.91	332.27	287.06
十一、总支出	元/人	2457.17	2920.61	2315.02	2045.62
#生产费用支出	元/人	706.79	757.76	670.23	685.95
#生活消费支出	元/人	1590.33	1994.88	1460.80	1240.33
十二、现金支出	元/人	2316.35	3088.59	2053.76	1632.33
#储蓄借贷支出	元/人	385.37	596.61	295.52	221.04
#生产费用支出	元/人	565.97	649.87	525.18	507.15
#生活消费支出	元/人	1128.16	1580.80	957.88	747.90
十三、主要食品消费量					
粮 食	公斤/人	249.28	241.07	263.09	242.61
蔬 菜	公斤/人	108.96	106.92	121.64	95.61
食用油	公斤/人	6.13	5.91	6.60	5.85
猪牛羊肉	公斤/人	13.02	11.80	12.26	16.25
家 禽	公斤/人	2.33	3.80	1.77	1.10
禽 蛋	公斤/人	4.11	5.34	4.66	1.81
食 糖	公斤/人	1.40	1.72	1.26	1.17
酒	公斤/人	6.98	11.81	6.94	3.56

2－12　1999年农村住户基本情况

（按三个经济地带分组）

指　　标	单　位	全　　国	东部地区	中部地区	西部地区
一、调查户数	户	67430	25680	24410	17340
二、常住人口	人/户	4.25	4.15	4.15	4.53
三、整、半劳动力	人/户	2.77	2.77	2.71	2.84
四、经营耕地面积	亩/人	2.07	1.41	2.79	2.02
#承包耕地面积	亩/人	1.91	1.29	2.65	1.80
五、年末住房面积	平方米/人	24.23	27.40	19.70	20.73
#砖木结构面积	平方米/人	12.28	15.16	13.87	6.33
六、年末使用房屋价值	元/平方米	157.57	212.20	129.64	99.93
七、年末生产性					
固定资产原值	元/户	4045.48	4248.01	3781.18	4119.85
八、总收入	元/人	2987.44	3762.20	2766.47	2220.19
九、纯收入	元/人	2210.34	2929.28	2002.85	1501.50
十、现金收入	元/人	2556.35	2484.47	2236.51	1707.97
#储蓄借贷收入	元/人	349.66	433.23	330.72	260.59
十一、总支出	元/人	2390.37	2872.80	2230.98	1941.45
#生产费用支出	元/人	657.35	717.11	614.06	632.34
#生活消费支出	元/人	1577.42	1990.88	1437.43	1196.87
十二、现金支出	元/人	2338.08	3155.77	2058.92	1589.53
#储蓄借贷支出	元/人	420.85	662.15	319.60	223.92
#生产费用支出	元/人	528.37	614.65	489.26	461.93
#生活消费支出	元/人	1144.61	1603.38	972.68	744.75
十三、主要食品消费量					
粮　食	公斤/人	247.45	240.74	261.11	238.95
蔬　菜	公斤/人	108.89	107.68	120.03	96.19
食用油	公斤/人	6.17	5.97	6.63	5.85
猪牛羊肉	公斤/人	13.87	12.59	12.36	17.58
家　禽	公斤/人	2.48	3.95	1.77	1.26
禽　蛋	公斤/人	4.28	5.68	4.69	1.87
食　糖	公斤/人	1.46	1.76	1.31	1.26
酒	公斤/人	6.98	9.56	6.77	3.74

2－13　1980年东部10省与西部12省基本情况

项　　目	单　位	全　　国	东部10省	西部12省
一、调查户数	户	15914	5148	5539
二、常住人口	人/户	5.54	5.40	5.57
四、劳动力人数	人/户	2.45	2.49	2.52
五、劳动力负担人口	人/劳动力	2.26	2.17	2.21
六、年末使用房屋面积	平方米/人	11.59	11.94	12
七、年末使用房屋价值	元/平方米	17.03	25.01	12.89
八、经营耕地面积	亩/人	0.19	0.13	0.23
#自留地面积	亩/人	0.15	0.11	0.14
九、总收入	元/人	216.93	250.73	200.43
(一)基本收入	元/人	193.82	222.36	182.08
①劳动者报酬收入	元/人	106.38	130.61	88.04
②家庭经营收入	元/人	87.44	91.75	93.34
(二)转移性和财产性收入	元/人	23.11	28.37	18.35
十、纯收入	元/人	191.33	222.96	172.67
(一)基本收入	元/人	168.93	194.97	154.65
①劳动者报酬收入	元/人	106.38	130.61	87.96
②家庭经营收入	元/人	62.55	64.36	66.68
(二)转移性和财产性收入	元/人	22.40	27.99	17.98
十一、现金收入	元/人	128.76	156.73	104.87
(一)基本收入	元/人	97.61	117.57	81.00
①劳动者报酬收入	元/人	40.23	59.74	31.47
②家庭经营收入	元/人	57.38	57.83	53.57
(二)转移性和财产性收入	元/人	15.51	17.74	16.82
(三)储蓄借贷收入	元/人	15.64	21.42	15.13
十二、总支出	元/人	196.23	224.66	181.15
(一)家庭经营费用支出	元/人	24.61	27.26	26.85
(二)税费支出	元/人	0.28	0.13	0.41
(三)生活消费支出	元/人	162.21	185.65	146.78
(四)其他非借贷性支出	元/人	8.42	11.24	6.61
十三、现金支出	元/人	122.93	149.75	100.62
(一)生产费用支出	元/人	14.05	13.92	14.84
(二)生活消费支出	元/人	83.83	100.17	67.88
(三)其他非借贷支出	元/人	9.14	12.01	6.68
(四)储蓄借贷支出	元/人	15.91	23.65	11.22

2－14　1985年东部10省与西部12省基本情况

项　　目	单　位	全　　国	东部10省	西部12省
一、调查户数	户	66642	22806	20996
二、调查户常住人口	人/户	5.12	4.88	5.41
三、劳动力人数	人/户	2.95	2.90	3.03
四、劳动力负担人口	人/劳动力	1.74	1.68	1.79
五、劳动力文化程度				
1.文盲或半文盲	%	27.87	22.49	35.93
2.小学程度	%	37.13	38.19	36.11
3.初中程度	%	27.69	30.67	22.76
4.高中程度	%	6.94	8.20	4.93
5.中专程度	%	0.29	0.35	0.24
6.大专及以上	%	0.06	0.10	0.03
六、年内新建房屋面积	平方米/人	1.08	1.27	0.81
#砖木结构面积	平方米/人	0.70	0.98	0.29
#生活用房面积	平方米/人	0.91	1.14	0.63
七、年内新建房屋价值	元/平方米	40.17	52.87	26.32
八、年末住房面积	平方米/人	14.70	16.08	13.14
#砖木结构面积	平方米/人	7.47	11.53	3.09
九、年末使用房屋价值	元/平方米	26.76	36.90	18.15
十、经营耕地面积	亩/人	2.07	1.53	2.31
#承包耕地面积	亩/人	1.83	1.38	2.01
#自留地面积	亩/人	0.20	0.13	0.25
十一、经营山地面积	亩/人	0.52	0.32	0.59
#承包山地面积	亩/人	0.27	0.15	0.34
#自留山面积	亩/人	0.23	0.15	0.14
植树造林面积	亩/人	0.06	0.05	0.07
十二、主要农产品出售情况				
粮　食	公斤/人	123.49	113.37	73.36
棉　花	公斤/人	4.13	7.09	1.16
油　料	公斤/人	14.37	12.28	15.91
糖　料	公斤/人	57.87	71.54	66.20
烟　叶	公斤/人	2.25	1.19	3.35
蔬　菜	公斤/人	53.76	72.02	47.23
水　果	公斤/人	6.78	11.67	5.86
猪　肉	公斤/人	16.27	21.10	13.27
牛羊肉	公斤/人	1.08	0.70	1.87
牛羊奶	公斤/人	1.02	1.06	0.70
家　禽	公斤/人	1.00	1.47	0.70
禽　蛋	公斤/人	2.21	2.85	1.39
水产品*	公斤/人	1.74	3.65	0.35

注:1990年以前出售水产品为出售鱼虾产品。下同。

2－15 1985年东部10省与西部12省农村居民收支情况

单位:元/人

指　　标	全　　国	东部10省	西部12省
一、总收入	547.31	641.45	442.04
(一)基本收入	517.40	610.87	421.34
①劳动者报酬收入	72.15	122.78	38.45
②家庭经营收入	445.25	488.09	382.89
(二)转移性和财产性收入	29.91	30.58	20.70
二、纯收入	397.60	470.41	316.17
(一)基本收入	367.69	439.84	295.48
①劳动者报酬收入	71.71	122.78	38.45
②家庭经营收入	295.98	317.05	257.03
(二)转移性和财产性收入	29.91	30.58	20.69
三、现金收入	429.49	563.76	313.18
(一)基本收入	321.57	423.85	231.96
①劳动者报酬收入	68.89	118.75	38.38
②家庭经营收入	252.68	305.10	193.58
(二)转移性和财产性收入	35.82	41.47	31.84
(三)储蓄借贷收入	72.10	98.44	49.38
四、总支出	485.51	563.30	394.85
(一)家庭经营费用支出	121.39	143.31	103.39
(二)购置生产性固定资产支出	18.70	17.46	15.90
(三)税费支出	18.43	19.57	11.25
(四)生活消费支出	317.42	383.47	262.45
(五)其他非借贷性支出	9.57	12.24	6.75
五、现金支出	389.19	511.73	280.91
(一)家庭经营费用支出	79.99	104.16	59.55
(二)购置生产性固定资产支出*	18.94	17.65	16.02
(三)税费支出	16.35	16.14	10.30
(四)生活消费支出	194.68	267.84	139.64
(五)其他非借贷性支出	21.27	24.61	15.52
(六)储蓄借贷支出	57.96	81.37	39.88

注:1985年购置生产性固定资产支出中包括“开发性生产投资”。

2－16　1985年东部10省与西部12省农村居民生活消费支出情况

单位:元/人

指　　标	全　　国	东部10省	西部12省
一、生活消费支出	317.42	383.40	262.46
1.食品支出	183.43	204.56	165.76
#主　食	83.24	83.41	79.35
#副　食	[illegible]	[illegible]	[illegible]
2.衣着支出	30.77	34.20	26.72
3.居住支出	57.87	83.71	37.18
#住　房	39.46	63.74	21.16
#燃　料	18.16	19.86	15.86
4.家庭设备、用品及服务支出	16.19	22.80	11.30
5.医疗保健支出	7.67	8.78	6.30
6.交通和通讯支出	5.58	5.58	3.82
7.文教娱乐用品及服务支出	12.36	17.03	8.39
8.其他商品及服务支出	3.55	6.74	2.99
二、生活消费现金支出	194.68	271.93	139.64
1.食品支出	76.56	110.60	56.32
#主　食	12.67	15.58	11.14
#副　食	38.61	56.13	27.06
2.衣着支出	30.13	33.36	26.26
3.居住支出	42.83	67.25	24.42
#住　房	38.61	62.87	20.38
#燃　料	3.92	4.24	3.87
4.家庭设备、用品及服务支出	16.06	22.65	11.23
5.医疗保健支出	7.65	8.74	6.30
6.交通和通讯支出	5.59	7.73	3.80
7.文教娱乐用品及服务支出	12.34	17.02	8.36
8.其他商品及服务支出	3.52	4.58	2.95

2－17　1990年东部10省与西部12省基本情况

指　　标	单　位	全　　国	东部10省	西部12省
一、调查户数	户	66960	22680	21070
二、调查户常住人口	人/户	4.80	4.55	5.10
三、劳动力人数	人/户	2.92	2.86	3.02
四、劳动力负担人口	人/劳动力	1.64	1.59	1.69
五、劳动力文化程度				
1.文盲或半文盲	%	20.73	15.69	28.63
2.小学程度人数	%	38.86	38.37	39.67
3.初中程度	%	32.84	36.89	26.34
4.高中程度	%	6.96	8.14	5.00
5.中专程度	%	0.51	0.73	0.32
6.大专及以上	%	0.10	0.14	0.07
六、午内新建房屋面积	平方米/人	0.82	1.04	0.57
#砖木结构面积	平方米/人	0.47	0.67	0.22
#生活用房面积	平方米/人	0.69	0.89	0.47
七、年内新建房屋价值	元/平方米	92.32	124.39	57.39
八、年末住房面积	平方米/人	17.83	20.14	15.37
#砖木结构面积	平方米/人	9.84	14.20	4.29
九、年末使用房屋价值	元/平方米	44.60	65.54	25.32
十、经营耕地面积	亩/人	2.10	1.49	2.42
#承包耕地面积	亩/人	1.84	1.34	2.04
#自留地面积	亩/人	0.18	0.11	0.22
十一、经营山地面积	亩/人	0.42	0.31	0.49
#承包山地面积	亩/人	0.22	0.15	0.28
#自留山面积	亩/人	0.18	0.13	0.20
植树造林面积	亩/人	0.05	0.07	0.05
十二、主要农产品出售情况				
粮　食	公斤/人	180.24	157.69	107.81
棉　花	公斤/人	4.31	6.09	2.18
油　料	公斤/人	12.87	9.95	16.44
糖　料	公斤/人	70.64	58.95	101.27
烟　叶	公斤/人	2.67	1.31	3.54
蔬　菜	公斤/人	65.07	81.50	58.16
水　果	公斤/人	13.17	23.16	11.22
猪　肉	公斤/人	17.84	21.73	15.20
牛羊肉	公斤/人	1.26	0.89	1.71
牛羊奶	公斤/人	1.68	1.31	0.66
家　禽	公斤/人	1.45	2.23	1.13
禽　蛋	公斤/人	1.89	2.41	1.40
水产品*	公斤/人	2.05	3.73	0.47

注:出售水产品为出售鱼虾产品。

2－18　1990年东部10省与西部12省农村居民收支情况

单位:元/人

指　　标	全　　国	东部10省	西部12省
一、总收入	990.38	1218.18	810.91
(一)基本收入	954.59	1170.75	779.48
①劳动者报酬收入	138.80	264.67	70.50
②家庭经营收入	815.79	906.08	708.99
(二)转移性和财产性收入	35.79	47.44	31.43
二、纯收入	686.31	878.51	552.70
(一)基本收入	657.35	838.89	528.00
①劳动者报酬收入	138.80	264.67	70.50
②家庭经营收入	518.55	574.23	457.50
(二)转移性和财产性收入	28.96	39.62	24.70
三、现金收入	796.11	1077.74	567.43
(一)基本收入	617.62	764.78	393.74
①劳动者报酬收入	136.43	244.85	66.89
②家庭经营收入	481.19	519.94	326.85
(二)转移性和财产性收入	59.05	62.48	47.46
(三)储蓄借贷收入	119.44	152.60	67.52
四、总支出	903.47	1070.31	730.30
(一)家庭经营费用支出	241.09	274.01	210.39
(二)购置生产性固定资产支出	20.29	20.15	20.58
(三)税费支出	38.66	41.69	23.01
(四)生活消费支出	584.63	737.82	475.17
(五)其他非借贷性支出	18.80	26.21	13.17
五、现金支出	741.17	998.53	530.84
(一)家庭经营费用支出	162.90	205.67	126.81
(二)购置生产性固定资产支出	20.44	20.62	20.66
(三)税费支出	33.37	34.35	20.74
(四)生活消费支出	374.74	533.96	263.12
(五)其他非借贷性支出	47.59	60.98	30.68
(六)储蓄借贷支出	102.11	143.62	68.99

2－19　1990年东部10省与西部12省农村居民生活消费支出情况

单位:元/人

指　　标	全　　国	东部10省	西部12省
一、生活消费支出	584.64	737.82	475.17
1.食品支出	343.76	406.16	300.41
#主　食	135.47	132.73	131.73
#副　食	146.10	184.02	124.16
2.衣着支出	45.44	54.23	37.64
3.居住支出	101.37	150.12	68.18
#住　房	69.30	121.05	40.80
#燃　料	26.46	29.55	23.86
4.家庭设备、用品及服务支出	30.90	44.99	21.38
5.医疗保健支出	19.02	24.10	14.07
6.交通和通讯支出	8.42	11.48	6.53
7.文教娱乐用品及服务支出	31.38	40.20	23.73
8.其他商品及服务支出	4.34	6.54	3.24
二、生活消费现金支出	374.74	533.96	263.12
1.食品支出	155.85	227.55	106.24
#主　食	17.50	19.38	15.22
#副　食	80.29	122.89	51.95
2.衣着支出	44.03	51.30	37.63
3.居住支出	81.15	128.64	50.52
#住　房	68.50	111.21	40.25
#燃　料	7.05	8.70	6.77
4.家庭设备、用品及服务支出	30.74	44.75	21.21
5.医疗保健支出	18.98	23.98	14.06
6.交通和通讯支出	8.41	11.40	6.52
7.文教娱乐用品及服务支出	31.33	40.13	23.70
8.其他商品及服务支出	4.24	5.04	3.22

2－20 1995年东部10省与西部12省基本情况

指　　标	单　位	全　　国	东部10省	西部12省
一、调查户数	户	67340	22640	21450
二、调查户常住人口	人/户	4.48	4.25	4.80
三、劳动力人数	人/户	2.88	2.82	2.99
四、劳动力负担人口	人/劳动力	1.56	1.51	1.61
五、劳动力文化程度				
1.文盲或半文盲	%	13.47	9.13	20.21
2.小学程度	%	36.62	34.20	39.43
3.初中程度	%	40.11	44.72	33.20
4.高中程度	%	8.61	10.02	6.47
5.中专程度	%	0.96	1.51	0.59
6.大专及以上	%	0.24	0.41	0.10
六、年内新建房屋面积	平方米/人	0.78	0.94	0.67
#砖木结构面积	平方米/人	0.37	0.40	0.32
#生活用房面积	平方米/人	0.68	0.84	0.55
七、年内新建房屋价值	元/平方米	200.30	260.58	158.57
八、年末住房面积	平方米/人	21.01	23.90	18.29
#砖木结构面积	平方米/人	11.91	16.10	6.12
九、年末使用房屋价值	元/平方米	101.93	157.10	57.13
十、经营耕地面积	亩/人	2.17	2.12	2.54
#承包耕地面积	亩/人	1.94	1.36	2.20
#自留地面积	亩/人	0.16	0.14	0.21
十一、经营山地面积	亩/人	0.44	0.29	0.62
#承包山地面积	亩/人	0.28	0.14	0.46
#自留山面积	亩/人	0.13	0.13	0.13
植树造林面积	亩/人	0.05	0.06	0.05
十二、主要农产品出售情况				
粮　食	公斤/人	179.20	156.60	107.13
棉　花	公斤/人	4.31	3.49	4.63
油　料	公斤/人	12.02	9.62	11.94
糖　料	公斤/人	56.66	37.32	105.75
烟　叶	公斤/人	2.21	0.82	4.09
蔬　菜	公斤/人	79.96	122.70	61.38
水　果	公斤/人	24.28	40.98	21.22
猪　肉	公斤/人			
牛羊肉	公斤/人			
牛羊奶	公斤/人	1.90	6.78	3.20
家　禽	公斤/人			
禽　蛋	公斤/人	3.54	6.78	1.64
水产品	公斤/人	2.94	5.29	3.13

2－21　1995年东部10省与西部12省农村居民收支情况

单位:元/人

指　　标	全　　国	东部10省	西部12省
一、总收入	2337.87	3091.40	1789.26
(一)基本收入	2231.11	2942.25	1703.54
①劳动者报酬收入	353.69	713.34	149.37
②家庭经营收入	1877.42	2228.91	1554.18
(二)转移性和财产性收入	106.75	149.15	85.72
二、纯收入	1577.74	2237.32	1116.78
(一)基本收入	1479.69	1590.50	792.62
①劳动者报酬收入	353.69	713.34	149.37
②家庭经营收入	1125.79	1385.81	889.55
(二)转移性和财产性收入	98.25	138.16	77.87
三、现金收入	1882.49	2656.34	1350.90
(一)基本收入	1469.61	2095.56	1040.91
①劳动者报酬收入	352.88	711.56	149.12
②家庭经营收入	1116.73	1384.00	891.79
(二)转移性和财产性收入	125.96	165.35	106.60
(三)储蓄借贷收入	286.93	395.43	203.39
四、总支出	2138.33	2698.49	1745.51
(一)家庭经营费用支出	621.71	703.00	564.32
(二)购置生产性固定资产支出	62.33	63.61	62.60
(三)税费支出	88.65	97.13	59.01
(四)生活消费支出	1310.36	1753.70	1022.95
(五)其他非借贷性支出	55.28	81.05	36.63
五、现金支出	1766.67	2439.43	1289.93
(一)家庭经营费用支出	454.74	538.63	385.96
(二)购置生产性固定资产支出	62.33	63.61	62.60
(三)税费支出	76.97	74.99	52.52
(四)生活消费支出	859.43	1275.95	586.90
(五)其他非借贷性支出	92.36	130.22	56.45
(六)储蓄借贷支出	220.86	356.02	145.50

2－22　1995年东部10省与西部12省农村居民生活消费支出情况

单位:元/人

指　　标	全　　国	东部10省	西部12省
一、生活消费支出	1310.36	1753.70	1022.95
1.食品支出	768.19	962.22	649.35
主　食	316.72	354.46	279.36
#副　食	316.40	420.45	263.47
2.衣着支出	89.79	118.06	67.75
3.居住支出	182.21	274.77	120.81
#住　房	110.35	176.68	67.99
#燃　料	48.05	59.11	37.48
4.家庭设备、用品及服务支出	68.48	104.51	48.19
5.医疗保健支出	42.48	56.63	32.36
6.交通和通讯支出	33.76	57.48	20.47
7.文教娱乐用品及服务支出	102.39	141.50	70.25
8.其他商品及服务支出	23.05	38.53	13.78
二、生活消费现金支出	859.43	1275.95	586.90
1.食品支出	353.22	528.66	239.67
#主　食	45.80	50.98	43.16
#副　食	184.43	297.66	113.30
2.衣着支出	88.66	116.09	67.10
3.居住支出	147.86	233.66	95.24
#住　房	108.53	171.30	67.69
#燃　料	15.53	23.38	12.21
4.家庭设备、用品及服务支出	68.08	103.70	48.03
5.医疗保健支出	42.47	56.60	32.36
6.交通和通讯支出	33.73	57.38	20.47
7.文教娱乐用品及服务支出	102.35	141.35	70.25
8.其他商品及服务支出	23.05	38.53	13.78

2－23　1998年东部10省与西部12省基本情况

指　　标	单　位	全　　国	东部10省	西部12省
一、调查户数	户	68300	22650	22450
二、调查户常住人口	人/户	4.30	4.08	4.57
三、劳动力人数	人/户	2.78	2.74	2.86
四、劳动力负担人口	人/劳动力	1.55	1.49	1.60
五、劳动力文化程度				
1.文盲或半文盲	%	9.56	5.68	16.21
2.小学程度	%	34.49	31.42	38.10
3.初中程度	%	44.97	49.10	37.52
4.高中程度	%	9.15	10.92	7.13
5.中专程度	%	1.46	2.25	0.86
6.大专及以上人数	%	0.37	0.63	0.18
六、年内新建房屋面积	平方米/人	0.83	0.95	0.72
#砖木结构面积	平方米/人	0.31	0.35	0.28
#生活用房面积	平方米/人	1.10	1.20	0.95
七、年内新建房屋价值	元/平方米	227.40	299.94	170.18
八、年末住房面积	平方米/人	23.31	27.09	19.61
#砖木结构面积	平方米/人	12.16	15.58	6.81
九、年末住房价值	元/平方米	152.95	221.25	95.91
十、经营耕地面积	亩/人	2.06	1.42	2.41
#承包耕地面积	亩/人	1.90	1.33	2.17
#自留地面积	亩/人	0.10	0.07	0.14
十一、经营山地面积	亩/人	0.43	0.28	0.63
#承包山地面积	亩/人	0.28	0.14	0.47
#自留山面积	亩/人	0.13	0.12	0.14
植树造林面积	亩/人	0.05	0.05	0.05
十二、主要农产品出售情况				
粮　食	公斤/人	227.53	214.48	131.95
棉　花	公斤/人	5.10	2.88	8.09
油　料	公斤/人	12.39	8.03	15.48
糖　料	公斤/人	81.69	47.17	156.60
烟　叶	公斤/人	2.33	1.18	3.92
蔬　菜	公斤/人	108.72	167.16	84.56
水　果	公斤/人	38.51	58.70	33.57
猪　肉	公斤/人	23.04	21.88	20.14
牛羊肉	公斤/人	2.71	0.95	5.20
牛羊奶	公斤/人	2.60	1.46	4.97
家　禽	公斤/人	2.42	3.74	1.92
禽　蛋	公斤/人	3.57	5.42	1.74
水产品	公斤/人	4.31	9.05	1.09

2－24　1998年东部10省与西部12省农村居民收支情况

单位:元/人

指　　标	全　　国	东部10省	西部12省
一、总收入	2995.48	3988.31	2418.86
(一)基本收入	2860.39	3787.64	2310.51
①劳动者报酬收入	573.58	1132.71	280.81
②家庭经营收入	2286.81	2654.94	2029.70
(二)转移性和财产性收入	135.09	200.67	108.36
二、纯收入	2161.98	3031.09	1588.48
(一)基本收入	2039.58	2838.10	1496.20
①劳动者报酬收入	573.58	1089.04	269.98
②家庭经营收入	1466.00	1749.06	1226.22
(二)转移性和财产性收入	122.40	192.99	92.28
三、现金收入	2528.32	3657.55	1887.59
(一)基本收入	1967.02	2899.93	1421.27
①劳动者报酬收入	573.69	1133.63	280.47
②家庭经营收入	1393.33	1766.30	1140.79
(二)转移性和财产性收入	196.59	267.20	163.02
(三)储蓄借贷收入	364.71	490.42	303.30
四、总支出	2457.17	3067.36	2116.92
(一)家庭经营费用支出	652.48	736.82	654.18
(二)购置生产性固定资产支出	54.31	54.45	60.93
(三)税费支出	106.69	101.05	87.14
(四)生活消费支出	1590.33	2092.81	1277.95
(五)其他非借贷性支出	53.35	82.23	36.71
五、现金支出	2316.35	3273.15	1738.05
(一)家庭经营费用支出	511.66	617.29	468.27
(二)购置生产性固定资产支出	54.31	54.45	60.93
(三)税费支出	98.00	86.32	79.39
(四)生活消费支出	1128.16	1687.61	794.09
(五)其他非借贷性支出	138.85	202.72	83.49
(六)储蓄借贷支出	385.37	624.75	251.88

2-25 1998年东部10省与西部12省农村居民生活消费支出情况

单位:元/人

指　　标	全　　国	东部10省	西部12省
一、生活消费支出	1590.33	2057.92	1277.95
1.食品支出	849.64	1025.21	745.40
#主　食	303.45	312.86	299.07
#副　食	364.11	461.44	312.11
2.衣着支出	98.06	131.35	77.14
3.居住支出	239.62	339.46	167.49
#住　房	137.65	223.85	95.47
#燃　料	61.79	50.62	46.09
4.家庭设备、用品及服务支出	81.92	101.53	57.79
5.医疗保健支出	68.13	95.77	54.79
6.交通和通讯支出	60.68	98.02	37.11
7.文教娱乐用品及服务支出	159.41	216.41	116.40
8.其他商品及服务支出	32.87	50.17	21.83
二、生活消费现金支出	1128.16	1687.61	794.09
1.食品支出	428.90	638.89	292.65
#主　食	42.70	48.23	41.48
#副　食	216.85	351.51	132.00
2.衣着支出	97.04	130.00	75.94
3.居住支出	199.35	322.14	137.66
#住　房	137.29	223.59	95.06
#燃　料	21.87	33.56	16.67
4.家庭设备、用品及服务支出	81.77	124.22	57.70
5.医疗保健支出	68.13	95.77	54.79
6.交通和通讯支出	60.68	110.02	37.11
7.文教娱乐用品及服务支出	159.41	216.41	116.40
8.其他商品及服务支出	32.88	50.17	21.83

2－26　1999年东部10省与西部12省基本情况

指　　标	单　位	全　　国	东部10省	西部12省
一、调查户数	户	67430	22650	21710
二、调查户常住人口	人/户	4.25	4.04	4.52
三、劳动力人数	人/户	2.77	2.73	2.84
四、劳动力负担人口	人/劳动力	1.53	1.48	1.59
五、劳动力文化程度				
1.文盲或半文盲	%	8.96	5.34	15.59
2.小学程度	%	33.65	30.54	37.65
3.初中程度	%	46.05	49.84	38.32
4.高中程度	%	9.38	11.27	7.27
5.中专程度	%	1.57	2.36	0.96
6.大专及以上	%	0.40	0.65	0.21
六、年内新建房屋面积	平方米/人	1.28	1.51	0.97
#砖木结构面积	平方米/人	0.29	0.33	0.27
#生活用房面积	平方米/人	0.74	0.86	0.58
七、年内新建房屋价值	元/平方米	148.32	188.06	128.62
八、年末住房面积	平方米/人	24.23	28.22	20.66
#砖木结构面积	平方米/人	12.28	15.87	6.67
九、年末使用房屋价值	元/平方米	157.57	224.52	102.15
十、经营耕地面积	亩/人	2.07	1.43	2.38
#承包耕地面积	亩/人	1.91	1.34	2.15
#自留地面积	亩/人	0.09	0.06	0.12
十一、经营山地面积	亩/人	0.47	0.27	0.75
#承包山地面积	亩/人	0.28	0.13	0.48
#自留山面积	亩/人	0.13	0.12	0.13
植树造林面积	亩/人	0.11	0.05	0.22
十二、主要农产品出售情况				
粮　食	公斤/人	243.34	223.24	141.69
棉　花	公斤/人	4.43	2.33	6.80
油　料	公斤/人	15.59	11.60	16.55
糖　料	公斤/人	86.30	33.32	188.47
烟　叶	公斤/人	2.42	1.23	4.01
蔬　菜	公斤/人	111.66	173.00	83.17
水　果	公斤/人	43.17	66.39	38.92
猪　肉	公斤/人	28.41	31.87	23.42
牛羊肉	公斤/人	3.71	2.30	6.26
牛羊奶	公斤/人	3.00	2.10	5.55
家　禽	公斤/人	3.41	5.85	2.48
禽　蛋	公斤/人	4.07	6.05	2.30
水产品	公斤/人	6.20	13.65	1.65

2-27 1999年东部10省与西部12省农村居民收支情况

单位:元/人

指　　标	全　　国	东部10省	西部12省
一、总收入	2987.44	4004.06	2396.95
(一)基本收入	2841.82	3778.12	2287.93
①劳动者报酬收入	630.25	1240.59	332.89
②家庭经营收入	2211.57	2537.53	1955.04
(二)转移性和财产性收入	145.62	225.94	109.02
二、纯收入	2210.34	2667.31	1729.71
(一)基本收入	2078.61	2461.42	1632.35
①劳动者报酬收入	630.25	1240.59	332.89
②家庭经营收入	1448.36	1220.83	1299.46
(二)转移性和财产性收入	131.73	205.89	97.36
三、现金收入	2556.35	3750.06	1887.62
(一)基本收入	2008.66	3001.65	1456.29
①劳动者报酬收入	628.43	1238.01	332.54
②家庭经营收入	1380.23	1763.64	1123.75
(二)转移性和财产性收入	198.03	282.45	153.46
(三)储蓄借贷收入	349.66	465.95	277.88
四、总支出	2390.37	2997.93	2044.08
(一)家庭经营费用支出	599.72	667.13	606.40
(二)购置生产性固定资产支出	57.63	63.74	62.53
(三)税费支出	99.98	95.31	82.41
(四)生活消费支出	1577.42	2087.61	1255.80
(五)其他非借贷性支出	55.62	84.14	36.93
五、现金支出	2338.08	3319.72	1732.28
(一)家庭经营费用支出	470.73	564.49	434.56
(二)购置生产性固定资产支出	57.63	63.74	62.53
(三)税费支出	93.06	83.32	76.14
(四)生活消费支出	1144.61	1708.28	798.51
(五)其他非借贷性支出	151.19	220.63	90.51
(六)储蓄借贷支出	420.85	679.25	270.03

2－28　1999年东部10省与西部12省农村居民生活消费支出情况

单位:元/人

指　　标	全　　国	东部10省	西部12省
一、生活消费支出	1577.42	2087.61	1255.80
1.食品支出	829.02	985.20	727.95
#主　食	285.48	293.92	277.68
#副　食	[illegible]	454.75	309.04
2.衣着支出	92.04	124.53	73.14
3.居住支出	232.69	341.83	159.08
#住　房	138.00	218.92	88.81
#燃　料	51.55	52.40	42.45
4.家庭设备、用品及服务支出	82.27	129.20	56.50
5.医疗保健支出	70.02	100.70	54.47
6.交通和通讯支出	68.73	121.18	38.36
7.文教娱乐用品及服务支出	168.33	232.30	123.45
8.其他商品及服务支出	34.33	52.66	22.85
二、生活消费现金支出	1144.61	1708.28	798.51
1.食品支出	425.98	623.15	297.46
#主　食	41.77	46.93	41.64
#副　食	207.22	332.98	129.94
2.衣着支出	91.48	123.64	72.79
3.居住支出	203.60	325.67	132.73
#住　房	137.75	218.73	88.49
#燃　料	22.70	36.42	16.41
4.家庭设备、用品及服务支出	82.14	128.97	56.40
5.医疗保健支出	70.02	100.70	54.47
6.交通和通讯支出	68.73	121.18	38.36
7.文教娱乐用品及服务支出	168.33	232.30	123.45
8.其他商品及服务支出	34.33	52.66	22.85

第三部分

各地区主要年份农村居民收支情况

3－1　1980年农村居民总收入

单位:元/人

地　　区	总收入	一、基本收入	1.劳动者报酬收入	2.家庭经营收入	二、转移和财产性收入
全　　国	**216.93**	**193.82**	**106.38**	**87.44**	**23.11**
北　　京	316.01	257.00	184.45	72.55	59.01
天　　津	293.16	240.96	183.11	57.85	52.20
河　　北	193.39	159.70	96.92	62.78	33.69
山　　西	164.17	138.66	90.97	47.69	25.51
内 蒙 古	202.14	185.56	74.98	110.58	16.58
辽　　宁	299.37	232.58	122.23	110.35	66.79
吉　　林	263.29	235.43	113.23	122.20	27.86
黑 龙 江	225.86	207.82	134.66	73.16	18.04
上　　海	430.47	280.24	196.05	84.19	150.23
江　　苏	252.48	210.72	117.91	92.81	41.76
浙　　江	249.66	218.27	125.11	93.16	31.39
安　　徽	220.84	184.33	96.44	87.89	36.51
福　　建	194.98	170.93	81.80	89.13	24.05
江　　西	202.37	183.31	99.59	83.72	19.06
山　　东	225.09	192.81	119.01	73.80	32.28
河　　南	184.37	154.70	87.51	67.19	29.67
湖　　北	182.81	160.82	94.52	66.30	21.99
湖　　南	253.29	226.19	104.21	121.98	27.10
广　　东	306.61	269.48	118.08	151.40	37.13
广　　西	209.93	191.65	74.39	117.26	18.28
四　　川	224.31	204.06	100.44	103.62	20.25
贵　　州	189.46	168.47	66.60	101.87	20.99
云　　南	170.69	153.21	77.11	76.10	17.48
西　　藏					
陕　　西	157.85	131.20	69.21	61.99	26.65
甘　　肃	169.17	147.28	91.20	56.08	21.89
青　　海					
宁　　夏	186.79	158.11	81.84	76.27	28.68
新　　疆	219.21	193.22	127.87	65.35	25.99

3－2 1980年农村居民家庭经营副业收入

单位:元/人

地　区	家庭经营副业收入	1.自营农林产品收入	2.牧　业收　入	3.手工业收　入	4.采集、捕猎收入	5.其他家庭副业收入
全　国	**87.44**	**25.17**	**43.63**	**3.70**	**6.37**	**8.57**
北　京	72.55	13.15	53.56	2.69	0.41	2.74
天　津	57.85	11.87	26.31	7.81	8.07	3.79
河　北	62.78	18.99	29.94	4.62	2.11	7.12
山　西	47.69	15.60	22.40	1.87	0.69	7.13
内蒙古	110.58	47.90	47.52	2.11	6.35	6.70
辽　宁	110.35	38.69	49.06	4.44	7.18	10.98
吉　林	122.20	53.09	50.05	3.33	10.10	5.63
黑龙江	73.16	27.06	39.91	0.88	2.82	2.49
上　海	84.19	20.91	56.92	1.97	1.91	2.48
江　苏	92.81	24.26	57.24	4.71	1.23	5.37
浙　江	93.16	19.52	42.29	9.78	6.72	14.85
安　徽	87.89	24.93	43.78	7.64	3.06	8.48
福　建	89.13	20.22	39.81	3.65	13.11	12.34
江　西	83.72	18.85	41.88	4.49	9.94	8.56
山　东	73.80	17.57	44.65	3.59	0.96	7.03
河　南	67.19	18.43	32.92	4.01	2.13	9.70
湖　北	66.30	14.06	38.08	3.47	4.88	5.81
湖　南	121.98	30.13	64.59	4.65	13.66	8.95
广　东	151.40	40.23	68.15	5.95	16.18	20.89
广　西	117.26	33.75	50.21	3.32	21.10	8.88
四　川	103.62	27.17	60.26	2.32	5.75	8.12
贵　州	101.87	34.15	40.40	1.50	9.77	16.05
云　南	76.10	18.87	35.21	1.15	14.62	6.25
西　藏						
陕　西	61.99	18.43	27.42	3.21	8.16	4.77
甘　肃	56.08	24.51	22.14	1.85	0.36	7.22
青　海						
宁　夏	76.27	34.03	18.43	6.73	4.11	12.97
新　疆	65.35	23.93	23.77	9.44	1.64	6.57

3-3 1980年农村居民现金收入

单位:元/人

地区	现金收入	一、基本收入	1.劳动者报酬收入	2.家庭经营收入	二、转移和财产性收入	三、储蓄借贷收入	扣除储蓄借贷的现金收入
全国	**128.76**	**97.61**	**40.23**	**57.38**	**15.15**	**15.64**	**113.12**
北京	254.85	172.75	116.60	56.15	29.84	52.26	202.59
天津	191.95	129.08	78.39	50.69	29.36	33.51	158.44
河北	128.47	83.66	38.74	44.92	26.42	18.39	110.08
山西	100.44	66.33	32.83	33.50	19.75	14.36	86.08
内蒙古	119.20	86.73	32.80	53.93	13.26	19.21	99.99
辽宁	207.88	123.33	69.21	54.12	40.55	44.00	163.88
吉林	133.99	92.29	32.87	59.42	19.71	21.99	112.00
黑龙江	135.70	102.63	52.38	50.25	12.64	20.41	115.29
上海	337.57	232.93	169.11	63.82	41.78	62.86	274.71
江苏	181.42	133.43	60.92	72.51	20.14	27.85	153.57
浙江							
安徽	125.10	95.92	32.84	63.08	17.59	11.59	113.51
福建	123.09	98.13	38.87	59.26	13.75	11.21	111.88
江西	99.96	79.56	32.07	47.49	12.42	7.98	91.98
山东	158.08	121.58	60.61	60.97	19.57	16.93	141.15
河南	120.54	86.58	31.69	54.89	24.02	9.94	110.60
湖北	98.32	70.56	29.83	40.73	15.66	12.10	86.22
湖南	128.79	95.33	27.00	68.33	20.26	13.20	115.59
广东	198.35	162.23	66.69	95.54	23.80	12.32	186.03
广西	113.23	89.09	18.18	70.91	12.15	11.99	101.24
四川	115.56	86.86	28.46	58.40	16.22	12.48	103.08
贵州	88.98	65.39	18.00	47.39	16.41	7.18	81.80
云南	84.25	64.99	23.48	41.51	14.36	4.90	79.35
西藏							
陕西	82.47	45.89	16.71	29.18	21.22	15.36	67.11
甘肃	98.05	63.52	34.06	29.46	22.24	12.29	85.76
青海							
宁夏	100.14	65.11	24.23	40.88	24.19	10.84	89.30
新疆	123.89	99.06	66.55	32.51	13.78	11.05	112.84

3-4 1980年农村居民纯收入

单位:元/人

地区	纯收入	一、基本收入	1.劳动者报酬收入	2.家庭经营纯收入	二、转移和财产性收入
全国	**191.33**	**168.93**	**106.38**	**62.55**	**22.40**
北京	290.46	231.45	184.45	47.00	59.01
天津	277.92	225.72	183.11	42.61	52.20
河北	175.78	142.09	96.92	45.17	33.69
山西	155.78	130.27	90.97	39.30	25.51
内蒙古	181.32	165.28	74.98	90.30	16.04
辽宁	273.02	206.23	122.23	84.00	66.79
吉林	236.30	208.44	113.23	95.21	27.86
黑龙江	205.38	187.45	134.66	52.79	17.93
上海	397.35	247.12	196.05	51.07	150.23
江苏	217.94	176.20	117.91	58.29	41.74
浙江	219.18	187.89	125.11	62.78	31.29
安徽	184.82	156.05	96.44	59.61	28.77
福建	171.74	148.62	81.80	66.82	23.12
江西	180.94	162.00	99.59	62.41	18.94
山东	194.33	162.91	119.01	43.90	31.42
河南	160.78	132.89	87.51	45.38	27.89
湖北	169.88	147.93	94.42	53.51	21.85
湖南	219.71	192.72	104.21	88.51	26.99
广东	274.37	238.28	118.08	120.20	36.09
广西	173.68	155.96	74.39	81.57	17.72
四川	187.90	168.03	100.44	67.59	19.87
贵州	161.46	142.01	66.90	75.11	19.75
云南	150.12	132.67	77.11	55.56	17.45
西藏					
陕西	142.49	115.90	69.21	46.69	26.59
甘肃	153.33	131.50	91.20	40.30	21.81
青海					
宁夏	178.06	149.45	81.84	67.61	28.61
新疆	198.01	174.71	127.87	46.84	23.30

3－5　1980年农村居民总支出

单位:元/人

地　　区	总 支 出	一、家庭副业生产及纳税支出	二、生活消费支　出	三、包产支出和赔款	四、其他非借贷性支出
全　　国	**196.23**	**24.89**	**162.21**	**0.71**	**8.42**
北　　京	287.71	25.55	252.67		9.49
天　　津	250.66	15.24	208.37		27.05
河　　北	166.02	17.61	142.01		6.40
山　　西	148.96	8.39	134.38		6.19
内 蒙 古	183.37	20.28	156.60	0.54	5.95
辽　　宁	276.30	26.35	228.14		21.81
吉　　林	253.24	26.17	216.25		10.82
黑 龙 江	193.73	20.37	164.13	0.10	9.13
上　　海	375.15	33.12	321.83		20.20
江　　苏	241.50	34.52	194.71	0.02	12.25
浙　　江	233.64	30.38	191.88	0.10	11.28
安　　徽	206.24	28.28	162.94	7.74	7.28
福　　建	186.10	22.31	157.67	0.93	5.19
江　　西	184.04	21.31	156.01	0.12	6.60
山　　东	185.10	29.90	145.91	0.86	8.43
河　　南	164.48	21.81	135.51	1.78	5.38
湖　　北	172.83	12.79	152.74	0.14	7.16
湖　　南	236.13	33.47	192.85	0.11	9.70
广　　东	266.86	31.20	222.22	1.04	12.40
广　　西	192.81	35.69	151.11	0.56	5.45
四　　川	202.38	36.03	159.44	0.38	6.53
贵　　州	174.98	26.76	139.25	1.24	7.73
云　　南	152.55	20.54	124.56	0.03	7.42
西　　藏					
陕　　西	161.63	15.30	139.83	0.06	6.44
甘　　肃	164.74	15.76	126.64	0.08	22.26
青　　海					
宁　　夏	151.95	8.66	135.45	0.07	7.77
新　　疆	181.35	18.51	150.62	2.69	9.53

3-6 1980年农村居民生活消费支出

单位:元/人

地 区	生活消费支出	一、食品支出	二、衣着支出	三、居住支出	四、家庭设备用品及服务支出
全 国	**162.21**	**100.19**	**19.99**	**22.46**	**4.14**
北 京	252.67	135.84	32.65	38.66	8.25
天 津	208.37	118.91	31.67	30.95	4.84
河 北	142.01	79.80	19.88	22.95	3.54
山 西	134.38	80.62	20.95	15.59	3.17
内蒙古	156.60	102.60	21.74	11.62	3.70
辽 宁	228.14	128.93	30.85	33.03	6.30
吉 林	216.25	140.17	27.71	24.86	4.52
黑龙江	164.13	95.76	27.57	18.34	4.05
上 海	321.83	170.24	36.68	72.07	7.97
江 苏	194.71	113.19	21.70	33.40	4.09
浙 江	191.88	109.30	22.86	38.25	3.79
安 徽	162.94	87.78	19.14	36.89	3.19
福 建	157.67	99.73	16.31	25.15	2.73
江 西	156.01	97.50	15.82	25.83	2.93
山 东	145.91	80.14	24.00	21.45	3.73
河 南	135.51	78.67	18.66	21.68	2.95
湖 北	152.74	98.56	17.89	20.52	2.69
湖 南	192.85	127.91	20.46	27.29	3.05
广 东	222.22	134.49	19.94	40.24	4.82
广 西	151.11	96.62	14.16	22.62	3.21
四 川	159.44	111.91	17.70	15.13	2.45
贵 州	139.25	96.74	14.73	16.46	1.72
云 南	124.56	87.07	12.49	16.06	1.51
西 藏					
陕 西	139.83	83.75	18.19	22.18	2.81
甘 肃	126.64	81.55	17.05	13.82	2.46
青 海					
宁 夏	135.45	86.12	19.48	14.67	2.68
新 疆	150.62	90.80	31.44	13.19	2.66

3－6续表　　单位:元/人

地　区	五、医疗保健支　出	六、交通和通讯支　出	七、文化教育用品及服务支出	八、其他商品及服务支出
全　国	**3.42**	**0.59**	**8.25**	**3.17**
北　京	8.48	1.12	19.64	8.03
天　津	4.98	0.69	11.63	4.70
河　北	3.63	0.44	8.32	3.45
山　西	3.24	0.36	7.34	3.11
内蒙古	3.81	0.57	8.99	3.57
辽　宁	6.50	1.01	15.43	6.09
吉　林	4.57	0.25	9.72	4.45
黑龙江	4.16	0.59	9.74	3.92
上　海	8.13	0.78	18.14	7.82
江　苏	4.25	0.78	10.36	3.94
浙　江	3.92	0.67	9.45	3.64
安　徽	3.36	0.83	8.71	3.04
福　建	2.88	0.74	7.54	2.59
江　西	3.05	0.58	7.49	2.81
山　东	3.82	0.44	8.70	3.63
河　南	3.04	0.46	7.19	2.86
湖　北	2.81	0.61	7.08	2.58
湖　南	3.15	0.51	7.54	2.94
广　东	5.00	0.91	12.19	4.63
广　西	3.30	0.44	7.65	3.11
四　川	2.58	0.64	6.71	2.32
贵　州	1.86	0.72	5.45	1.57
云　南	1.59	0.36	4.02	1.46
西　藏				
陕　西	2.90	0.44	6.85	2.71
甘　肃	2.56	0.50	6.33	2.37
青　海				
宁　夏	2.77	0.47	6.68	2.58
新　疆	2.76	0.50	6.72	2.55

3－7　1980年农村居民现金支出

单位:元/人

地　区	现金支出	一、生产费用支出及纳税	二、生活消费现金支出	三、其他现金支　出	四、储蓄借贷现金支出
全　国	**122.93**	**14.05**	**83.83**	**9.14**	**15.91**
北　京	261.27	14.16	179.67	9.63	57.81
天　津	187.07	6.31	122.31	26.57	31.88
河　北	118.66	6.05	80.79	12.55	19.27
山　西	95.01	4.58	71.27	5.37	13.79
内 蒙 古	110.64	11.90	69.58	6.39	22.77
辽　宁	203.09	10.94	131.97	21.24	38.94
吉　林	130.48	12.86	88.50	13.03	16.09
黑 龙 江	130.33	10.55	84.98	10.15	24.65
上　海	317.15	19.97	233.50	20.19	43.49
江　苏	178.52	19.85	119.94	12.40	26.33
浙　江					
安　徽	122.07	20.57	84.37	9.47	7.66
福　建	118.84	16.99	83.50	5.33	13.02
江　西	91.99	9.62	67.97	6.60	7.80
山　东	146.21	12.43	92.39	12.94	28.45
河　南	109.23	16.15	77.62	6.21	9.25
湖　北	96.58	7.72	71.30	8.44	9.12
湖　南	126.05	16.02	85.76	11.18	13.09
广　东	186.33	28.53	124.30	12.92	20.58
广　西	107.76	17.28	74.58	5.56	10.34
四　川	113.08	20.40	73.84	6.33	12.51
贵　州	85.52	15.26	57.78	6.71	5.77
云　南	78.54	10.88	55.19	7.14	5.33
西　藏					
陕　西	84.68	6.85	65.57	6.17	6.09
甘　肃	91.79	9.72	62.84	7.19	12.04
青　海					
宁　夏	94.61	3.93	66.71	7.75	16.22
新　疆	111.99	6.09	79.53	11.69	14.68

3-8 1980年农村居民生活消费现金支出

单位:元/人

地区	生活消费现金支出	一、食品支出	二、衣着支出	三、居住支出	四、家庭设备用品及服务支出
全国	**83.83**	**31.36**	**19.84**	**14.48**	**3.18**
北京	179.67	69.55	32.26	35.86	7.55
天津	122.31	49.77	30.76	17.39	4.35
河北	80.79	26.55	19.23	17.02	3.26
山西	71.27	22.36	20.11	11.94	3.10
内蒙古	69.58	20.34	21.73	6.43	3.79
辽宁	131.97	46.30	30.75	20.32	6.15
吉林	88.52	26.85	27.56	11.46	4.38
黑龙江	84.98	23.89	27.52	11.62	3.95
上海	233.50	97.07	35.15	62.21	7.22
江苏	119.94	47.65	24.44	25.24	3.97
浙江					
安徽	84.37	29.62	18.62	18.04	2.99
福建	83.50	37.61	16.30	13.13	2.73
江西	67.97	22.71	15.53	13.78	2.76
山东	92.39	32.36	23.46	16.37	3.70
河南	77.62	24.98	18.44	17.81	2.93
湖北	71.30	25.67	17.52	12.87	2.58
湖南	85.76	36.41	20.35	12.29	2.95
广东	124.30	53.48	19.85	23.76	4.75
广西	74.58	32.33	14.16	10.39	3.21
四川	73.84	32.70	17.54	9.09	2.42
贵州	57.78	24.85	14.38	8.01	1.56
云南	55.19	26.60	12.36	7.45	1.48
西藏					
陕西	65.57	19.89	17.84	12.19	2.80
甘肃	62.84	21.19	16.38	11.68	2.34
青海					
宁夏	66.71	20.69	19.43	11.79	2.60
新疆	79.53	24.64	30.21	9.89	2.58

单位:元/人

地区	五、医疗保健支出	六、交通和通讯支出	七、文化教育用品及服务支出	八、其他商品及服务支出
全国	**3.30**	**0.58**	**8.01**	**3.08**
北京	7.77	1.12	18.24	7.32
天津	4.49	0.69	10.65	4.21
河北	3.35	0.44	7.77	3.17
山西	3.17	0.36	7.20	3.03
内蒙古	3.90	0.57	9.16	3.66
辽宁	6.36	1.01	15.14	5.94
吉林	4.42	0.19	9.31	4.35
黑龙江	4.06	0.59	9.54	3.81
上海	7.38	0.78	16.63	7.06
江苏	4.11	0.73	9.98	3.82
浙江				
安徽	3.15	0.83	8.30	2.82
福建	2.88	0.74	7.53	2.58
江西	2.87	0.56	7.10	2.66
山东	3.79	0.44	8.65	3.62
河南	3.02	0.46	7.14	2.84
湖北	2.71	0.61	6.87	2.47
湖南	3.06	0.51	7.35	2.84
广东	4.93	0.91	12.05	4.57
广西	3.30	0.44	7.64	3.11
四川	2.55	0.64	6.63	2.27
贵州	1.71	0.72	5.14	1.41
云南	1.56	0.36	3.96	1.42
西藏				
陕西	2.89	0.44	6.83	2.69
甘肃	2.44	0.50	6.08	2.23
青海				
宁夏	2.70	0.47	6.52	2.51
新疆	2.68	0.50	6.56	2.47

3－9　1985年农村居民总收入

单位:元/人

地　　区	总收入	一、基本收入	1.劳动者报酬收入	2.家庭经营收入	二、转移和财产性收入
全　　国	**547.31**	**517.40**	**72.15**	**445.25**	**29.91**
北　　京	939.70	898.08	438.78	459.30	41.62
天　　津	721.99	676.17	210.17	466.00	45.82
河　　北	529.22	501.20	88.71	412.49	28.02
山　　西	463.69	440.27	110.18	330.09	23.42
内 蒙 古	518.25	508.94	36.68	472.26	9.31
辽　　宁	685.44	665.66	143.22	522.44	19.78
吉　　林	645.60	625.41	53.18	572.23	20.19
黑 龙 江	623.94	612.39	52.82	559.57	11.55
上　　海	1036.24	983.55	430.38	553.17	52.69
江　　苏	676.59	637.99	135.09	502.90	38.60
浙　　江	711.13	685.65	162.60	523.05	25.48
安　　徽	526.63	496.70	35.76	460.94	29.93
福　　建	542.42	516.18	73.73	442.45	26.24
江　　西	494.17	471.42	52.75	418.67	22.75
山　　东	587.93	569.95	80.94	489.01	17.98
河　　南	455.75	434.55	44.55	390.00	21.20
湖　　北	565.49	529.56	50.36	479.20	35.93
湖　　南	553.70	538.57	53.89	484.68	15.13
广　　东	671.44	626.79	77.44	549.35	44.65
广　　西	420.28	406.73	27.49	379.24	13.55
四　　川	455.79	436.84	47.23	389.61	18.95
贵　　州	394.14	378.66	27.25	351.41	15.48
云　　南	446.52	414.57	36.21	378.36	31.95
西　　藏	463.77	434.99	20.58	414.41	28.78
陕　　西	399.92	378.04	38.69	339.35	21.88
甘　　肃	358.25	330.95	40.10	290.85	27.30
青　　海	463.98	440.01	58.57	381.44	23.97
宁　　夏	438.38	413.05	65.00	348.05	25.33
新　　疆	594.15	568.35	38.26	530.09	25.74

3-10　1985年农村居民家庭经营总收入

单位:元/人

地　区	家庭经营收入	1.种植业收入	2.林业收入	3.牧业收入	4.渔业收入	5.手工业收入	6.采集、捕猎收入	7.工业收入
全　国	**445.25**	**268.74**	**7.39**	**96.30**	**5.70**	**12.13**	**10.30**	**4.25**
北　京	459.30	223.20	6.80	123.00	0.93	7.09	4.38	5.62
天　津	466.00	273.48	1.00	114.65	2.35	13.60	0.36	0.02
河　北	412.49	279.24	2.37	65.58	0.97	18.78	2.20	4.45
山　西	330.09	198.89	4.28	43.61	0.01	9.69	2.27	2.90
内蒙古	472.26	332.95	1.65	107.60	0.43	3.38	10.46	1.17
辽　宁	522.44	318.57	2.56	109.50	7.49	13.04	7.32	7.63
吉　林	572.23	409.72	1.86	94.08	1.09	6.18	15.18	1.19
黑龙江	559.57	411.69	0.73	83.09	9.45	7.08	6.83	1.57
上　海	553.17	299.01	0.46	210.68	3.50	9.79	0.29	
江　苏	502.90	294.88	5.02	118.83	10.74	19.45	1.34	6.83
浙　江	523.05	272.52	21.65	115.78	12.28	32.09	11.27	6.40
安　徽	460.94	311.71	6.22	80.45	4.22	11.83	4.17	1.93
福　建	442.45	229.44	12.29	107.31	7.55	10.10	20.10	6.26
江　西	418.67	239.74	18.28	93.49	5.52	8.21	23.68	4.42
山　东	489.01	318.35	5.45	90.46	2.45	17.75	1.51	3.15
河　南	390.00	286.14	4.34	50.60	1.09	13.84	0.94	1.63
湖　北	479.20	302.14	7.59	92.02	11.28	8.76	8.23	7.26
湖　南	484.68	251.01	15.34	135.42	8.85	16.32	14.04	8.36
广　东	549.35	251.12	10.81	151.05	35.15	16.21	19.45	4.67
广　西	379.24	174.18	8.60	111.02	4.23	7.28	29.72	9.39
四　川	389.61	219.21	6.56	114.45	1.21	6.90	10.53	3.46
贵　州	351.41	192.18	7.16	90.38	0.97	8.21	15.90	3.11
云　南	378.36	200.85	8.31	101.91	2.02	6.67	20.27	5.14
西　藏	414.41	219.83	11.56	80.89	0.04	19.92	25.20	0.07
陕　西	339.35	223.44	5.01	58.19	0.12	8.63	10.01	1.20
甘　肃	290.85	192.03	4.53	51.06		6.00	4.11	1.96
青　海	381.44	197.28	2.08	117.29	0.06	2.69	11.02	4.48
宁　夏	348.05	244.42	6.51	55.57	1.01	6.50	4.15	2.38
新　疆	530.09	372.99	7.93	86.39	0.15	12.46	8.57	2.14

3－10续表　　　　单位:元/人

地　　区	8.建筑业收　入	9.运输业收　入	10.商业、饮食业收入	11.服务业收　入	12.其　他收　入	第一产业收　入	第二产业收　入	第三产业收　入
全　　国	**8.00**	**12.58**	**8.72**	**3.95**	**7.19**	**400.56**	**12.25**	**32.44**
北　　京	13.00	56.43	5.13	4.54	9.18	365.40	18.62	75.28
天　　津	13.90	20.35	12.16	4.77	8.46	405.44	14.82	45.74
河　　北	8.96	10.17	9.53	3.99	6.25	369.14	13.41	29.94
山　　西	4.70	42.38	7.41	4.52	9.43	258.75	7.60	63.74
内 蒙 古	2.44	5.22	3.09	2.13	1.74	456.47	3.61	12.18
辽　　宁	12.34	22.81	9.24	3.57	8.37	458.48	19.97	43.99
吉　　林	5.12	14.28	6.76	2.62	14.15	528.11	6.31	37.81
黑 龙 江	1.94	16.82	6.61	2.37	11.39	518.87	3.51	37.19
上　　海	5.53	8.10	4.07	2.74	9.00	523.73	5.53	23.91
江　　苏	13.35	12.26	6.67	5.47	8.06	450.26	20.18	32.46
浙　　江	10.60	14.56	10.28	6.05	9.57	465.59	17.00	40.46
安　　徽	5.48	11.35	13.44	4.09	6.05	418.60	7.41	34.93
福　　建	7.07	15.81	10.80	6.81	8.91	386.79	13.33	42.33
江　　西	5.18	6.98	5.24	3.09	4.84	388.92	9.60	20.15
山　　东	9.26	12.00	13.20	4.92	10.51	435.97	12.41	40.63
河　　南	7.85	9.42	5.63	2.85	5.67	356.95	9.48	23.57
湖　　北	7.11	11.88	15.00	4.09	3.84	430.02	14.37	34.81
湖　　南	7.19	9.37	11.67	3.20	3.91	440.98	15.55	28.15
广　　东	18.47	12.25	12.21	6.13	11.83	483.79	23.14	42.42
广　　西	5.13	7.12	9.42	2.71	10.44	335.03	14.52	29.69
四　　川	6.80	7.65	5.05	3.73	4.06	358.86	10.26	20.49
贵　　州	4.88	10.03	8.74	3.49	6.36	314.80	7.99	28.62
云　　南	7.98	6.85	7.96	4.97	5.43	340.03	13.12	25.21
西　　藏	18.83	24.01	2.33	1.59	10.14	357.44	18.90	38.07
陕　　西	8.04	12.06	5.70	2.22	4.73	305.40	9.24	24.71
甘　　肃	8.03	8.05	4.74	2.25	8.09	257.73	9.99	23.13
青　　海	3.85	19.86	9.60	5.28	7.95	330.42	8.33	42.69
宁　　夏	5.54	15.17	2.61	2.61	1.58	318.16	7.92	21.97
新　　疆	4.56	15.85	10.19	4.03	4.83	488.49	6.70	34.90

3－11　1985 年农村居民现金收入

单位:元/人

地　　区	现金收入	一、基　本收　入	1.劳 动 者报酬收入	2.家庭经营收　　入	二、转移和财产性收入	三、储蓄借贷收　　入	扣除储蓄借贷的现金收入
全　　国	**429.49**	**320.57**	**68.89**	**251.68**	**36.82**	**72.10**	**357.39**
北　　京	888.67	680.78	399.52	281.26	55.25	152.64	736.03
天　　津	658.56	500.94	205.26	295.68	61.13	96.49	562.07
河　　北	416.63	322.40	85.86	236.54	29.11	65.12	351.51
山　　西	410.94	292.47	104.76	187.71	43.95	74.52	336.42
内 蒙 古	349.73	266.36	35.55	230.81	23.58	59.79	289.94
辽　　宁	613.82	449.63	128.46	321.17	36.57	127.62	486.20
吉　　林	611.57	413.06	52.66	360.40	41.72	156.79	454.78
黑 龙 江	541.68	371.65	49.80	321.85	43.12	126.91	414.77
上　　海	1109.37	782.84	420.93	361.91	76.90	249.63	859.74
江　　苏	590.09	445.59	132.95	312.64	37.52	106.98	483.11
浙　　江	737.51	507.65	161.73	345.92	47.86	182.00	555.51
安　　徽	394.36	308.00	35.55	272.45	31.38	54.98	339.38
福　　建	472.09	351.75	73.14	278.61	43.03	77.31	394.78
江　　西	359.31	282.71	51.60	231.11	24.32	52.28	307.03
山　　东	488.05	374.09	77.82	296.27	31.41	82.55	405.50
河　　南	340.56	257.39	43.35	214.04	35.49	47.68	292.88
湖　　北	417.19	313.41	46.25	267.16	34.02	69.76	347.43
湖　　南	423.98	303.31	53.13	250.18	48.19	72.48	351.50
广　　东	557.21	443.39	76.97	366.42	56.97	56.85	500.36
广　　西	352.33	253.22	27.48	225.74	28.96	70.15	282.18
四　　川	321.07	241.58	46.93	194.65	33.31	46.18	274.89
贵　　州	246.56	188.30	26.94	161.36	29.92	28.34	218.22
云　　南	300.39	219.80	37.10	182.70	34.33	46.26	254.13
西　　藏	230.59	167.29	20.05	147.24	31.73	31.57	199.02
陕　　西	290.76	197.83	38.79	159.04	37.04	55.89	234.87
甘　　肃	235.23	168.94	39.19	129.75	29.41	36.88	198.35
青　　海	335.64	240.34	58.04	182.30	38.57	56.73	278.91
宁　　夏	355.04	254.52	64.38	190.14	40.05	60.47	294.57
新　　疆	473.15	383.39	40.64	342.75	30.56	59.20	413.95

3－12　1985年农村居民家庭经营现金收入

单位:元/人

地　　区	家庭经营收　　入	1.出售产品收　　入	2.建筑业收　入	3.运输业收　入	4.商业、饮食业　收　入	5.服务业收　入	6.其他经营收　　入
全　　国	**251.68**	**213.56**	**7.67**	**12.13**	**8.50**	**3.87**	**5.95**
北　　京	281.26	208.82	11.27	49.63	3.81	4.32	3.41
天　　津	295.68	237.65	13.65	20.35	12.05	4.77	7.21
河　　北	236.54	200.17	8.82	9.32	9.36	3.97	4.90
山　　西	187.71	125.94	4.48	38.67	7.20	4.48	6.94
内 蒙 古	230.81	216.94	2.34	5.19	3.06	2.13	1.15
辽　　宁	321.17	271.68	9.99	20.78	8.79	3.30	6.63
吉　　林	360.40	323.54	5.10	14.28	6.76	2.62	8.10
黑 龙 江	321.85	284.45	1.59	16.66	6.60	2.32	10.23
上　　海	361.91	339.48	5.30	7.84	2.68	2.74	3.87
江　　苏	312.64	268.64	12.89	12.24	6.58	5.44	6.85
浙　　江	345.92	277.69	10.60	14.56	10.28	6.30	26.76
安　　徽	272.45	234.73	5.42	11.25	13.29	4.00	3.76
福　　建	278.61	232.45	6.96	15.61	10.67	6.77	6.15
江　　西	231.11	207.48	4.99	6.90	5.23	3.02	3.49
山　　东	296.27	250.87	8.84	11.47	12.96	4.73	7.40
河　　南	214.04	185.44	7.41	9.34	5.24	2.79	3.82
湖　　北	267.16	228.45	6.23	11.00	14.69	3.78	3.01
湖　　南	250.18	215.80	6.98	9.37	11.57	3.19	3.27
广　　东	366.42	308.56	18.32	12.16	12.21	6.13	9.04
广　　西	225.74	194.31	5.13	7.12	9.42	2.71	7.05
四　　川	194.65	168.60	6.74	7.57	4.99	3.73	3.02
贵　　州	161.36	130.04	4.96	10.04	8.00	3.48	4.84
云　　南	182.70	150.54	7.92	6.80	7.95	4.97	4.52
西　　藏	147.24	93.95	18.69	23.89	1.66	1.19	7.86
陕　　西	159.04	127.82	8.05	12.00	5.77	2.22	3.18
甘　　肃	129.75	100.61	7.73	7.87	4.70	2.28	6.56
青　　海	182.30	139.80	3.85	18.92	9.60	5.20	1.93
宁　　夏	190.14	163.02	5.54	15.15	2.61	2.61	1.21
新　　疆	342.75	304.92	4.59	15.86	10.09	3.96	3.33

3－13　1985 年农村居民纯收入

单位:元/人

地　　区	纯 收 入	一、基　本 收　入	1.劳 动 者 报酬收入	2.家庭经营 纯 收 入	二、转移和财产 性　收　入
全　　国	**397.60**	**367.69**	**71.71**	**295.98**	**29.91**
北　　京	775.08	733.46	438.78	294.68	41.62
天　　津	564.55	518.73	210.17	308.56	45.82
河　　北	385.23	357.21	88.71	268.50	28.02
山　　西	358.32	334.90	110.18	224.72	23.42
内 蒙 古	360.41	351.10	36.68	314.42	9.31
辽　　宁	467.84	448.06	143.22	304.84	19.78
吉　　林	413.74	393.55	53.18	340.37	20.19
黑 龙 江	397.84	386.29	52.82	333.47	11.55
上　　海	805.92	753.23	430.38	322.85	52.69
江　　苏	492.60	454.00	135.09	318.91	38.60
浙　　江	548.60	523.12	162.60	360.52	25.48
安　　徽	369.41	339.48	35.76	303.72	29.93
福　　建	396.45	370.21	73.73	296.48	26.24
江　　西	377.31	354.56	52.75	301.81	22.75
山　　东	408.12	390.14	80.94	309.20	17.98
河　　南	329.37	308.17	44.55	263.62	21.20
湖　　北	421.24	385.31	50.36	334.95	35.93
湖　　南	395.26	380.13	53.89	326.24	15.13
广　　东	495.31	450.66	77.44	373.22	44.65
广　　西	302.96	289.41	27.49	261.92	13.55
四　　川	315.07	296.12	47.23	248.89	18.95
贵　　州	287.83	272.35	27.25	245.10	15.10
云　　南	338.34	306.39	36.21	270.18	31.95
西　　藏	352.97	324.19	20.58	303.61	28.78
陕　　西	295.26	273.38	38.69	234.69	21.88
甘　　肃	255.22	227.92	40.10	187.82	27.30
青　　海	342.95	318.98	58.57	260.41	23.97
宁　　夏	321.17	295.84	65.00	230.84	25.33
新　　疆	394.30	368.50	38.26	330.24	25.80

3－14　1985年农村居民总支出

单位:元/人

地　区	总支出	一、家庭经营支出	二、购置生产性固定资产	三、缴纳税款	四、上交集体承包任务	五、生活消费支出	六、其他非生产性支出
全　国	**485.51**	**121.39**	**18.70**	**7.64**	**10.79**	**317.42**	**9.57**
北　京	726.32	143.87	37.99	4.57	10.47	510.03	19.39
天　津	611.78	138.19	16.66	4.20	7.23	426.10	19.40
河　北	461.18	117.88	19.88	5.93	10.68	297.72	9.09
山　西	407.85	77.10	30.80	7.59	8.84	272.74	10.78
内蒙古	465.54	121.04	26.12	10.78	9.97	291.28	6.35
辽　宁	643.61	174.82	24.80	5.83	24.83	401.63	11.70
吉　林	649.30	174.66	47.70	14.32	25.45	364.47	22.70
黑龙江	576.53	157.17	47.30	18.78	33.30	306.62	13.36
上　海	1025.61	185.50	4.51	14.58	22.65	778.42	19.95
江　苏	610.51	152.22	10.61	8.23	17.16	415.61	6.68
浙　江	662.17	141.74	17.51	7.84	4.39	473.81	16.88
安　徽	476.02	127.99	19.99	7.86	11.94	299.02	9.22
福　建	514.55	129.05	9.81	5.89	4.20	350.57	15.03
江　西	433.06	93.39	10.20	8.40	7.94	303.14	9.99
山　东	523.15	144.79	18.71	5.74	20.98	321.98	10.95
河　南	403.53	97.13	18.77	5.41	14.07	259.64	8.51
湖　北	493.16	108.49	15.55	11.42	17.01	334.64	6.05
湖　南	519.85	134.53	14.30	8.93	7.24	348.45	6.40
广　东	585.45	151.70	16.34	8.16	7.64	388.00	13.61
广　西	395.29	103.85	13.23	3.90	0.88	268.31	5.12
四　川	421.52	117.61	7.45	8.57	6.58	276.26	5.05
贵　州	366.82	91.26	7.43	5.23	1.34	254.58	6.98
云　南	387.58	89.48	16.90	4.52	2.87	267.01	6.80
西　藏	387.81	73.27	36.68	0.02		269.60	8.24
陕　西	353.79	86.60	17.73	6.66	3.36	233.42	6.02
甘　肃	325.51	85.84	18.19	4.60	2.35	204.61	9.92
青　海	409.57	85.51	28.67	6.61	5.88	274.68	8.22
宁　夏	401.53	95.73	25.46	4.79	4.89	265.19	5.47
新　疆	513.58	155.40	28.20	8.13	18.89	290.38	12.58

3－15　1985年农村居民家庭经营费用支出

单位:元/人

地　　区	家庭经营费用支出	1.种植业支　出	2.林　业支　出	3.牧　业支　出	4.渔　业支　出	5.手工业支　出	6.工　业支　出
全　　国	**121.39**	**55.95**	**0.95**	**48.37**	**1.90**	**3.57**	**1.71**
北　　京	143.87	41.62	0.20	75.56	0.24	1.78	2.67
天　　津	138.19	56.35	0.46	67.85	0.75	5.36	
河　　北	117.88	62.95	0.74	36.55	0.24	6.49	1.87
山　　西	77.10	39.37	0.53	14.57		3.04	0.67
内 蒙 古	121.04	76.04	0.56	38.24	0.12	0.63	0.74
辽　　宁	174.82	81.34	1.22	69.83	1.54	3.57	4.18
吉　　林	174.66	101.02	0.71	56.27	0.55	2.50	1.27
黑 龙 江	157.17	95.28	0.35	44.32	3.13	2.29	0.91
上　　海	185.50	65.95	0.62	111.08	1.40	0.17	
江　　苏	152.22	63.23	1.08	65.96	3.21	7.15	4.00
浙　　江	141.74	56.80	4.33	59.73	4.59	6.05	3.42
安　　徽	127.99	73.56	0.51	37.66	1.15	4.28	0.85
福　　建	129.05	50.67	1.22	56.30	3.05	2.67	2.34
江　　西	93.39	43.97	1.38	37.58	1.59	1.99	1.49
山　　东	144.79	65.90	1.97	55.11	0.95	5.70	1.24
河　　南	97.13	58.91	1.03	26.71	0.36	4.73	0.41
湖　　北	108.49	51.18	0.73	37.68	4.60	1.84	2.29
湖　　南	134.53	48.15	0.45	68.45	2.13	4.29	2.43
广　　东	151.70	57.04	0.61	66.10	12.54	4.82	1.74
广　　西	103.85	34.76	0.66	55.03	1.00	2.62	1.54
四　　川	117.61	35.62	0.42	71.54	0.50	2.31	1.63
贵　　州	91.26	33.37	0.44	45.35	2.24	2.73	1.00
云　　南	89.48	29.50	0.55	46.99	0.68	1.56	3.09
西　　藏	73.27	28.67	0.26	24.19		3.78	
陕　　西	86.60	50.78	1.03	24.52	0.05	2.51	0.33
甘　　肃	85.84	50.18	0.61	25.62	0.02	1.83	0.68
青　　海	85.51	46.78	0.27	29.42		0.41	1.20
宁　　夏	95.73	65.36	1.02	18.96	0.82	2.27	0.98
新　　疆	55.40	89.92	2.53	44.89	0.34	3.29	0.74

地　　区	7.建筑业支　出	8.运输业支　出	9.商业、饮食业　支　出	10.服务业支　出	11.其　他支　出	第一产业支　出	第二产业支　出	第三产业支　出
全　　国	**0.29**	**3.64**	**2.27**	**0.55**	**2.19**	**110.74**	**2.00**	**8.65**
北　　京	0.18	17.39	1.29	0.56	2.38	119.40	2.85	21.62
天　　津	0.01	2.22	2.66	0.30	2.50	130.77	0.01	7.68
河　　北	0.46	2.82	2.91	0.79	2.06	106.97	2.33	8.58
山　　西	0.02	14.99	2.02	0.45	1.44	57.51	0.69	18.90
内 蒙 古	0.23	1.92	0.50	0.39	1.67	115.59	0.97	4.48
辽　　宁	0.57	7.06	1.88	0.57	3.06	157.50	4.75	12.57
吉　　林	0.35	4.69	3.85	0.55	2.90	161.05	1.62	11.99
黑 龙 江	0.01	3.34	2.20	0.21	5.12	145.37	0.92	10.87
上　　海	0.01	1.05	2.28	0.03	2.91	179.22	0.01	6.27
江　　苏	0.36	3.23	0.77	0.55	1.80	140.63	5.24	6.35
浙　　江	0.17	1.99	0.59	0.49	3.58	131.50	3.59	6.65
安　　徽	0.58	3.21	3.83	0.65	1.71	117.16	1.43	9.40
福　　建	0.49	5.01	3.32	1.13	2.85	113.91	2.83	12.31
江　　西	0.11	2.18	0.63	0.13	2.34	86.51	1.60	5.28
山　　东	0.75	3.48	5.75	0.66	3.28	129.63	1.99	13.17
河　　南	0.35	2.38	0.51	0.29	1.45	91.74	0.76	4.63
湖　　北	0.19	3.43	4.62	0.47	1.46	96.03	2.48	9.98
湖　　南	0.07	3.28	4.21	0.27	0.80	123.47	2.50	8.56
广　　东	0.24	2.69	2.99	0.91	2.02	141.11	1.98	8.61
广　　西	0.06	2.33	2.48	0.60	2.77	94.07	1.60	8.18
四　　川	0.16	2.66	1.10	0.71	0.94	110.39	1.79	5.41
贵　　州	0.6	3.25	1.79	0.38	2.11	84.13	1.60	7.53
云　　南	0.36	1.53	2.04	1.15	2.03	79.28	3.45	6.75
西　　藏	0.58	9.01		0.19	6.59	56.90	0.58	15.79
陕　　西	0.08	4.86	0.39	0.42	1.63	78.89	0.41	7.30
甘　　肃	0.29	2.46	0.64	0.11	3.40	78.26	0.97	6.61
青　　海	0.14	5.46	0.22	0.38	1.23	76.88	1.34	7.29
宁　　夏		5.38	0.10	0.11	0.73	88.43	0.98	6.32
新　　疆	0.34	6.27	3.24	1.18	2.66	140.97	1.08	13.35

3－16　1985年农村居民生活消费支出

单位：元/人

地　区	生活消费支　出	一、食　品支　出	二、衣　着支　出	三、居　住支　出	四、家庭设备用品及服务支出
全　国	**317.42**	**183.43**	**30.77**	**57.87**	**16.19**
北　京	510.03	240.12	52.46	106.81	44.87
天　津	426.10	202.24	48.63	89.85	31.60
河　北	297.72	149.04	31.88	66.39	17.89
山　西	272.74	148.18	39.54	37.78	16.10
内蒙古	291.28	183.58	29.56	35.98	13.55
辽　宁	401.63	207.22	43.74	81.20	21.27
吉　林	364.47	199.48	36.95	66.81	18.84
黑龙江	306.62	176.83	31.94	52.43	15.54
上　海	778.42	341.48	64.77	254.49	52.06
江　苏	415.61	216.96	36.80	101.66	24.16
浙　江	473.81	247.31	41.92	110.46	32.70
安　徽	299.02	174.86	28.54	57.96	13.82
福　建	350.57	218.83	24.43	59.04	15.16
江　西	303.14	185.35	26.38	52.91	11.94
山　东	321.98	168.20	35.73	66.10	21.90
河　南	259.64	145.48	28.55	51.86	12.21
湖　北	334.64	197.95	33.40	55.27	17.11
湖　南	348.45	219.57	32.77	50.96	15.69
广　东	388.00	234.37	19.19	77.15	17.40
广　西	268.31	166.87	19.08	45.78	12.76
四　川	276.26	173.89	27.31	41.39	11.10
贵　州	254.58	177.88	23.73	29.42	7.85
云　南	267.01	177.98	22.88	38.93	9.83
西　藏	269.60	184.33	33.28	34.57	12.94
陕　西	233.42	134.10	25.20	41.84	11.64
甘　肃	204.61	123.57	24.95	25.08	10.71
青　海	274.68	176.16	36.86	30.96	8.59
宁　夏	265.19	156.33	30.43	32.92	15.07
新　疆	290.38	168.09	46.64	33.23	14.64

3-16 续表 单位:元/人

地 区	五、医疗保健支 出	六、交通和通讯支 出	七、文化教育用品及服务支出	八、其他商品及服务支出
全 国	**7.67**	**5.58**	**12.36**	**3.55**
北 京	10.48	10.03	40.24	5.02
天 津	8.84	9.16	30.49	5.29
河 北	8.34	6.67	14.15	3.36
山 西	7.37	5.66	14.43	3.68
内 蒙 古	8.59	5.29	11.81	2.92
辽 宁	8.29	9.37	25.66	4.88
吉 林	11.07	6.28	21.22	3.82
黑 龙 江	10.03	5.20	12.19	2.46
上 海	8.11	14.88	35.80	6.83
江 苏	7.82	8.58	15.11	4.52
浙 江	9.25	11.74	14.78	5.65
安 徽	6.48	5.09	8.99	3.28
福 建	8.95	5.35	13.35	5.46
江 西	6.99	5.08	11.60	2.89
山 东	6.70	5.39	14.17	3.79
河 南	8.06	3.97	7.13	2.38
湖 北	8.00	5.05	14.30	3.56
湖 南	7.49	6.63	11.92	3.42
广 东	11.91	6.83	15.95	5.20
广 西	6.58	4.82	8.73	3.69
四 川	6.31	3.51	9.71	3.04
贵 州	4.09	1.74	6.18	3.69
云 南	5.58	3.09	6.16	2.56
西 藏	0.05	0.96	0.99	2.48
陕 西	7.52	3.95	6.71	2.46
甘 肃	6.40	4.02	7.48	2.40
青 海	6.32	4.99	7.47	3.33
宁 夏	8.12	5.95	14.74	1.63
新 疆	7.84	5.57	11.19	3.18

3－17　1985年农村居民现金支出

单位:元/人

地　　区	现金支出	一、生产费用现金支出	二、缴　纳税　款	三、上交集体承包任务	四、生活消费支　　出	五、其他非借贷性支出	六、储蓄借贷现金支出
全　　国	**389.19**	**98.93**	**6.79**	**9.56**	**194.68**	**21.27**	**57.96**
北　　京	820.53	141.86	2.86	7.82	438.80	28.54	200.65
天　　津	579.67	121.47	3.88	1.76	338.37	32.32	81.87
河　　北	380.08	98.37	5.46	8.80	198.49	16.42	52.54
山　　西	359.35	89.04	7.48	8.08	183.67	18.93	52.15
内 蒙 古	310.64	80.40	10.68	9.41	141.41	17.19	51.55
辽　　宁	567.99	145.82	5.47	18.52	270.37	31.53	96.28
吉　　林	551.89	159.28	14.09	25.02	219.93	34.24	99.33
黑 龙 江	465.68	144.30	17.29	28.20	178.25	22.00	75.64
上　　海	1066.69	139.04	2.30	4.18	651.74	42.73	226.70
江　　苏	548.70	119.56	7.81	16.77	286.75	27.51	90.30
浙　　江	635.31	125.40	7.80	4.34	342.77	31.57	123.43
安　　徽	354.21	103.06	7.78	11.84	173.14	21.67	36.72
福　　建	432.82	110.04	4.64	3.29	226.10	30.06	58.69
江　　西	323.13	75.25	6.74	7.30	166.50	23.22	44.12
山　　东	447.14	117.22	5.16	18.66	218.77	19.67	67.66
河　　南	296.24	82.97	5.03	12.63	152.49	14.96	28.16
湖　　北	390.33	90.55	10.74	15.61	189.17	26.36	57.90
湖　　南	403.21	95.70	8.76	6.68	191.99	33.02	67.06
广　　东	495.05	139.65	4.02	6.48	266.35	21.17	57.38
广　　西	315.21	84.36	3.87	0.72	159.30	16.89	50.07
四　　川	301.32	72.92	8.49	6.40	154.32	15.89	43.30
贵　　州	220.15	56.20	4.51	1.24	117.83	18.36	22.01
云　　南	263.07	72.35	1.85	2.27	135.53	13.04	38.03
西　　藏	186.99	67.04	0.02		97.12	4.61	18.20
陕　　西	265.01	70.43	6.52	3.21	129.81	13.38	41.66
甘　　肃	210.29	62.23	3.90	2.08	101.85	14.89	25.34
青　　海	275.07	70.70	6.46	5.34	140.95	14.43	37.19
宁　　夏	317.67	86.42	2.69	4.72	149.34	17.24	57.26
新　　疆	407.50	136.77	7.41	17.36	179.64	17.55	48.77

注:1985年生产费用现金支出包括开发性生产投资。

3-18 1985年农村居民家庭经营费用现金支出

单位:元/人

地区	家庭经营费用支出	1.种植业支出	2.林业支出	3.牧业支出	4.渔业支出	5.手工业支出	6.工业支出
全国	**79.99**	**39.66**	**0.86**	**24.18**	**1.72**	**3.43**	**1.73**
北京	103.95	32.46	0.19	49.92	0.17	1.64	2.67
天津	104.81	42.90	0.46	48.14	0.75	5.34	
河北	78.47	44.49	0.70	16.74	0.19	6.32	1.77
山西	57.99	26.80	0.46	8.71		2.82	0.72
内蒙古	53.85	32.99	0.55	14.24	0.12	0.58	0.73
辽宁	120.56	61.15	0.87	37.74	1.42	3.61	4.15
吉林	108.48	63.08	0.71	28.63	0.55	2.48	1.27
黑龙江	96.73	54.30	0.29	26.69	3.09	2.07	0.79
上海	135.53	38.56	0.58	89.53	1.21	0.17	
江苏	108.89	50.42	1.05	35.92	2.84	7.25	4.86
浙江	107.33	48.78	4.32	31.08	4.36	5.78	6.03
安徽	82.78	48.61	0.48	18.59	0.97	4.19	0.85
福建	99.27	44.31	1.05	33.66	2.99	2.51	2.31
江西	64.73	35.61	1.24	18.36	1.42	1.94	1.38
山东	98.68	49.82	1.84	26.69	0.69	5.46	1.17
河南	62.11	37.67	0.89	13.76	0.33	4.30	0.37
湖北	74.79	38.80	0.66	19.17	2.87	1.70	2.00
湖南	81.36	37.67	0.40	26.64	1.99	3.87	2.32
广东	123.09	50.78	0.59	44.35	12.17	4.82	1.64
广西	70.71	30.23	0.55	26.76	0.98	2.56	1.40
四川	65.40	27.18	0.32	28.05	0.52	2.28	1.55
贵州	48.59	19.85	0.31	17.85	0.22	2.80	0.95
云南	55.01	21.79	0.36	20.96	0.63	1.51	2.94
西藏	35.86	10.18	0.24	8.68		2.31	
陕西	51.85	30.23	0.93	10.70	0.05	2.38	0.35
甘肃	44.41	27.11	0.58	8.73	0.02	1.72	0.63
青海	42.06	18.99	0.27	14.13		0.34	1.20
宁夏	60.25	38.66	1.02	10.58	0.82	2.04	0.98
新疆	108.27	61.07	2.36	27.32	0.30	3.20	0.51

3－18 续表 单位:元/人

地　　区	7.建筑业支　出	8.运输业支　出	9.商业、饮食业	10.服务业支　出	11.其　他支　出	第一产业支　出	第二产业支　出	第三产业支　出
全　　国	**0.28**	**3.44**	**2.17**	**0.53**	**1.99**	**69.85**	**2.01**	**8.13**
北　　京	0.16	14.00	0.23	0.49	2.02	84.38	2.83	16.74
天　　津	0.01	2.04	2.66	0.03	2.48	97.59	0.01	7.21
河　　北	0.44	2.23	2.82	0.78	1.99	68.44	2.21	7.82
山　　西	0.03	14.80	2.01	0.42	1.22	38.79	0.75	18.45
内 蒙 古	0.23	1.90	0.47	0.38	1.66	48.48	0.96	4.41
辽　　宁	0.58	6.19	1.77	0.56	2.52	104.79	4.73	11.04
吉　　林	0.35	4.69	3.85	0.55	2.32	95.45	1.62	11.41
黑 龙 江	0.01	2.66	2.17	0.22	4.44	86.44	0.80	9.49
上　　海	0.01	0.99	2.28	0.03	2.17	130.05	0.01	5.47
江　　苏	0.42	3.17	0.77	0.54	1.65	97.48	5.28	6.13
浙　　江	0.17	2.03	0.61	0.42	3.73	94.32	6.20	6.81
安　　徽	0.48	2.82	3.73	0.43	1.63	72.84	1.33	8.61
福　　建	0.49	5.00	3.18	1.13	2.64	84.52	2.80	11.95
江　　西	0.08	1.94	0.61	0.13	2.02	58.57	1.46	4.70
山　　东	0.73	3.16	5.73	0.63	2.76	84.50	1.90	12.28
河　　南	0.33	2.38	0.46	0.29	1.33	56.95	0.70	4.46
湖　　北	0.19	3.27	4.32	0.44	1.37	63.20	2.19	9.40
湖　　南	0.11	3.23	4.09	0.27	0.77	70.57	2.43	8.36
广　　东	0.24	2.69	2.98	0.91	1.92	112.71	1.88	8.50
广　　西	0.06	2.33	2.47	0.60	2.77	61.08	1.46	8.17
四　　川	0.15	2.66	1.10	0.71	0.88	58.35	1.70	5.35
贵　　州	0.48	2.95	0.90	0.37	1.91	41.03	1.43	6.13
云　　南	0.36	1.51	1.98	1.15	1.82	45.25	3.30	6.46
西　　藏	0.42	8.18		0.19	5.66	21.41	0.42	14.03
陕　　西	0.01	4.90	0.35	0.41	1.54	44.29	0.36	7.20
甘　　肃	0.25	2.04	0.59	0.12	2.62	38.16	0.88	5.37
青　　海	0.14	5.20	0.21	0.36	1.22	33.73	1.34	6.99
宁　　夏		5.19	0.11	0.12	0.73	53.12	0.98	6.15
新　　疆	0.30	6.26	3.28	1.02	2.65	94.25	0.81	13.21

3-19 1985年农村居民生活消费现金支出

单位:元/人

地 区	生活消费现金支出	一、食品支出	二、衣着支出	三、居住支出	四、家庭设备用品及服务支出
全 国	**194.68**	**76.56**	**30.13**	**42.83**	**16.06**
北 京	438.80	176.60	52.42	99.23	44.79
天 津	338.37	128.34	48.38	76.30	31.60
河 北	198.49	62.13	30.04	55.97	17.88
山 西	183.67	63.82	38.94	34.19	15.83
内蒙古	141.41	48.48	29.55	21.26	13.53
辽 宁	270.37	99.64	43.44	57.97	21.24
吉 林	219.93	77.28	36.95	44.47	18.84
黑龙江	178.25	68.99	31.89	32.04	15.51
上 海	651.74	233.21	63.39	238.45	51.75
江 苏	286.75	108.00	35.85	83.12	23.76
浙 江	342.77	137.03	41.18	91.06	32.21
安 徽	173.14	69.34	27.97	38.41	13.63
福 建	266.10	150.10	24.41	43.37	15.13
江 西	166.50	69.46	26.03	32.80	11.76
山 东	218.77	81.21	34.45	51.33	21.78
河 南	152.49	51.68	27.47	39.83	12.05
湖 北	189.17	70.27	32.16	38.90	16.97
湖 南	191.99	77.98	32.54	36.44	15.57
广 东	266.35	133.69	19.08	56.31	17.37
广 西	159.30	76.11	19.07	27.54	12.76
四 川	154.32	66.00	26.73	28.10	11.01
贵 州	117.83	50.68	23.70	19.96	7.83
云 南	135.53	60.03	22.82	25.50	9.81
西 藏	97.12	48.27	26.49	6.48	12.15
陕 西	129.81	42.05	24.68	30.84	11.56
甘 肃	101.85	30.84	24.77	15.59	10.57
青 海	140.95	55.27	36.21	18.80	8.59
宁 夏	149.34	46.04	30.36	27.43	15.07
新 疆	179.64	65.37	45.58	26.49	14.57

3-19 续表 单位:元/人

地区	五、医疗保健支出	六、交通通讯支出	七、文化教育用品及服务支出	八、其他商品及服务支出
全国	**7.65**	**5.59**	**12.34**	**3.52**
北京	10.47	10.03	40.24	5.02
天津	8.82	9.16	30.48	5.29
河北	8.33	6.67	14.14	3.33
山西	7.35	5.66	14.25	3.63
内蒙古	8.58	5.28	11.81	2.92
辽宁	8.12	9.57	25.63	4.76
吉林	11.07	6.28	21.22	3.82
黑龙江	10.01	5.20	12.18	2.43
上海	7.55	14.88	35.76	6.75
江苏	7.82	8.58	15.10	4.52
浙江	9.21	11.80	14.71	5.57
安徽	6.45	5.09	8.98	3.27
福建	8.95	5.35	13.35	5.44
江西	6.97	5.08	11.57	2.83
山东	6.68	5.39	14.16	3.77
河南	8.05	3.97	7.08	2.36
湖北	7.99	5.05	14.30	3.53
湖南	7.49	6.63	11.92	3.42
广东	11.91	6.83	15.96	5.20
广西	6.58	4.82	8.73	3.69
四川	6.29	3.51	9.69	2.99
贵州	4.06	1.74	6.18	3.68
云南	5.57	3.09	6.16	2.55
西藏	0.20	1.11	0.42	2.00
陕西	7.52	3.95	6.74	2.47
甘肃	6.36	4.02	7.40	2.30
青海	6.32	4.99	7.47	3.30
宁夏	8.12	5.95	14.74	1.63
新疆	7.96	5.20	11.19	3.28

3－20　1990年农村居民总收入

单位:元/人

地　区	总收入	一、基本收入	1.劳动者报酬收入	2.家庭经营收入	二、转移和财产性收入
全　国	**990.38**	**954.59**	**138.80**	**815.79**	**35.79**
北　京	1649.17	1562.65	704.74	857.91	86.52
天　津	1371.45	1301.50	464.14	837.36	69.95
河　北	894.82	862.74	171.42	691.32	32.08
山　西	824.95	788.88	165.32	623.56	36.07
内蒙古	947.19	923.44	52.31	871.13	23.75
辽　宁	1235.94	1211.69	260.61	951.08	24.25
吉　林	1312.79	1283.04	75.71	1207.33	29.75
黑龙江	1329.57	1310.80	77.06	1233.74	18.77
上　海	2232.05	2158.23	1065.59	1092.64	73.82
江　苏	1273.34	1238.95	300.55	938.40	34.39
浙　江	1445.70	1383.23	354.09	1029.14	62.47
安　徽	837.26	812.03	77.13	734.90	25.23
福　建	1112.06	1044.79	156.64	888.15	67.27
江　西	940.90	909.67	87.22	822.45	31.23
山　东	994.36	962.75	167.80	794.95	31.61
河　南	764.42	734.44	79.21	655.23	29.98
湖　北	957.01	932.36	82.42	849.94	24.65
湖　南	975.59	944.92	85.11	859.81	30.67
广　东	1488.92	1417.03	235.52	1181.51	71.89
广　西	898.53	863.29	59.78	803.51	35.24
海　南	949.26	888.00	60.83	827.17	61.26
四　川	846.69	811.22	83.62	727.60	35.47
贵　州	628.97	601.62	46.98	554.64	27.35
云　南	774.99	739.60	76.97	662.63	35.39
西　藏	869.80	836.17	45.62	790.55	33.63
陕　西	734.96	701.54	87.92	613.62	33.42
甘　肃	614.67	589.48	80.91	508.57	25.19
青　海	782.66	745.82	81.67	664.15	36.84
宁　夏	835.05	805.81	80.37	725.44	29.24
新　疆	1112.01	1088.71	54.02	1034.69	23.30

3-21 1990年农村居民家庭经营总收入

单位:元/人

地　区	家庭经营收入	1.种植业收入	2.林业收入	3.牧业收入	4.渔业收入	5.手工业收入	6.采集、捕猎收入	7.工业收入
全国	**815.79**	**512.75**	**8.48**	**174.95**	**10.23**	**14.80**	**14.36**	**13.23**
北京	857.91	482.91	18.31	183.90	3.71	3.03	2.06	15.96
天津	837.36	525.58	1.83	158.86	6.71	12.92	0.95	5.34
河北	691.32	490.35	2.93	107.29	2.25	22.69	2.05	14.72
山西	623.56	422.50	7.01	78.43		7.38	2.34	10.24
内蒙古	871.13	669.77	2.03	157.42	0.77	5.68	9.47	6.26
辽宁	951.08	647.09	1.18	195.23	9.63	11.42	5.85	8.12
吉林	1207.33	1002.22	1.86	143.72	0.51	5.70	12.40	5.95
黑龙江	1233.74	993.42	0.68	142.41	4.76	3.93	6.09	9.32
上海	1092.64	758.58	11.37	272.30	5.35	3.55	0.69	0.27
江苏	938.40	547.78	8.72	233.94	18.68	19.43	2.09	14.30
浙江	1029.14	462.80	8.57	268.57	24.85	62.38	12.49	33.79
安徽	734.90	511.49	7.07	130.95	8.18	10.20	4.67	9.62
福建	888.15	434.25	24.00	247.55	16.38	12.95	35.19	18.94
江西	822.45	490.88	16.32	194.38	13.73	12.42	33.18	13.41
山东	794.95	549.24	7.16	137.24	0.87	21.48	1.09	10.52
河南	655.23	468.51	8.65	90.58	1.17	17.87	0.86	12.03
湖北	849.94	579.13	7.33	166.38	10.91	10.83	12.58	9.65
湖南	859.81	450.98	13.49	254.99	13.60	19.96	22.33	19.65
广东	1181.49	570.48	6.56	303.16	68.36	21.95	25.34	28.80
广西	793.51	420.54	12.23	220.41	10.56	10.97	48.74	27.13
海南	827.17	358.22	35.16	166.97	105.15	6.46	31.71	13.88
四川	727.60	384.68	7.92	241.33	4.23	7.14	23.18	10.83
贵州	554.64	304.22	7.31	161.33	1.50	11.19	20.68	8.53
云南	662.63	380.03	7.37	184.99	3.06	6.66	25.18	9.07
西藏	790.55	465.54	16.10	168.34		28.59	57.57	1.22
陕西	613.62	439.52	7.96	93.44	0.55	9.13	8.55	9.80
甘肃	508.57	373.28	6.15	75.09	0.06	5.15	5.45	7.08
青海	664.15	361.87	2.68	200.13	0.46	24.02	7.56	7.28
宁夏	725.44	534.80	5.42	122.65	0.90	4.68	4.76	9.27
新疆	1035.69	804.91	14.07	121.75	1.00	15.70	10.07	2.70

续表 3－21 单位：元/人

地　区	8．建筑业收　入	9．运输业收　入	10．商　业收　入	11．饮食业收　入	12．服务业收　入	13．其　他收　入	第一产业收　入	第二产业收　入	第三产业收　入
全　国	**12.65**	**21.21**	**11.99**	**2.82**	**7.71**	**10.61**	**735.57**	**25.88**	**54.34**
北　京	19.43	76.19	14.50	1.48	17.23	19.20	693.92	35.39	128.60
天　津	14.54	34.13	16.56	28.61	13.40	17.93	706.85	19.88	110.63
河　北	10.67	12.55	10.08	2.48	6.53	6.73	627.56	25.39	38.37
山　西	5.56	64.72	7.94	2.12	6.73	8.59	517.66	15.80	90.10
内蒙古	1.47	8.87	4.30	0.01	2.74	2.34	845.14	7.73	18.26
辽　宁	13.35	33.30	11.78	2.29	4.81	7.03	870.40	21.47	59.21
吉　林	3.08	16.13	5.02	0.01	2.19	8.54	1166.41	9.03	31.89
黑龙江	2.33	18.72	6.42	0.40	4.57	40.69	1151.29	11.65	70.80
上　海	7.69	10.44	3.82	0.02	8.97	9.59	1051.84	7.96	32.84
江　苏	26.77	21.51	14.84	2.70	12.43	15.21	830.64	41.07	66.69
浙　江	22.25	55.43	28.40	2.22	23.59	23.80	839.66	56.04	133.44
安　徽	9.39	13.28	11.84	5.55	5.85	6.81	672.56	19.01	43.33
福　建	15.45	26.10	14.69	1.64	14.37	26.64	770.32	34.39	83.44
江　西	7.81	15.06	8.20	5.23	6.72	5.11	760.91	21.22	40.32
山　东	17.19	17.58	10.59	3.12	6.14	12.73	717.08	27.71	50.16
河　南	12.16	18.82	7.24	1.70	5.68	9.96	587.64	24.19	43.40
湖　北	6.43	16.06	16.10	4.26	7.36	2.92	787.16	16.08	46.70
湖　南	20.43	11.81	17.76	2.52	7.95	4.34	775.35	40.08	44.38
广　东	39.09	37.10	35.07	3.07	18.23	24.28	995.85	67.89	117.75
广　西	9.41	5.62	12.70	5.06	3.96	6.18	723.45	36.54	33.52
海　南	20.31	35.18	13.51	0.58	5.62	34.42	703.67	34.19	89.31
四　川	16.14	11.52	7.20	1.54	7.88	4.01	668.48	26.97	32.15
贵　州	5.67	10.27	8.53	3.12	5.03	7.26	506.23	14.20	34.21
云　南	5.88	16.70	6.47	3.64	5.58	8.00	607.29	14.95	40.39
西　藏	10.13	23.83	9.64	1.80	1.31	6.48	736.14	11.35	43.06
陕　西	7.14	16.37	8.15	2.97	4.23	5.81	559.15	16.94	37.53
甘　肃	6.52	11.83	6.25	1.44	4.23	6.04	465.18	13.60	29.79
青　海	4.62	30.04	9.07	2.45	7.88	6.09	596.72	11.90	55.53
宁　夏	5.24	27.07	6.85	0.84	1.46	1.50	673.21	14.51	37.72
新　疆	2.89	30.69	15.85	2.27	6.83	6.96	967.50	5.59	62.60

3－22　1990年农村居民现金收入

单位:元/人

地　区	现金收入	一、基本收入	1. 劳动者报酬收入	2. 家庭经营收入	二、转移和财产性收入	三、储蓄借贷收入	扣除储蓄借贷的现金收入
全　国	**796.11**	**617.62**	**136.43**	**481.19**	**59.05**	**119.44**	**676.67**
北　京	1592.33	1233.78	686.52	547.26	96.80	261.75	1330.58
天　津	1130.43	947.54	460.54	487.00	76.71	106.18	1024.25
河　北	702.89	564.41	166.72	397.69	46.42	92.06	610.83
山　西	725.09	529.58	163.45	366.13	57.24	138.27	586.82
内蒙古	618.71	482.97	51.15	431.82	44.06	91.68	527.03
辽　宁	1029.33	829.59	249.84	579.75	45.17	154.57	874.76
吉　林	1161.39	863.09	75.55	787.54	63.63	234.67	926.72
黑龙江	1100.20	827.09	69.75	757.34	44.62	228.49	871.71
上　海	2171.45	1612.09	1056.61	555.48	127.95	431.41	1740.04
江　苏	1119.05	850.34	298.62	551.72	63.77	204.94	914.11
浙　江	1508.68	1107.27	352.79	754.48	96.33	305.08	1203.60
安　徽	662.96	539.03	76.46	462.57	43.98	79.95	583.01
福　建	1008.85	761.92	156.01	605.91	87.51	159.42	849.43
江　西	663.43	532.31	85.52	446.79	45.05	86.07	577.36
山　东	810.74	641.15	158.54	482.61	45.72	123.87	686.87
河　南	583.27	464.45	78.25	386.20	48.47	70.35	512.92
湖　北	737.34	553.91	77.60	476.31	64.14	119.29	618.05
湖　南	763.17	559.99	84.13	475.86	78.53	124.65	638.52
广　东	1321.88	1067.39	235.17	832.22	110.27	144.22	1177.66
广　西	640.45	519.31	59.76	459.55	50.19	70.95	569.50
海　南	772.76	657.52	59.11	598.41	57.65	57.59	715.17
四　川	603.83	463.94	83.58	380.36	56.60	83.29	520.54
贵　州	397.10	311.63	46.42	265.21	44.89	40.58	356.52
云　南	555.19	423.22	76.88	346.34	56.50	75.47	479.72
西　藏	312.90	259.07	45.56	213.51	33.87	19.96	292.94
陕　西	548.54	395.60	87.87	307.73	58.77	94.17	454.37
甘　肃	367.60	293.70	80.80	212.90	33.18	40.72	326.88
青　海	541.10	413.37	80.20	333.17	57.70	70.03	471.07
宁　夏	664.97	503.17	79.64	423.53	57.11	104.69	560.28
新　疆	946.44	803.34	53.00	750.34	58.78	84.32	862.12

3－23　1990年农村居民家庭经营现金收入

单位:元/人

地　　区	家庭经营现金收入	1. 出售产品收　　入	2. 工 业 加工费收入	3. 建筑业收入	4. 运输业收入	5. 商业收入
全　　国	**481.19**	**408.49**	**6.93**	**12.46**	**20.89**	**11.86**
北　　京	547.26	404.26	5.31	18.76	69.43	14.50
天　　津	487.00	362.56	5.17	14.25	33.73	16.56
河　　北	397.69	345.03	6.45	10.61	11.42	9.94
山　　西	366.13	266.28	6.77	5.56	64.60	7.94
内 蒙 古	431.82	408.77	3.87	1.47	8.72	4.08
辽　　宁	579.75	508.75	5.24	11.27	30.19	11.95
吉　　林	787.54	748.14	5.44	3.08	16.13	5.02
黑 龙 江	757.34	695.74	6.00	2.32	18.55	6.33
上　　海	555.48	514.77	0.21	7.69	10.44	3.82
江　　苏	551.72	450.46	10.10	26.77	21.51	14.84
浙　　江	754.48	534.98	18.53	22.25	55.43	28.40
安　　徽	462.57	408.60	3.48	9.18	13.28	11.74
福　　建	605.91	503.61	10.95	15.31	26.06	14.64
江　　西	446.79	394.90	5.18	7.60	15.06	7.95
山　　东	482.61	416.17	4.13	16.55	16.84	10.15
河　　南	386.20	326.93	5.44	12.03	18.76	7.23
湖　　北	476.31	421.87	5.22	5.36	15.35	15.40
湖　　南	475.86	403.66	8.27	20.43	11.81	17.75
广　　东	832.22	656.66	21.37	39.09	37.10	34.43
广　　西	459.55	400.23	6.95	9.41	15.62	12.70
海　　南	598.41	486.91	4.02	20.24	35.18	13.39
四　　川	380.36	327.10	5.59	16.14	11.50	7.17
贵　　州	265.21	221.67	5.25	5.59	10.25	8.51
云　　南	346.34	297.74	4.73	5.66	16.58	6.42
西　　藏	213.51	162.34	0.46	10.00	23.83	9.57
陕　　西	307.75	258.73	5.96	7.14	16.36	8.15
甘　　肃	212.90	173.26	5.00	6.51	11.83	6.24
青　　海	333.17	270.00	4.22	4.62	30.04	9.07
宁　　夏	423.53	371.58	9.08	5.24	27.07	6.76
新　　疆	750.34	684.49	2.32	2.90	30.1	15.83

3－23 续表 单位：元/人

地　区	6．饮食业收入	7．服务业收入	8．其他经营收入	第一产业收入	第二产业收入	第三产业收入
全　国	**2.79**	**7.64**	**10.13**	**408.49**	**19.39**	**53.31**
北　京	1.40	16.89	16.71	599.61	24.07	118.93
天　津	28.61	13.40	12.72	537.64	19.42	105.02
河　北	2.38	6.51	5.35	408.51	17.06	35.60
山　西	2.12	6.72	6.14	375.46	12.33	87.57
内蒙古	0.01	2.74	2.16	453.89	5.34	17.71
辽　宁	2.29	4.50	5.56	607.99	16.51	54.49
吉　林	0.01	2.19	7.53	813.72	8.52	30.88
黑龙江	0.40	4.47	23.53	794.55	8.32	53.28
上　海	0.01	8.97	9.57	688.38	7.90	32.81
江　苏	2.70	12.42	12.92	589.44	36.87	64.39
浙　江	2.22	23.59	69.08	811.01	40.78	178.72
安　徽	5.54	5.80	4.95	480.09	12.66	41.31
福　建	1.64	14.33	19.37	683.85	26.26	76.04
江　西	5.23	6.72	4.15	478.66	12.78	39.11
山　东	3.04	6.00	9.73	491.14	20.68	45.76
河　南	1.70	5.66	8.45	390.80	17.47	41.80
湖　北	4.00	6.96	2.15	499.91	10.58	43.86
湖　南	2.52	7.95	3.47	512.88	28.70	43.50
广　东	3.07	18.11	22.39	902.63	60.46	115.10
广　西	5.06	3.96	5.62	509.65	16.36	42.96
海　南	0.45	5.62	32.60	615.73	24.26	87.24
四　川	1.54	7.87	3.45	428.77	21.73	31.53
贵　州	3.12	5.02	5.80	293.14	10.84	32.70
云　南	3.57	5.58	6.06	378.92	10.39	38.21
西　藏	1.79	1.31	4.21	211.59	10.46	40.71
陕　西	2.97	4.22	4.22	316.05	13.10	35.92
甘　肃	1.44	3.99	4.63	216.46	11.51	28.13
青　海	2.45	7.88	4.89	349.54	8.84	54.33
宁　夏	0.84	1.46	1.50	445.90	14.32	37.63
新　疆	2.21	6.81	5.68	789.73	5.22	60.63

3－24　1990年农村居民纯收入

单位:元/人

地　区	纯收入	一、基本收入	1.劳动者报酬收入	2.家庭经营纯收入	二、转移和财产性收入
全　国	**686.31**	**657.35**	**138.80**	**518.55**	**28.96**
北　京	1297.05	1225.60	704.74	520.86	71.45
天　津	1069.04	1010.01	464.14	545.87	59.03
河　北	621.67	594.31	171.42	422.89	27.36
山　西	603.51	573.20	165.32	407.88	30.31
内蒙古	607.15	594.76	52.31	542.45	12.39
辽　宁	836.17	817.85	260.61	557.24	18.32
吉　林	803.52	777.82	75.71	702.11	25.70
黑龙江	759.86	747.86	77.06	670.80	12.00
上　海	1907.32	1847.43	1065.59	781.84	59.89
江　苏	959.06	932.04	300.55	631.49	27.02
浙　江	1099.04	1044.27	354.09	690.18	54.77
安　徽	539.16	519.13	77.13	442.00	20.03
福　建	764.41	710.86	156.64	554.22	53.55
江　西	669.90	645.08	87.22	557.86	24.82
山　东	680.18	653.82	167.80	486.02	26.36
河　南	526.95	502.42	79.21	423.21	24.53
湖　北	670.80	651.18	82.42	568.76	19.62
湖　南	664.24	642.21	85.11	557.10	22.03
广　东	1043.03	980.87	235.52	745.35	62.16
广　西	639.45	612.74	59.78	552.96	26.71
海　南	696.22	640.58	60.83	579.75	55.64
四　川	557.76	529.20	83.62	445.58	28.56
贵　州	435.14	412.27	46.98	365.29	22.87
云　南	540.86	510.93	76.97	433.96	29.93
西　藏	649.71	626.34	45.62	580.72	23.37
陕　西	530.80	502.68	87.92	414.76	28.12
甘　肃	430.98	410.68	80.91	329.77	20.30
青　海	559.78	530.42	81.67	448.75	29.36
宁　夏	578.13	554.69	80.37	474.32	23.44
新　疆	683.47	666.72	54.02	612.70	16.75

3-25 1990年农村居民总支出

单位:元/人

地区	总支出	一、家庭经营支出	二、购置生产性固定资产	三、缴纳税款	四、上交集体承包任务	五、生活消费支出	六、其他非生产性支出
全国	**903.47**	**241.09**	**20.29**	**13.21**	**25.45**	**584.63**	**18.80**
北京	1371.64	276.93	17.26	11.36	39.55	980.66	45.88
天津	1062.45	248.87	17.82	6.51	21.71	732.87	34.67
河北	775.67	219.12	23.08	8.51	24.19	485.70	15.07
山西	730.13	160.53	27.82	13.46	21.45	487.65	19.22
内蒙古	827.65	261.82	21.77	15.58	25.16	491.88	11.44
辽宁	1090.95	295.94	20.94	15.90	62.28	679.11	16.78
吉林	1176.55	368.28	43.40	27.77	72.16	632.91	32.03
黑龙江	1168.30	411.01	32.84	31.31	85.86	585.78	21.50
上海	1834.34	257.97	5.00	10.51	25.65	1505.05	30.16
江苏	1166.74	250.56	13.03	12.35	30.45	842.78	17.57
浙江	1337.76	296.23	32.96	13.54	7.14	945.97	41.92
安徽	822.37	231.59	16.98	11.91	33.08	514.93	13.88
福建	1082.91	300.62	10.92	10.27	7.55	707.97	45.58
江西	858.63	224.15	9.68	14.80	13.96	577.17	18.87
山东	878.27	237.33	18.14	7.62	50.01	547.05	18.12
河南	688.18	174.82	19.43	8.56	32.78	437.73	14.86
湖北	902.30	210.48	12.88	21.76	36.64	607.58	12.96
湖南	930.23	258.50	17.25	14.70	17.49	608.73	13.56
广东	1410.21	373.64	24.87	21.79	24.37	932.63	32.91
广西	803.08	226.92	18.07	9.36	1.48	536.97	10.28
海南	834.26	208.29	14.56	10.86	2.75	565.84	31.96
四川	801.75	239.18	9.18	13.42	17.61	509.16	13.20
贵州	607.95	165.59	12.80	8.24	2.80	403.28	15.24
云南	730.28	196.60	21.38	8.91	5.15	485.47	12.77
西藏	667.95	144.61	22.10	0.06	0.39	490.84	9.95
陕西	699.16	167.49	23.89	10.22	7.49	477.07	13.00
甘肃	530.08	147.93	16.60	8.07	7.61	339.25	10.62
青海	723.45	161.03	40.44	10.56	12.99	474.75	23.68
宁夏	766.72	206.52	40.72	8.48	13.91	483.69	13.40
新疆	971.46	325.97	57.71	19.97	42.10	506.82	18.89

3－26 1990年农村居民家庭经营费用支出

单位:元/人

地区	家庭经营费用支出	1.种植业支出	2.林业支出	3.牧业支出	4.渔业支出	5.手工业支出	7.工业支出	8.建筑业支出
全国	**241.09**	**126.49**	**0.95**	**88.91**	**3.12**	**3.91**	**4.08**	**0.47**
北京	276.93	123.52	2.30	110.82	0.46	0.82	5.20	0.25
天津	248.87	120.02	1.56	93.79	0.72	2.53	0.51	
河北	219.12	145.03	0.36	52.81	0.39	9.30	4.06	0.30
山西	160.53	93.12	0.41	28.56		2.21	3.04	0.64
内蒙古	261.82	176.85	0.22	73.93	0.24	2.32	3.13	0.02
辽宁	295.94	177.89	0.58	94.20	1.69	2.78	2.85	0.52
吉林	368.28	271.31	0.51	80.26	0.23	0.86	2.05	0.32
黑龙江	411.01	309.86	0.51	76.14	1.78	1.05	3.32	0.26
上海	257.97	95.63	3.29	146.07	3.26	0.85		0.98
江苏	250.56	116.31	0.96	108.84	3.33	5.36	6.16	0.28
浙江	296.23	108.72	0.73	127.14	6.64	15.05	9.06	0.29
安徽	231.59	150.99	0.58	59.09	1.75	2.97	3.72	0.29
福建	300.62	125.17	4.05	132.99	6.12	2.83	5.34	5.71
江西	224.15	110.04	0.86	89.12	2.60	2.82	4.80	0.23
山东	237.33	150.65	2.06	66.42	0.34	6.48	2.94	0.16
河南	174.82	112.93	0.79	40.58	0.13	5.49	4.94	0.38
湖北	210.48	123.42	0.94	67.28	1.34	1.97	2.46	0.27
湖南	258.50	94.95	0.61	143.34	2.60	4.23	4.54	0.16
广东	373.64	150.97	0.79	160.86	29.28	5.18	6.19	0.59
广西	226.92	80.02	0.71	121.39	1.66	2.78	10.21	0.04
海南	208.29	68.53	4.45	67.79	40.49	0.90	3.81	1.03
四川	239.18	74.08	0.16	148.66	1.59	1.79	3.79	0.20
贵州	165.59	67.88	0.69	80.75	0.37	2.97	2.65	0.78
云南	196.60	73.62	0.71	103.20	0.80	1.72	2.36	0.09
西藏	144.61	63.76	0.33	53.42		8.88		0.39
陕西	167.49	109.73	1.01	43.57	0.10	1.65	2.75	0.66
甘肃	147.93	103.20	0.46	32.88	0.02	0.43	1.76	0.03
青海	161.03	92.70	0.71	49.22	0.12	2.49	1.17	0.04
宁夏	206.52	138.90	0.04	52.05	1.79	0.71	2.53	0.40
新疆	325.97	207.37	3.96	85.06	0.04	4.34	1.41	0.13

地　区	9. 运输业支出	10. 商业支出	11. 饮食业支出	12. 服务业支出	13. 其他支出	第一产业支出	第二产业支出	第三产业支出
全　国	**7.76**	**1.24**	**0.88**	**0.94**	**2.34**	**223.38**	**4.55**	**13.16**
北　京	26.28	1.55	0.06	3.38	2.29	237.92	5.45	33.56
天　津	8.60	0.98	14.91	1.58	3.67	218.62	0.51	29.74
河　北	3.71	0.88	0.31	0.68	1.29	207.89	4.36	6.87
山　西	[illegible]	[illegible]	0.55	1.07	3.89	124.30	3.68	32.55
内蒙古	2.60	0.24		0.43	1.84	253.56	3.15	5.11
辽　宁	11.07	0.89	0.43	0.39	2.65	277.14	3.37	15.43
吉　林	7.48	1.25	0.01	0.37	3.63	353.17	2.37	12.74
黑龙江	6.52	0.46	0.12	0.69	10.30	389.34	3.58	18.09
上　海	3.50	0.29	0.27	0.78	3.05	249.10	0.98	7.89
江　苏	5.41	1.76	0.39	0.77	0.99	234.80	6.44	9.32
浙　江	18.14	3.86	0.33	2.33	3.94	258.28	9.35	28.60
安　徽	4.68	2.46	1.90	1.07	2.09	215.38	4.01	12.20
福　建	10.48	1.00	0.23	2.06	4.64	271.16	11.05	18.41
江　西	7.64	0.78	3.06	0.75	1.45	205.44	5.03	13.68
山　东	5.32	0.94	0.30	0.51	1.21	225.95	3.10	8.28
河　南	5.74	0.38	0.07	0.72	2.67	159.92	5.32	9.58
湖　北	7.72	1.47	1.70	0.95	0.96	194.95	2.73	12.80
湖　南	3.20	2.08	1.06	1.16	0.57	245.73	4.70	8.07
广　东	12.52	2.26	0.68	1.31	3.01	347.08	6.78	19.78
广　西	5.72	0.80	2.57	0.34	0.68	206.56	10.25	10.11
海　南	13.26	1.80	0.19	0.12	5.92	182.16	4.84	21.29
四　川	5.45	0.67	0.47	1.34	0.98	226.28	3.99	8.91
贵　州	4.19	2.12	0.45	0.76	1.98	152.66	3.43	9.50
云　南	8.42	1.46	1.54	0.92	1.76	180.05	2.45	14.10
西　藏	12.04	1.47	0.17	0.01	4.14	126.39	0.39	17.83
陕　西	5.86	0.26	0.85	0.29	0.76	156.06	3.41	8.02
甘　肃	4.10	0.40	0.16	0.35	4.14	136.99	1.79	9.15
青　海	8.08		1.04	2.05	3.41	145.24	1.21	14.58
宁　夏	9.24	0.49	0.01	0.18	0.18	193.49	2.93	10.10
新　疆	15.55	1.95	0.34	2.02	3.80	300.77	1.54	23.66

3－27　1990年农村居民生活消费支出

单位:元/人

地　区	生活消费支出	一、食品支出	二、衣着支出	三、居住支出	四、家庭设备用品及服务支出
全　国	**584.63**	**343.76**	**45.44**	**101.37**	**30.90**
北　京	980.66	496.75	91.85	180.99	79.05
天　津	732.87	396.41	70.16	126.38	56.55
河　北	485.70	253.81	46.91	102.21	30.16
山　西	487.65	257.87	59.78	76.01	30.73
内蒙古	491.88	302.71	38.03	65.07	23.26
辽　宁	679.11	367.63	68.98	125.96	34.94
吉　林	632.91	385.39	53.97	99.85	26.06
黑龙江	585.78	331.65	58.74	102.16	24.66
上　海	1505.05	807.71	132.65	285.82	125.61
江　苏	842.78	465.55	57.87	195.02	53.24
浙　江	945.97	503.06	58.97	225.84	61.51
安　徽	514.93	300.14	38.93	99.06	25.76
福　建	707.97	429.20	38.90	121.69	34.82
江　西	577.17	372.80	36.28	85.42	24.64
山　东	547.05	297.11	52.83	105.73	32.84
河　南	437.73	240.92	43.22	80.68	23.86
湖　北	607.58	376.18	42.83	89.99	33.79
湖　南	608.73	390.73	37.29	82.75	28.62
广　东	932.63	538.18	38.35	176.10	50.19
广　西	536.97	349.96	26.18	81.62	21.78
海　南	565.84	362.48	36.46	69.28	20.52
四　川	509.16	329.97	35.64	72.70	22.32
贵　州	403.28	282.84	30.17	43.43	13.76
云　南	485.47	310.40	35.77	76.16	21.77
西　藏	490.84	362.30	42.51	63.65	14.03
陕　西	477.07	278.92	38.08	85.33	23.35
甘　肃	339.25	208.74	30.12	46.03	14.93
青　海	474.75	282.63	60.32	59.78	29.00
宁　夏	483.69	277.43	47.93	67.56	27.56
新　疆	506.82	272.14	76.85	69.42	30.39

3－27续表　　　　　　　　　　　　　　　　　　　　　　　　单位:元/人

地　　区	五、医疗保健支出	六、交通和通讯支出	七、文化教育用品及服务支出	八、其他商品及服务支出
全　　国	**19.02**	**8.42**	**31.38**	**4.34**
北　　京	39.27	19.87	65.00	7.88
天　　津	25.09	10.79	45.58	1.91
河　　北	19.13	6.64	24.24	2.60
山　　西	20.14	6.57	32.83	2.72
内 蒙 古	19.27	8.64	33.24	1.66
辽　　宁	24.84	12.47	39.24	5.05
吉　　林	27.47	10.07	26.42	3.68
黑 龙 江	28.71	9.15	28.31	2.40
上　　海	40.27	23.94	59.27	29.78
江　　苏	22.68	10.02	34.74	3.66
浙　　江	28.41	16.68	41.98	9.52
安　　徽	14.67	6.75	25.65	3.97
福　　建	20.08	13.78	39.15	10.35
江　　西	16.13	6.13	32.27	3.50
山　　东	17.13	6.35	32.72	2.34
河　　南	18.02	5.60	22.29	3.14
湖　　北	17.56	7.67	35.93	3.63
湖　　南	18.29	8.83	39.18	3.04
广　　东	34.13	16.06	66.97	12.65
广　　西	12.52	7.69	31.81	5.41
海　　南	19.70	11.82	40.24	5.34
四　　川	14.27	6.39	24.74	3.13
贵　　州	7.87	3.87	16.92	4.42
云　　南	13.74	5.32	19.44	2.87
西　　藏	1.43	2.65	1.65	2.62
陕　　西	18.18	6.00	23.93	3.28
甘　　肃	13.85	4.49	18.87	2.22
青　　海	18.49	6.69	16.53	1.31
宁　　夏	17.18	12.48	31.77	1.78
新　　疆	16.43	11.35	26.95	3.29

3－28　1990年农村居民现金支出

单位：元/人

地　　区	现金支出	一、家庭经营费用支出	二、购置生产性固定资产支出	三、缴纳税款	四、上交集体承包任务	五、生活消费支出	六、其他非借贷性支出	七、储蓄借贷支出
全　　国	**741.17**	**162.90**	**20.46**	**11.18**	**22.19**	**374.74**	**47.59**	**102.11**
北　　京	1532.39	210.48	16.85	20.07	36.95	844.23	64.01	339.80
天　　津	1055.50	194.04	17.48	4.11	6.03	558.68	65.68	209.48
河　　北	647.70	144.59	23.82	7.52	20.00	329.79	35.47	86.51
山　　西	633.75	119.93	27.68	10.70	16.06	346.13	42.91	70.34
内 蒙 古	570.83	135.88	21.77	14.43	21.48	271.21	35.83	70.23
辽　　宁	939.76	197.11	20.91	13.44	50.86	481.75	65.57	110.12
吉　　林	1046.18	261.22	43.57	27.60	71.87	389.72	72.96	179.24
黑 龙 江	978.07	255.86	32.37	26.15	69.43	368.43	54.37	171.46
上　　海	2094.75	250.95	5.85	10.51	25.65	1146.10	129.74	525.95
江　　苏	1049.73	195.65	12.87	12.35	30.43	569.65	74.99	153.79
浙　　江	1370.05	238.72	33.26	13.54	7.14	746.59	93.68	237.12
安　　徽	635.78	150.96	16.98	11.76	31.63	323.01	43.89	57.55
福　　建	948.24	243.42	10.47	7.72	6.45	500.82	79.75	99.61
江　　西	624.85	156.12	9.65	11.33	12.62	317.26	46.22	71.65
山　　东	750.71	158.74	18.77	7.00	44.20	379.60	38.50	103.90
河　　南	538.66	120.06	19.42	8.11	29.03	280.70	31.19	50.15
湖　　北	706.12	134.15	12.82	17.47	30.83	343.99	64.10	102.76
湖　　南	756.86	154.66	17.25	14.09	15.81	352.71	73.58	128.76
广　　东	1213.90	297.40	26.69	8.06	14.68	686.43	56.13	124.51
广　　西	615.54	158.50	18.23	9.36	1.06	290.33	29.57	108.49
海　　南	721.02	165.40	14.73	3.69	1.31	399.37	34.28	102.24
四　　川	584.13	142.46	9.18	13.42	17.38	285.05	34.81	81.83
贵　　州	380.47	92.90	13.10	7.26	2.49	199.30	35.47	29.95
云　　南	521.98	107.06	21.62	3.27	3.48	285.28	27.02	74.25
西　　藏	261.73	40.73	21.76	0.06	0.40	173.13	9.36	16.29
陕　　西	499.57	105.83	23.96	9.67	6.23	270.28	28.92	54.68
甘　　肃	339.95	85.72	16.56	5.34	7.09	174.27	19.69	31.28
青　　海	513.28	86.17	40.60	10.50	12.80	256.58	39.60	67.03
宁　　夏	618.20	136.40	40.73	8.23	13.91	297.27	37.68	83.98
新　　疆	813.95	236.36	57.76	19.09	39.10	333.88	30.54	97.22

3－29　1990年农村居民家庭经营费用现金支出

单位：元/人

地　区	家庭经营费用支出	1. 种植业支出	2. 林业支出	3. 牧业支出	4. 渔业支出	5. 手工业支出	7. 工业支出	8. 建筑业支出
全　国	**162.90**	**95.86**	**0.76**	**43.18**	**3.02**	**3.60**	**3.81**	**0.42**
北　京	210.48	101.76	0.64	71.11	0.43	0.69	5.20	0.16
天　津	194.04	96.45	1.55	64.89	0.67	2.53	0.49	
河　北	144.59	105.05	0.32	21.43	0.35	9.03	2.42	0.12
山　西	119.93	70.67	0.35	14.89		2.21	2.87	0.64
内蒙古	135.88	103.45	0.15	23.54	0.20	1.63	2.50	0.02
辽　宁	197.11	138.56	0.23	39.51	1.61	1.03	2.80	0.52
吉　林	261.22	215.52	0.51	29.26	0.22	0.86	2.05	0.32
黑龙江	255.86	193.41	0.40	39.53	1.75	0.86	2.91	0.25
上　海	250.95	94.23	3.16	140.59	3.26	0.85		0.98
江　苏	195.65	105.84	0.96	64.49	3.25	5.34	6.16	0.28
浙　江	238.72	100.63	0.47	78.78	6.47	14.76	8.99	0.27
安　徽	150.96	104.13	0.52	26.70	1.67	2.77	3.51	0.28
福　建	243.42	110.13	3.82	93.25	5.91	2.64	5.07	5.37
江　西	156.12	92.45	0.63	39.47	2.39	2.82	4.77	0.22
山　东	158.74	115.73	1.74	25.08	0.32	6.02	1.83	0.15
河　南	120.06	83.64	0.67	16.63	0.10	4.65	4.72	0.38
湖　北	134.15	88.68	0.59	28.96	1.09	1.53	2.24	0.08
湖　南	154.66	77.91	0.58	57.45	2.47	3.64	4.42	0.16
广　东	297.40	127.82	0.37	109.50	28.68	4.84	6.07	0.58
广　西	158.50	73.51	0.71	59.51	1.66	2.77	10.20	0.04
海　南	165.40	58.22	4.21	37.56	40.49	0.90	3.71	0.65
四　川	142.46	61.78	0.14	64.55	1.56	1.72	3.75	0.20
贵　州	92.90	44.28	0.24	33.52	0.30	2.85	2.65	0.35
云　南	107.06	50.38	0.66	38.24	0.61	1.64	2.34	0.06
西　藏	40.73	16.11	0.10	8.08		5.12		0.37
陕　西	105.83	76.67	1.01	15.44	0.10	1.26	2.75	0.65
甘　肃	85.72	67.04	0.44	10.07	0.02	0.43	1.68	0.03
青　海	86.17	46.19	0.68	20.99	0.12	2.50	1.17	0.04
宁　夏	136.40	93.22	0.04	27.61	1.79	0.70	2.53	0.40
新　疆	236.36	164.48	1.90	42.29	0.04	4.31	1.40	0.11

3－29续表 单位:元/人

地区	9.运输业支出	10.商业支出	11.饮食业支出	12.服务业支出	13.其他支出	第一产业支出	第二产业支出	第三产业支出
全国	**7.46**	**1.17**	**0.84**	**0.90**	**1.88**	**146.42**	**4.23**	**12.25**
北京	23.33	1.53	0.06	3.29	2.27	174.63	5.36	30.48
天津	8.20	0.98	14.91	1.58	1.78	166.09	0.49	27.45
河北	2.84	0.87	0.30	0.63	1.22	136.18	2.54	5.86
山西	24.37	0.82	0.55	1.07	1.48	88.12	3.51	28.29
内蒙古	2.44	0.22		0.43	1.30	128.97	2.52	4.39
辽宁	10.21	0.75	0.01	0.32	1.55	180.94	3.32	12.84
吉林	7.48	1.25	0.01	0.37	3.37	246.37	2.37	12.48
黑龙江	6.00	0.44	0.12	0.68	9.51	235.95	3.16	16.75
上海	3.50	0.28	0.27	0.78	3.03	242.09	0.98	7.86
江苏	5.42	1.76	0.39	0.77	0.99	179.88	6.44	9.33
浙江	18.06	3.86	0.33	2.33	3.78	201.11	9.26	28.36
安徽	4.50	2.11	1.90	1.06	1.82	135.79	3.79	11.39
福建	10.32	0.98	0.23	1.69	4.02	215.75	10.44	17.24
江西	7.64	0.78	3.03	0.72	1.20	137.76	4.99	13.37
山东	5.17	0.93	0.30	0.48	0.98	148.89	1.98	7.86
河南	5.64	0.37	0.07	0.66	2.53	105.69	5.10	9.27
湖北	6.72	1.01	1.57	0.90	0.78	120.85	2.32	10.98
湖南	3.25	2.07	1.01	1.14	0.56	142.05	4.58	8.03
广东	12.48	2.15	0.64	1.30	2.97	271.21	6.65	19.54
广西	5.72	0.80	2.57	0.34	0.68	138.16	10.24	10.11
海南	12.61	1.81	0.19	0.12	4.93	141.38	4.36	19.66
四川	5.45	0.67	0.47	1.33	0.84	129.75	3.95	8.76
贵州	3.90	2.12	0.43	0.72	1.52	81.19	3.00	8.69
云南	8.28	1.38	1.31	0.92	1.26	151.92	2.40	13.15
西藏	9.31	0.35	0.01		1.28	29.41	0.37	10.95
陕西	5.84	0.26	0.85	0.29	0.71	94.48	3.40	7.95
甘肃	4.03	0.22	0.15	0.15	1.45	78.00	1.71	6.00
青海	8.08		1.04	2.06	3.30	70.48	1.21	14.48
宁夏	9.24	0.49	0.01	0.18	0.18	123.36	2.93	10.10
新疆	15.55	1.95	0.34	2.02	1.96	213.02	1.51	21.82

3－30　1990年农村居民生活消费现金支出

单位:元/人

地　　区	生活消费现金支出	一、食品支出	二、衣着支出	三、居住支出	四、家庭设备用品及服务支出
全　　国	**374.74**	**155.85**	**44.03**	**81.15**	**30.74**
北　　京	844.23	367.72	91.81	182.18	78.86
天　　津	558.68	241.53	69.47	107.77	56.56
河　　北	329.79	116.59	[illegible]	[illegible]	30.15
山　　西	346.13	122.38	58.90	71.23	30.42
内 蒙 古	271.21	94.70	44.02	46.55	23.22
辽　　宁	481.75	200.63	68.87	96.42	34.52
吉　　林	389.72	164.42	53.97	77.63	26.06
黑 龙 江	368.43	148.46	58.65	68.19	24.63
上　　海	1146.10	497.29	106.82	274.11	125.61
江　　苏	569.65	224.43	51.91	170.05	52.26
浙　　江	746.59	324.62	56.61	207.39	61.39
安　　徽	323.01	134.44	37.91	74.16	25.63
福　　建	500.82	252.08	38.77	92.32	34.65
江　　西	317.26	141.53	35.86	57.62	24.54
山　　东	379.60	152.01	49.67	86.73	32.72
河　　南	280.70	102.13	40.95	64.94	23.83
湖　　北	343.99	138.85	41.83	64.83	33.73
湖　　南	352.71	152.76	37.17	64.83	28.62
广　　东	686.43	321.43	38.20	147.12	50.15
广　　西	290.33	134.69	26.18	50.31	21.74
海　　南	399.37	216.18	36.45	49.26	20.42
四　　川	285.05	126.72	35.32	52.45	22.08
贵　　州	199.30	90.10	30.06	32.54	13.70
云　　南	285.28	124.59	35.66	62.42	21.25
西　　藏	173.13	88.39	42.45	19.91	14.03
陕　　西	270.28	87.71	37.04	70.80	23.34
甘　　肃	174.27	56.09	30.10	33.89	14.87
青　　海	256.58	89.58	54.57	41.35	28.06
宁　　夏	297.27	95.68	47.93	62.90	27.55
新　　疆	333.88	110.78	74.49	60.35	30.24

单位:元/人

地区	五、医疗保健支出	六、交通和通讯支出	七、文化教育用品及服务支出	八、其他商品及服务支出
全国	**18.98**	**8.41**	**31.33**	**4.25**
北京	36.80	17.28	64.18	5.40
天津	25.10	10.74	45.58	1.93
河北	19.11	6.64	24.24	2.59
山西	20.13	6.57	32.72	3.78
内蒙古	19.27	8.64	33.23	1.58
辽宁	24.71	12.45	39.12	5.03
吉林	27.47	10.07	26.42	3.68
黑龙江	28.63	9.15	28.29	2.43
上海	40.27	23.94	59.27	18.79
江苏	22.67	10.01	34.67	3.65
浙江	28.41	16.68	41.96	9.53
安徽	14.64	6.74	25.55	3.94
福建	19.87	13.77	39.08	10.28
江西	16.12	6.13	32.26	3.20
山东	17.12	6.34	32.69	2.32
河南	17.85	5.59	22.27	3.14
湖北	17.54	7.67	35.90	3.64
湖南	18.29	8.83	39.18	3.03
广东	34.04	16.06	66.91	12.52
广西	12.52	7.69	31.80	5.40
海南	19.67	11.80	40.23	5.36
四川	14.27	6.39	24.70	3.12
贵州	7.83	3.83	16.85	4.39
云南	13.74	5.32	19.42	2.88
西藏	1.43	2.65	1.66	2.61
陕西	18.18	6.00	23.93	3.28
甘肃	13.81	4.44	18.81	2.26
青海	18.49	6.69	16.53	1.31
宁夏	17.18	12.48	31.86	1.69
新疆	16.43	11.35	26.95	3.29

3-31 1995年农村居民总收入

单位:元/人

地区	总收入	一、基本收入	1. 劳动者报酬收入	2. 家庭经营收入	二、转移性收入	三、财产性收入
全国	**2337.87**	**2231.12**	**353.70**	**1877.42**	**65.77**	**40.98**
北京	3923.17	3619.15	1715.04	1904.11	187.45	116.57
天津	3373.65	3265.49	1012.18	2253.31	52.89	55.27
河北	2376.48	2292.61	441.23	1851.38	[illegible]	40.92
山西	1565.67	1498.87	367.19	1131.68	43.92	22.88
内蒙古	2053.77	1970.08	98.62	1871.46	28.87	54.83
辽宁	2953.47	2836.74	486.17	2350.57	46.13	70.60
吉林	2819.54	2647.04	165.59	2481.45	27.13	145.36
黑龙江	3159.28	3051.65	130.27	2921.38	27.17	80.45
上海	4860.55	4510.27	2733.99	1776.28	195.46	154.82
江苏	3290.90	3189.86	821.85	2368.01	75.47	25.56
浙江	3974.85	3801.58	1109.76	2691.82	110.82	62.46
安徽	2016.35	1922.74	234.21	1688.53	58.22	35.39
福建	2748.88	2498.45	520.54	1977.91	131.49	118.93
江西	2325.37	2260.31	319.69	1940.62	50.54	14.52
山东	2626.96	2544.14	408.97	2135.17	54.03	28.79
河南	1862.87	1794.48	163.51	1630.97	39.95	28.44
湖北	2184.20	2099.72	192.37	1907.35	51.01	33.47
湖南	2235.35	2160.40	268.00	1892.40	59.85	15.11
广东	3536.30	3291.32	712.25	2579.07	194.93	50.06
广西	2101.41	2004.98	202.10	1802.88	84.99	11.43
海南	1935.01	1769.75	53.57	1716.18	90.95	74.31
四川	1864.92	1767.17	208.58	1558.59	76.40	21.36
贵州	1574.38	1499.53	146.34	1353.19	58.58	16.28
云南	1709.47	1604.36	120.84	1483.52	48.11	57.01
西藏	1501.46	1392.44	79.17	1313.27	63.01	46.01
陕西	1440.13	1378.73	186.04	1192.69	44.12	17.28
甘肃	1368.45	1308.01	91.68	1216.33	42.18	18.26
青海	1382.19	1350.18	96.71	1253.47	29.02	2.99
宁夏	1825.05	1776.94	188.78	1588.16	25.58	22.53
新疆	2414.59	2303.18	64.47	2238.71	46.11	65.30

3－32　1995年农村居民家庭经营总收入

单位:元/人

地　区	家庭经营收　入	1. 种植业收　入	2. 林　业收　入	3. 牧　业收　入	4. 渔　业收　入	5. 手工业收　入	6. 采　集、捕猎收入	7. 工　业收　入
全　国	**1877.42**	**1155.52**	**16.52**	**404.77**	**26.86**	**27.24**	**21.40**	**26.90**
北　京	1904.11	1127.64	15.05	317.23	45.16	0.98	0.18	45.53
天　津	2253.31	1534.07	2.13	468.38	7.83	23.99	2.98	32.04
河　北	1851.38	1339.17	6.19	258.84	1.71	14.63	5.93	34.18
山　西	1131.68	747.56	8.52	150.15	0.35	19.11	7.17	23.54
内蒙古	1871.46	1386.53	2.85	376.57	0.59	12.40	12.59	18.64
辽　宁	2350.57	1593.77	4.64	501.08	34.11	10.32	26.04	14.03
吉　林	2481.45	2057.34	3.10	256.64	1.68	39.11	32.83	12.67
黑龙江	2921.38	2370.17	3.91	338.41	23.79	11.52	27.70	12.63
上　海	1776.28	1186.56	0.00	367.78	6.84	39.41	7.89	6.64
江　苏	2368.01	1452.51	12.73	483.01	44.58	62.73	2.77	31.59
浙　江	2691.82	1113.85	14.62	567.87	78.24	107.68	18.21	206.18
安　徽	1688.53	1134.04	18.92	333.09	23.44	18.26	19.98	7.03
福　建	1977.91	1039.54	20.70	384.31	45.39	56.08	47.32	19.46
江　西	1940.62	1058.60	25.08	595.37	51.16	34.01	32.86	15.67
山　东	2135.17	1520.01	24.37	388.24	2.60	33.12	1.11	14.11
河　南	1630.97	1218.99	15.60	222.38	4.22	16.85	3.96	7.45
湖　北	1907.35	1279.19	20.56	386.28	35.85	19.67	20.84	17.90
湖　南	1892.40	929.22	15.22	603.31	40.89	40.23	19.91	49.86
广　东	2579.07	1111.73	21.60	617.28	170.26	35.54	30.41	29.52
广　西	1802.88	814.06	27.52	623.80	27.16	27.47	46.50	34.91
海　南	1716.18	942.72	72.85	298.47	53.33	10.51	64.19	12.82
四　川	1558.59	799.16	15.18	551.11	12.57	13.58	37.37	12.40
贵　州	1353.19	748.28	12.15	394.02	3.69	29.77	21.43	22.82
云　南	1483.52	801.83	22.11	395.95	13.95	23.33	27.55	23.36
西　藏	1313.27	586.49	44.97	307.19	0.00	22.78	17.53	10.29
陕　西	1192.69	816.67	8.23	200.46	0.52	11.14	23.85	21.86
甘　肃	1216.33	831.01	11.44	196.02	0.00	7.68	12.63	6.85
青　海	1253.47	664.33	4.45	327.12	0.00	24.00	68.85	7.80
宁　夏	1588.16	991.45	8.26	391.78	2.45	5.40	13.53	23.98
新　疆	2238.71	1617.76	35.23	382.64	10.31	7.08	20.94	5.10

3－32 续表　　　　　　　　　　　　　　　　　　　　　　　　　　　　　　单位:元/人

地　　区	8. 建筑业收入	9. 运输业收入	10. 商业收入	11. 饮食业收入	12. 服务业收入	13. 其他收入	第一产业收入	第二产业收入	第三产业收入
全　　国	**38.54**	**47.62**	**37.52**	**6.21**	**20.30**	**48.02**	**1652.30**	**65.45**	**159.67**
北　　京	6.93	243.07	22.21	2.70	14.17	63.26	1506.24	52.47	345.41
天　　津	30.22	31.80	44.57	3.47	30.71	41.13	2039.37	62.26	151.67
河　　北	21.22	51.23	60.90	9.86	14.21	33.33	1626.46	55.39	169.53
山　　西	[illegible]	[illegible]	[illegible]	[illegible]	10.54	24.09	932.83	47.34	151.49
内 蒙 古	3.05	13.42	13.20	0.21	5.43	26.00	1791.52	21.69	58.25
辽　　宁	18.60	42.76	46.95	3.97	13.54	40.75	2169.97	32.63	147.97
吉　　林	13.76	20.15	11.31	6.15	3.71	23.00	2390.70	26.43	64.32
黑 龙 江	13.62	46.49	10.96	0.47	12.54	49.17	2775.50	26.25	119.63
上　　海	14.73	44.25	7.56	0.05	28.72	65.86	1608.48	21.37	146.42
江　　苏	99.94	60.29	54.44	7.34	26.38	29.70	2058.33	131.53	178.15
浙　　江	92.64	153.03	133.12	13.73	69.86	122.81	1900.46	298.81	492.54
安　　徽	24.23	25.33	23.64	3.31	14.42	42.83	1547.74	31.26	109.53
福　　建	85.70	80.85	53.39	11.96	46.22	87.00	1593.33	105.16	279.42
江　　西	13.98	30.75	23.00	5.29	21.11	33.72	1797.09	29.66	113.88
山　　东	35.17	24.47	19.33	5.65	11.48	55.51	1969.45	49.28	116.44
河　　南	28.21	36.55	21.14	3.22	12.76	39.66	1481.98	35.66	113.32
湖　　北	20.35	20.57	36.31	6.61	15.37	27.83	1762.39	38.25	106.70
湖　　南	59.85	34.90	44.00	3.00	20.29	31.72	1648.78	109.71	133.91
广　　东	152.90	110.33	122.02	16.68	52.89	107.92	1986.82	182.41	409.83
广　　西	50.01	47.01	49.11	2.75	15.01	37.58	1566.51	84.92	151.46
海　　南	31.53	33.01	12.57	8.15	23.57	152.45	1442.07	44.35	229.76
四　　川	33.49	21.35	17.71	2.21	20.86	21.60	1428.97	45.89	83.73
贵　　州	16.76	17.79	28.81	6.87	21.08	29.72	1209.34	39.58	104.27
云　　南	20.92	55.09	19.41	5.42	7.55	67.05	1284.72	44.29	154.52
西　　藏	20.11	85.22	39.52	17.85	13.31	148.00	978.96	30.40	303.90
陕　　西	19.57	34.26	20.06	5.75	7.75	22.56	1060.88	41.42	90.39
甘　　肃	29.87	21.59	15.24	4.17	15.06	64.78	1058.77	36.72	120.84
青　　海	8.78	46.23	21.61	13.92	9.71	56.66	1088.75	16.58	148.14
宁　　夏	3.85	90.57	38.30	6.46	6.63	5.51	1412.86	27.83	147.47
新　　疆	5.92	38.44	21.43	10.77	27.35	55.75	2073.95	11.02	153.74

3－33　1995年农村居民现金收入

单位:元/人

地　区	现金收入	一、基本收入	1. 劳动者报酬收入	2. 家庭经营收入
全　国	**1882.49**	**1469.61**	**352.88**	**1116.73**
北　京	3965.82	3011.70	1707.81	1303.89
天　津	2636.21	2188.94	1007.81	1181.13
河　北	1651.99	1342.85	440.80	902.05
山　西	1193.52	997.87	366.34	631.53
内蒙古	1522.97	1102.78	98.50	1004.28
辽　宁	2282.48	1808.83	501.21	1307.62
吉　林	2330.62	1751.45	165.32	1586.13
黑龙江	2923.59	2042.87	130.00	1912.87
上　海	5481.10	3898.58	2719.70	1178.88
江　苏	2696.38	2182.64	814.99	1367.65
浙　江	4190.08	3201.37	1105.97	2095.40
安　徽	1550.45	1275.29	233.87	1041.42
福　建	2602.52	2028.91	526.24	1502.67
江　西	1763.73	1445.89	319.45	1126.44
山　东	1882.32	1501.90	403.99	1097.91
河　南	1184.64	939.41	162.66	776.75
湖　北	1608.40	1268.34	192.18	1076.16
湖　南	1873.35	1364.70	267.35	1097.35
广　东	3252.37	2601.23	708.89	1892.34
广　西	1784.80	1415.57	201.92	1213.65
海　南	1422.84	1246.66	53.43	1193.23
四　川	1304.32	1010.89	208.32	802.57
贵　州	999.06	809.43	146.04	663.39
云　南	1428.52	1104.47	120.27	984.20
西　藏	843.91	678.71	78.97	599.74
陕　西	1105.29	757.63	185.76	571.87
甘　肃	818.67	607.02	91.49	515.53
青　海	827.22	670.40	96.48	573.92
宁　夏	1615.87	1208.37	188.71	1019.66
新　疆	2204.48	1765.34	64.41	1700.93

3－33 续表

单位：元/人

地　　区	二、转移性收入	三、财产性收入	四、储蓄借贷收入	扣除储蓄借贷的现金收入
全　　国	**87.76**	**38.19**	**286.93**	**1595.56**
北　　京	199.90	88.37	665.85	3299.97
天　　津	57.23	29.19	360.85	2275.36
河　　北	52.41	28.32	228.41	1423.58
山　　西	68.84	21.54	105.29	1088.23
内 蒙 古	45.68	48.50	325.99	1196.98
辽　　宁	71.34	43.06	359.25	1923.23
吉　　林	47.01	55.42	476.74	1853.88
黑 龙 江	52.72	99.55	728.46	2195.13
上　　海	252.88	120.92	1208.73	4272.37
江　　苏	107.16	33.24	373.34	2323.04
浙　　江	163.13	66.91	758.67	3431.41
安　　徽	71.48	20.94	182.73	1367.72
福　　建	160.49	37.53	375.58	2226.94
江　　西	69.59	24.42	223.83	1539.90
山　　东	65.68	40.74	274.00	1608.32
河　　南	47.50	33.80	163.93	1020.71
湖　　北	92.96	18.98	228.11	1380.29
湖　　南	111.86	38.73	358.07	1515.28
广　　东	232.55	57.53	361.05	2891.32
广　　西	101.57	33.09	234.58	1550.22
海　　南	100.50	16.09	59.58	1363.26
四　　川	99.36	18.83	175.24	1129.08
贵　　州	81.63	22.69	85.32	913.74
云　　南	65.23	40.04	218.78	1209.74
西　　藏	60.10	33.54	71.56	772.35
陕　　西	52.47	71.00	224.19	881.10
甘　　肃	51.38	15.87	144.40	674.27
青　　海	41.67	21.13	94.01	733.21
宁　　夏	36.38	34.81	336.32	1279.55
新　　疆	52.08	59.19	327.87	1876.61

3－34　1995年农村居民家庭经营现金收入

单位:元/人

地　　区	家庭经营收入	1. 出售产品收入	#种植业收入	#牧业收入	2. 工业加工费收入	3. 建筑业收入	4. 运输业收入
全　　国	**1116.73**	**891.27**	**512.11**	**318.88**	**17.42**	**38.57**	**47.62**
北　　京	1303.89	919.99	605.72	244.90	33.96	6.93	243.07
天　　津	1183.13	974.71	487.79	448.18	32.04	30.22	31.80
河　　北	902.05	680.86	451.59	210.06	24.94	21.22	51.23
山　　西	631.53	427.80	288.63	115.60	10.74	23.80	79.42
内 蒙 古	1004.28	924.45	680.13	225.45	13.39	3.05	13.42
辽　　宁	1307.62	1123.55	703.29	385.12	15.66	20.10	42.76
吉　　林	1586.13	1488.48	1143.25	294.96	12.58	13.76	20.15
黑 龙 江	1912.87	1763.94	1510.43	225.87	8.95	13.62	46.49
上　　海	1178.88	989.83	681.08	301.65	6.64	14.73	44.25
江　　苏	1367.65	1040.74	548.74	400.35	16.41	99.94	60.29
浙　　江	2095.40	1308.69	590.22	511.03	119.53	92.64	153.03
安　　徽	1041.42	893.14	582.86	265.81	6.00	24.23	25.33
福　　建	1502.67	1071.69	578.31	406.84	18.48	85.70	80.85
江　　西	1126.44	978.23	395.92	496.38	12.89	13.98	30.75
山　　东	1097.91	931.06	612.54	292.98	13.14	35.09	24.47
河　　南	776.75	629.51	440.21	164.24	6.53	28.21	36.55
湖　　北	1076.16	931.09	634.34	247.60	8.94	20.35	20.57
湖　　南	1097.35	857.40	276.27	500.66	25.56	59.85	34.90
广　　东	1892.34	1271.06	557.61	535.45	28.98	152.90	110.33
广　　西	1213.65	1005.40	338.57	575.66	10.84	50.01	47.01
海　　南	1193.23	933.38	513.85	263.23	3.86	31.53	33.01
四　　川	802.57	677.13	235.09	395.36	7.85	33.49	21.35
贵　　州	663.39	528.31	231.88	252.02	11.90	16.76	17.79
云　　南	984.20	797.69	439.39	291.34	12.90	20.86	55.09
西　　藏	599.74	324.84	134.96	107.56	8.91	20.11	85.22
陕　　西	571.87	447.83	278.92	147.82	14.76	19.57	34.26
甘　　肃	515.53	360.09	249.83	94.53	6.67	29.87	21.59
青　　海	573.92	410.25	154.38	189.20	7.15	8.78	46.23
宁　　夏	1019.66	839.14	495.07	324.72	23.98	3.85	90.57
新　　疆	1700.93	1540.04	1208.01	296.54	5.09	5.92	38.44

单位:元/人

地　区	5. 商业收入	6. 饮食业收　入	7. 服务业收　入	8. 其他经营收　入	第一产业收　入	第二产业收　入	第三产业收　入
全　国	**37.52**	**6.14**	**20.30**	**57.88**	**891.28**	**55.99**	**169.46**
北　京	22.21	2.70	14.17	60.86	919.99	40.89	343.01
天　津	44.57	3.47	30.71	33.62	974.71	62.26	142.56
河　北	60.90	9.86	14.21	38.84	680.86	46.16	175.03
山　西	22.84	5.79	18.54	42.59	427.80	34.54	169.19
内蒙古	13.20	0.21	5.43	31.14	924.45	16.44	63.39
辽　宁	46.95	3.97	13.44	41.18	1123.55	35.77	148.30
吉　林	11.31	6.15	3.71	29.98	1488.48	26.34	71.30
黑龙江	10.96	0.47	12.54	55.90	1763.94	22.57	126.36
上　海	7.56	0.05	28.72	87.11	989.83	21.37	167.68
江　苏	54.44	7.34	26.38	62.11	1040.74	116.35	210.56
浙　江	133.12	13.73	69.86	204.81	1308.69	212.16	574.54
安　徽	23.64	3.31	14.42	51.35	893.14	30.23	118.05
福　建	53.39	11.96	46.22	134.39	1071.69	104.18	326.80
江　西	23.00	5.29	21.11	41.18	978.23	26.87	121.33
山　东	19.31	5.65	11.48	57.71	931.06	48.23	118.62
河　南	21.14	3.22	12.76	38.83	629.51	34.74	112.49
湖　北	36.31	6.61	15.37	36.92	931.09	29.29	115.79
湖　南	44.00	3.00	20.29	52.35	857.40	85.42	154.53
广　东	122.02	16.68	52.89	137.49	1271.06	181.88	439.40
广　西	49.11	2.75	15.01	33.52	1005.40	60.85	147.40
海　南	12.57	8.15	23.57	147.15	933.38	35.39	224.46
四　川	17.71	2.21	20.86	21.97	677.13	41.34	84.10
贵　州	28.81	6.87	21.08	31.86	528.31	28.66	106.41
云　南	19.41	5.42	7.55	65.28	797.69	33.76	152.76
西　藏	39.52	17.85	13.31	89.98	324.84	29.02	245.88
陕　西	20.06	5.75	7.75	21.89	447.83	34.32	89.72
甘　肃	15.24	4.17	15.06	62.84	360.09	36.54	118.90
青　海	21.61	13.92	9.71	56.26	410.25	15.94	147.74
宁　夏	38.30	6.46	6.63	10.73	839.14	27.83	152.69
新　疆	21.43	8.47	27.35	54.20	1540.04	11.00	149.88

3－35　1995年农村居民纯收入

单位:元/人

地　区	纯 收 入	一、基本收入	1. 劳动者报酬收入	2. 家庭经营纯收入	二、转移性收入	三、财产性收入
全　国	**1577.74**	**1479.49**	**353.70**	**1125.79**	**57.27**	**40.98**
北　京	3223.65	2935.90	1715.04	1220.86	171.18	116.57
天　津	2406.38	2309.91	1012.18	1297.73	41.20	55.27
河　北	1668.73	1590.98	441.23	1149.75	36.82	40.925
山　西	1208.30	1148.03	367.19	780.84	37.40	22.88
内蒙古	1208.38	1134.58	98.62	1035.96	18.97	54.83
辽　宁	1756.50	1647.75	486.17	1161.58	38.15	70.60
吉　林	1609.60	1443.06	165.59	1277.47	21.17	145.36
黑龙江	1766.27	1664.41	130.27	1534.14	21.40	80.46
上　海	4245.61	3917.34	2733.99	1183.35	173.44	154.82
江　苏	2456.86	2366.29	821.85	1544.44	65.01	25.56
浙　江	2966.19	2806.37	1109.76	1696.61	97.37	62.46
安　徽	1302.82	1214.95	234.21	980.74	52.49	35.39
福　建	2048.59	1816.50	520.54	1295.96	113.16	118.93
江　西	1537.36	1481.15	319.69	1161.46	41.69	14.52
山　东	1715.09	1639.53	408.97	1230.56	46.77	28.79
河　南	1231.97	1167.70	163.51	1004.19	35.82	28.44
湖　北	1511.22	1430.24	192.37	1237.87	47.51	33.47
湖　南	1425.16	1363.89	268.00	1095.89	46.16	15.11
广　东	2699.24	2468.89	712.25	1756.64	180.30	50.06
广　西	1446.14	1360.16	202.10	1158.06	74.54	11.43
海　南	1519.71	1361.43	53.57	1307.86	83.97	74.31
四　川	1158.29	1069.02	208.58	860.44	67.92	21.36
贵　州	1086.62	1017.71	146.34	871.37	52.63	16.28
云　南	1010.97	912.88	120.84	792.04	41.09	57.01
西　藏	1200.31	1101.35	79.17	1022.18	52.95	46.01
陕　西	962.89	909.20	186.04	723.16	36.41	17.28
甘　肃	880.34	825.68	91.68	734.00	36.40	18.26
青　海	1029.77	1004.94	96.71	908.23	21.85	2.99
宁　夏	998.75	955.99	188.78	767.21	20.23	22.53
新　疆	1136.45	1032.06	64.47	967.59	39.09	65.30

3-36 1995年农村居民总支出

单位:元/人

地区	总支出	一、家庭经营费用支出	二、购置生产性固定资产	三、缴纳税金	四、上交集体承包任务	五、集体提留和摊派	六、生活消费支出	七、其他非借贷性支出
全国	**2138.33**	**621.71**	**62.33**	**28.10**	**28.56**	**31.99**	**1310.36**	**55.28**
北京	3103.22	547.12	48.70	12.01	40.11	12.37	2335.62	107.28
天津	2597.32	825.93	48.79	13.25	67.56	4.03	1548.40	89.36
河北	1882.72	574.84	68.93	17.20	30.40	36.64	1104.30	50.42
山西	1298.12	278.86	30.64	17.48	11.92	15.66	927.99	15.57
内蒙古	2098.09	663.99	101.15	43.73	25.36	36.16	1180.46	47.24
辽宁	2804.58	982.82	46.84	32.07	87.57	43.07	1471.93	140.27
吉林	2864.23	975.76	156.47	52.03	43.53	57.54	1494.62	84.29
黑龙江	3073.72	1001.99	180.86	56.33	110.80	127.45	1479.84	116.45
上海	4060.53	497.94	41.31	37.56	25.81	2.35	3387.04	68.52
江苏	2861.57	675.19	51.54	38.19	48.46	31.08	1938.01	79.10
浙江	3535.75	855.39	169.73	33.44	14.84	5.66	2378.38	78.31
安徽	1855.83	568.97	66.06	26.97	15.02	55.11	1070.64	53.04
福建	2659.96	599.24	41.94	20.40	16.52	14.65	1793.68	173.54
江西	2083.93	678.67	36.22	34.77	16.24	22.80	1256.08	39.15
山东	2301.31	722.76	56.70	16.42	45.16	84.40	1338.46	37.41
河南	1604.77	505.63	55.73	15.39	21.83	42.90	929.39	33.90
湖北	1971.58	510.24	26.40	43.34	36.98	51.89	1245.10	57.63
湖南	2203.36	669.27	35.71	39.71	33.16	32.45	1367.30	25.76
广东	3151.31	714.47	25.40	39.62	30.54	3.65	2255.01	82.62
广西	1889.99	589.84	43.74	19.94	2.90	7.04	1202.92	23.61
海南	1558.11	332.38	19.17	23.19	10.83	1.38	1080.46	90.71
四川	1828.15	599.75	33.48	25.08	13.23	28.04	1092.91	35.67
贵州	1438.61	422.74	28.63	18.26	2.55	7.06	930.59	28.78
云南	1733.81	609.33	60.60	20.88	7.39	6.23	981.10	48.30
西藏	1210.96	180.05	114.73	2.41	0.00	0.18	896.80	16.79
陕西	1423.48	385.49	42.16	26.38	11.57	20.03	913.73	24.12
甘肃	1469.83	423.30	65.11	15.66	8.07	7.13	915.25	35.31
青海	1306.43	258.26	69.54	20.72	7.60	10.84	913.84	25.62
宁夏	1990.62	704.15	141.47	12.99	2.88	30.13	1063.20	35.79
新疆	2363.45	1035.08	144.33	47.12	96.07	30.17	941.58	69.09

3－37　1995年农村居民家庭经营费用支出

单位:元/人

地　区	家庭经营费用支出	1. 种植业支出	2. 林业支出	3. 牧业支出	4. 渔业支出	5. 手工业支出	7. 工业支出	8. 建筑业支出
全　国	**621.71**	**314.65**	**2.48**	**242.36**	**9.24**	**6.84**	**10.98**	**3.32**
北　京	547.12	217.04	2.69	127.33	29.83	1.53	22.80	9.52
天　津	825.93	411.03	4.02	360.93	0.73	6.91	19.36	5.33
河　北	574.84	352.00	1.56	173.07	0.62	3.14	11.96	1.18
山　西	278.86	180.47	1.82	55.40	0.17	2.37	7.82	2.18
内蒙古	663.99	444.51	0.88	194.24	0.05	4.39	8.29	0.47
辽　宁	982.82	532.47	2.62	388.81	17.98	2.00	3.60	1.75
吉　林	975.76	699.57	1.70	217.92	0.98	30.09	4.55	2.95
黑龙江	1001.99	764.90	1.13	182.65	13.78	6.61	2.25	1.70
上　海	497.94	219.78	1.96	244.54	4.22	1.56	0.42	8.40
江　苏	675.19	293.29	1.27	296.71	12.68	17.14	12.84	1.66
浙　江	855.39	250.91	3.63	326.79	42.53	22.75	97.33	11.34
安　徽	568.97	339.65	2.07	187.35	8.94	3.57	1.83	4.04
福　建	599.24	247.80	10.68	249.26	15.73	5.96	4.15	16.28
江　西	678.67	285.32	2.46	336.36	12.99	12.37	9.22	0.82
山　东	722.76	415.87	2.99	270.29	0.47	7.29	2.54	3.88
河　南	505.63	325.28	2.65	137.40	3.38	3.69	4.12	1.59
湖　北	510.24	284.45	2.08	186.34	6.47	3.28	7.40	2.22
湖　南	669.27	207.96	0.84	380.49	12.38	9.99	27.11	3.47
广　东	714.47	235.90	1.72	354.90	50.69	3.19	3.88	9.06
广　西	589.84	195.74	1.79	334.85	5.89	5.86	18.42	1.25
海　南	332.38	181.82	14.05	106.89	12.82	1.81	1.09	0.57
四　川	599.75	195.96	1.01	371.89	3.82	4.31	4.01	2.89
贵　州	422.74	149.87	1.94	225.16	0.32	9.17	6.48	2.14
云　南	609.33	254.44	4.32	277.72	6.52	7.40	11.00	4.19
西　藏	180.05	70.59	0.39	37.51	0.04	15.18	0.09	1.71
陕　西	385.49	226.61	2.17	124.87	0.12	4.03	9.34	1.15
甘　肃	423.30	300.47	2.98	85.30	0.03	0.81	1.63	1.64
青　海	258.26	159.04	0.49	69.01	0.03	2.37	1.06	0.15
宁　夏	704.15	357.40	0.32	286.68	2.75	2.18	7.95	0.04
新　疆	1035.08	765.25	3.80	208.43	5.73	2.96	3.83	0.98

3-37 续表　　　　单位：元/人

地　区	9. 运输业支出	10. 商业支出	11. 饮食业支出	12. 服务业支出	13. 其他支出	第一产业支出	第二产业支出	第三产业支出
全　国	**16.43**	**6.05**	**1.79**	**2.58**	**4.99**	**575.57**	**14.30**	**31.85**
北　京	127.13	0.88	0.15	6.61	1.59	378.42	32.33	136.37
天　津	10.49	2.44	1.04	1.61	2.03	783.62	24.69	17.61
河　北	14.44	9.88	3.90	1.84	1.26	530.39	13.14	31.31
山　西	23.32	1.23	0.53	1.67	1.90	240.21	10.00	28.65
内蒙古	3.24	1.34	0.01	0.57	6.01	644.07	8.76	11.16
辽　宁	20.51	8.30	1.45	0.76	2.58	943.89	5.34	33.59
吉　林	7.92	4.96	0.65	1.39	3.06	950.27	7.51	17.98
黑龙江	17.08	2.96	0.33	2.41	6.18	969.07	3.96	28.96
上　海	10.86	0.65	0.11	4.59	0.85	472.07	8.81	17.05
江　苏	16.16	14.67	3.89	2.17	2.71	621.09	14.50	39.60
浙　江	46.24	25.01	4.04	12.23	12.59	646.60	108.68	100.10
安　徽	8.24	1.83	1.48	1.43	8.54	541.58	5.87	21.52
福　建	26.93	4.51	5.70	4.83	7.40	529.43	20.44	49.37
江　西	10.70	1.47	1.38	2.97	2.59	649.51	10.05	19.11
山　东	9.31	2.77	2.49	1.47	3.40	696.91	6.42	19.44
河　南	15.99	4.84	0.61	1.60	4.48	472.41	5.71	27.51
湖　北	5.51	5.57	2.96	1.67	2.30	482.61	9.62	18.01
湖　南	11.15	7.80	0.97	2.63	4.49	611.66	30.58	27.04
广　东	24.74	14.95	0.94	5.95	8.58	646.39	12.93	55.15
广　西	17.36	5.26	0.34	1.98	1.10	544.14	19.67	26.03
海　南	5.82	0.76	0.84	0.75	5.15	317.40	1.66	13.32
四　川	7.60	2.09	0.42	2.62	3.13	577.00	6.90	15.85
贵　州	5.91	9.60	2.67	4.22	5.27	386.46	8.62	27.67
云　南	25.97	3.01	2.78	2.71	9.27	550.39	15.19	43.74
西　藏	44.65	0.67	0.02	0.82	8.38	123.71	1.80	54.54
陕　西	10.19	3.27	1.93	1.07	0.74	357.80	10.50	17.19
甘　肃	7.82	1.24	0.63	0.85	19.91	389.59	3.26	30.45
青　海	17.89	3.82	1.26	2.21	0.94	230.94	1.21	26.12
宁　夏	39.15	4.05	0.34	1.36	1.94	649.32	7.98	46.85
新　疆	22.29	9.85	3.02	0.67	8.28	986.17	4.81	44.11

3－38 1995年农村居民生活消费支出

单位：元/人

地区	生活消费支出	一、食品支出	二、衣着支出	三、居住支出	四、家庭设备用品及服务支出
全国	**1310.36**	**768.19**	**89.79**	**182.21**	**68.48**
北京	2335.62	1183.39	229.50	224.96	196.24
天津	1548.40	911.43	129.53	212.46	66.45
河北	1104.30	627.43	89.62	165.41	58.15
山西	927.99	586.03	103.02	77.62	42.95
内蒙古	1180.46	704.70	86.16	157.02	50.01
辽宁	1471.93	887.11	138.38	169.88	60.12
吉林	1494.62	841.85	134.03	189.80	64.91
黑龙江	1479.84	813.40	139.64	228.97	56.44
上海	3387.04	1491.40	252.31	761.06	284.37
江苏	1938.01	1061.42	126.78	344.62	132.95
浙江	2378.38	1197.97	157.06	442.30	147.83
安徽	1070.64	625.42	70.56	165.63	57.23
福建	1793.68	1093.45	99.17	212.45	83.05
江西	1256.08	774.61	70.27	167.60	57.87
山东	1338.46	748.68	102.03	208.63	73.68
河南	929.39	544.26	77.07	131.94	43.76
湖北	1245.10	753.91	81.11	147.08	55.29
湖南	1367.30	823.91	73.51	192.42	68.79
广东	2255.01	1228.00	91.31	345.65	140.54
广西	1202.91	760.26	49.17	139.49	51.98
海南	1080.46	737.21	48.06	92.23	49.15
四川	1092.91	718.31	63.52	127.27	50.72
贵州	930.59	661.85	55.64	78.67	42.61
云南	981.10	602.92	60.77	133.94	54.29
西藏	896.80	667.08	92.72	44.98	61.61
陕西	913.73	542.02	61.82	136.91	41.59
甘肃	915.25	649.29	45.50	93.39	30.90
青海	913.84	593.90	85.49	88.76	34.29
宁夏	1063.20	617.67	84.43	144.86	59.76
新疆	941.58	471.54	119.90	121.22	56.26

3－38 续表　　单位:元/人

地　　区	五、医疗保健支出	六、交通和通讯支出	七、文化教育用品及服务支出	八、其他商品及服务支出
全　　国	**42.48**	**33.76**	**102.39**	**23.06**
北　　京	107.27	91.65	246.33	56.28
天　　津	62.10	37.29	97.84	31.30
河　　北	40.93	33.47	73.04	16.27
山　　西	31.09	14.05	62.80	10.40
内 蒙 古	48.49	22.39	97.45	14.23
辽　　宁	48.57	35.58	107.23	25.01
吉　　林	57.83	33.11	138.33	34.77
黑 龙 江	74.84	34.15	113.71	18.69
上　　海	72.56	159.03	256.04	110.27
江　　苏	49.07	52.31	139.18	31.68
浙　　江	103.20	76.50	163.91	89.62
安　　徽	34.07	21.29	79.45	17.00
福　　建	44.39	70.61	148.72	41.83
江　　西	39.48	32.30	93.48	20.46
山　　东	40.25	43.05	106.08	16.06
河　　南	34.43	17.37	63.53	17.04
湖　　北	34.90	30.54	128.28	13.99
湖　　南	35.78	26.29	128.84	17.75
广　　东	67.51	82.08	245.16	54.77
广　　西	29.04	27.33	127.69	17.96
海　　南	24.58	16.98	92.54	19.70
四　　川	29.35	18.38	75.36	10.01
贵　　州	16.28	13.97	49.27	12.29
云　　南	32.04	21.49	58.07	17.58
西　　藏	6.41	8.49	6.37	9.14
陕　　西	41.30	15.11	65.14	9.84
甘　　肃	29.18	13.54	45.92	7.54
青　　海	34.70	22.49	33.74	20.47
宁　　夏	41.50	28.39	72.44	14.15
新　　疆	47.96	35.69	64.90	24.10

3－39 1995年农村居民现金支出

单位:元/人

地区	现金支出	一、家庭经营费用支出	二、购置生产性定资产支出	三、缴纳税金	四、上交集体承包任务	五、集体提留和摊派	六、生活消费现金支出	七、其他非借贷性支出	八、储蓄借贷现金支出
全国	**1766.67**	**454.74**	**62.32**	**22.32**	**22.76**	**31.88**	**859.43**	**92.36**	**220.86**
北京	3734.16	543.66	48.70	12.01	39.00	12.37	2073.57	188.01	816.82
天津	2497.80	732.25	48.79	7.57	35.59	4.03	1097.98	114.90	456.69
河北	1475.16	387.48	68.93	14.64	14.49	36.64	689.98	51.68	211.32
山西	1083.50	206.68	30.64	17.09	9.47	15.66	563.98	52.80	187.17
内蒙古	1584.34	434.44	101.15	42.66	25.34	36.16	689.16	75.32	180.11
辽宁	2213.13	638.28	46.84	29.75	80.64	38.86	942.60	158.70	277.46
吉林	2521.16	779.63	156.47	51.72	41.06	57.54	1092.91	131.30	210.53
黑龙江	2904.49	861.78	180.86	56.32	110.78	127.45	1058.01	166.54	342.75
上海	5306.63	496.28	41.31	37.56	25.81	2.35	2933.53	354.49	1415.29
江苏	2466.14	528.33	51.54	21.04	31.75	31.08	1285.75	158.84	357.82
浙江	3765.30	782.30	169.73	26.44	14.48	5.66	1986.80	215.87	564.01
安徽	1421.73	399.34	66.06	25.69	13.25	55.11	682.54	79.75	99.99
福建	2373.52	525.10	41.94	13.21	11.59	14.65	1310.99	182.78	273.26
江西	1639.10	504.44	36.22	24.14	12.83	22.80	776.12	93.61	168.94
山东	1750.60	422.82	56.70	11.32	22.04	84.39	851.91	65.45	235.97
河南	1127.78	336.90	55.73	11.96	13.99	42.90	533.78	47.68	84.83
湖北	1517.91	376.25	26.40	41.77	36.23	51.89	700.18	108.50	176.70
湖南	1832.79	462.85	35.71	35.22	30.07	32.45	875.11	121.59	239.79
广东	2961.88	630.21	25.40	16.02	18.37	3.65	1790.33	125.04	352.86
广西	1612.83	490.34	43.74	10.57	1.64	7.04	784.18	52.05	223.28
海南	1023.02	239.28	19.17	5.98	0.12	1.38	654.58	56.14	46.38
四川	1280.24	352.88	33.48	17.98	11.08	28.04	605.14	63.28	168.36
贵州	893.38	237.60	28.63	15.38	1.66	7.06	456.35	69.20	77.50
云南	1339.27	375.96	60.60	7.94	3.14	6.12	630.02	60.38	195.11
西藏	704.08	108.56	114.73	2.41	0.00	0.18	413.38	12.75	52.07
陕西	1018.42	255.10	42.16	26.38	11.57	20.03	527.65	39.84	95.69
甘肃	795.13	248.46	65.11	10.30	6.11	7.13	355.03	28.09	74.91
青海	822.30	165.60	69.54	20.36	7.56	10.84	458.69	47.19	42.51
宁夏	1555.79	472.02	141.47	12.39	2.05	30.13	662.21	73.73	161.77
新疆	2177.51	940.40	144.33	46.83	95.55	30.17	682.13	69.74	168.36

3-40 1995年农村居民家庭经营费用现金支出

单位:元/人

地区	家庭经营费用支出	1.种植业支出	2.林业支出	3.牧业支出	4.渔业支出	5.手工业支出	7.工业支出	8.建筑业支出
全国	**454.74**	**254.81**	**2.12**	**138.30**	**8.82**	**6.60**	**10.60**	**3.22**
北京	543.66	215.39	2.69	125.53	29.83	1.53	22.80	9.52
天津	732.25	358.03	3.58	322.30	0.73	5.32	19.36	5.33
河北	387.48	259.13	1.48	81.39	0.62	3.14	10.67	1.18
山西	206.68	136.59	1.82	27.10	0.17	2.37	7.82	2.18
内蒙古	434.44	347.31	0.82	64.15	0.05	4.39	6.08	0.47
辽宁	638.28	381.30	0.50	199.50	17.97	2.00	3.38	1.20
吉林	779.63	620.27	1.70	101.34	0.74	30.09	4.55	2.95
黑龙江	861.78	685.06	1.12	125.29	12.60	4.87	2.24	1.70
上海	496.28	218.68	1.96	244.08	4.22	1.56	0.42	8.40
江苏	528.33	266.23	1.27	179.92	11.88	16.94	12.84	1.66
浙江	782.30	245.18	3.60	261.91	42.28	22.73	97.33	11.34
安徽	399.34	259.10	1.90	102.09	8.82	3.48	1.76	4.03
福建	525.10	225.20	10.60	197.86	15.73	5.95	4.15	16.28
江西	504.44	256.23	1.73	193.07	12.20	12.37	9.22	0.82
山东	422.82	271.42	2.92	121.45	0.41	7.04	2.23	3.35
河南	336.90	234.39	2.17	62.56	3.22	3.11	3.69	1.59
湖北	376.25	234.62	1.42	105.31	6.33	3.27	7.31	2.11
湖南	462.85	184.93	0.84	198.83	12.07	9.95	26.20	3.47
广东	630.21	216.96	1.57	294.76	46.61	3.16	3.87	8.68
广西	490.34	188.78	1.78	242.39	5.89	5.79	18.42	1.25
海南	239.28	161.49	8.01	41.46	12.82	1.81	1.09	0.57
四川	352.88	150.17	0.84	174.00	3.25	4.25	3.89	2.82
贵州	237.60	107.76	1.61	87.25	0.31	7.71	6.36	2.12
云南	375.96	176.95	3.56	129.44	5.65	7.23	10.63	4.17
西藏	108.56	31.02	0.39	5.80	0.04	15.18	0.09	1.71
陕西	255.10	177.82	2.17	47.41	0.12	3.16	6.16	1.15
甘肃	248.46	185.52	1.24	30.64	0.03	0.48	1.55	0.70
青海	165.60	101.25	0.49	34.28	0.03	2.37	1.06	0.15
宁夏	472.02	251.57	0.32	160.50	2.62	2.18	7.95	0.04
新疆	940.40	720.38	3.69	158.97	5.73	2.96	3.83	0.98

3-40续表

单位:元/人

地　　区	9.运输业支　出	10.商　业支　出	11.饮食业支　出	12.服务业支　出	13.其　他支　出	第一产业支　　出	第二产业支　　出	第三产业支　　出
全　　国	**16.26**	**5.74**	**1.64**	**2.47**	**4.14**	**410.66**	**13.82**	**30.26**
北　　京	127.13	0.88	0.15	6.61	1.59	373.44	32.33	136.37
天　　津	10.47	2.44	1.04	1.61	2.03	684.64	24.69	17.60
河　　北	14.24	9.57	3.80	1.66	0.58	342.63	11.85	29.85
山　　西	23.32	1.23	0.53	1.67	1.90	165.67	10.00	28.65
内 蒙 古	3.24	1.34	0.01	0.57	6.01	412.34	6.55	11.16
辽　　宁	19.71	8.22	1.45	0.74	2.30	599.28	4.58	32.42
吉　　林	7.92	4.96	0.65	1.39	3.06	724.06	7.51	17.98
黑 龙 江	17.08	2.96	0.33	2.36	6.18	824.06	3.94	28.90
上　　海	10.86	0.65	0.11	4.49	0.85	468.94	8.81	16.96
江　　苏	16.16	14.67	2.10	2.17	2.50	459.30	14.50	37.59
浙　　江	46.10	24.26	4.04	12.23	11.30	552.96	108.68	97.93
安　　徽	8.23	1.79	1.48	1.35	5.31	371.91	5.78	18.17
福　　建	26.92	4.51	5.70	4.83	7.36	449.38	20.44	49.33
江　　西	10.70	1.47	1.38	2.97	2.27	463.23	10.05	18.79
山　　东	8.73	1.50	1.80	0.88	1.09	396.20	5.58	13.99
河　　南	15.79	3.71	0.61	1.60	4.47	302.34	5.28	26.17
湖　　北	5.48	4.97	2.86	1.54	1.05	347.68	9.41	15.89
湖　　南	10.76	7.79	0.97	2.60	4.46	396.66	29.67	26.57
广　　东	24.58	14.93	0.94	5.95	8.20	559.90	12.56	54.59
广　　西	17.36	5.26	0.34	1.98	1.10	438.85	19.66	26.03
海　　南	5.82	0.76	0.84	0.75	3.84	223.79	1.66	12.02
四　　川	7.54	1.45	0.41	2.09	2.17	328.26	6.71	13.65
贵　　州	5.54	9.16	2.50	4.04	3.23	196.93	8.48	24.48
云　　南	25.29	2.82	2.78	2.62	4.82	315.61	14.79	38.33
西　　藏	44.44	0.67	0.02	0.82	8.38	37.25	1.80	54.33
陕　　西	10.19	3.27	1.86	1.07	0.73	227.52	7.31	17.11
甘　　肃	7.39	0.75	0.55	0.69	18.93	217.43	2.24	28.30
青　　海	17.76	3.82	1.26	2.19	0.94	136.05	1.21	25.97
宁　　夏	39.15	4.05	0.34	1.36	1.94	415.01	7.98	46.85
新　　疆	22.29	9.85	3.02	0.67	8.02	888.77	4.81	43.85

3－41　1995年农村居民生活消费现金支出

单位:元/人

地　　区	生活消费现金支出	一、食品支出	二、衣着支出	三、居住支出	四、家庭设备用品及服务支出
全　　国	859.43	353.22	88.66	147.86	68.08
北　　京	2073.57	922.39	229.17	224.85	195.63
天　　津	1097.98	486.38	129.38	187.35	66.34
河　　北	689.98	252.59	87.74	127.80	50.15
山　　西	563.98	228.80	102.53	71.54	42.74
内 蒙 古	689.16	232.90	85.74	137.94	50.01
辽　　宁	942.60	407.89	138.04	120.70	59.53
吉　　林	1092.91	482.44	134.02	147.58	64.83
黑 龙 江	1058.01	464.25	139.64	156.30	56.44
上　　海	2933.53	1065.06	232.88	754.06	283.63
江　　苏	1285.75	478.81	123.42	282.44	128.83
浙　　江	1986.80	821.18	156.95	427.79	147.67
安　　徽	682.54	285.09	69.87	118.54	57.23
福　　建	1310.99	652.75	99.01	170.79	82.90
江　　西	776.12	324.41	69.92	138.31	57.76
山　　东	851.91	330.19	99.55	144.72	73.64
河　　南	533.78	190.37	75.17	93.28	42.60
湖　　北	700.18	258.71	79.46	99.01	55.29
湖　　南	875.11	346.51	73.00	178.16	68.77
广　　东	1790.33	794.04	89.73	317.26	139.78
广　　西	784.17	369.14	49.17	112.21	51.65
海　　南	654.58	357.38	48.06	46.19	49.14
四　　川	605.14	266.46	63.10	91.94	50.54
贵　　州	456.35	198.09	55.60	68.24	42.60
云　　南	630.02	271.33	59.89	115.42	54.19
西　　藏	413.38	204.03	92.08	25.87	61.00
陕　　西	527.65	185.45	60.97	108.25	41.59
甘　　肃	355.03	129.71	45.29	53.08	30.77
青　　海	458.69	173.93	84.69	54.41	34.27
宁　　夏	662.21	225.27	84.32	136.36	59.76
新　　疆	682.13	233.37	116.85	103.49	55.78

3-41 续表 单位:元/人

地区	五、医疗保健支出	六、交通和通讯支出	七、文化教育用品及服务支出	八、其他商品及服务支出
全国	**42.47**	**33.73**	**102.35**	**23.06**
北京	107.27	91.65	246.33	56.28
天津	62.10	37.29	97.84	31.30
河北	40.93	33.47	73.04	16.26
山西	31.09	14.05	62.80	10.43
内蒙古	48.49	22.39	97.45	14.24
辽宁	48.57	35.58	107.28	25.01
吉林	57.83	33.11	138.33	34.77
黑龙江	74.84	34.15	113.71	18.69
上海	72.56	159.03	256.04	110.27
江苏	49.07	52.31	139.18	31.69
浙江	103.20	76.50	163.91	89.60
安徽	34.07	21.29	79.45	17.00
福建	44.39	70.61	148.72	41.82
江西	39.48	32.30	93.48	20.46
山东	40.09	42.44	105.23	16.05
河南	34.43	17.37	63.53	17.04
湖北	34.90	30.54	128.28	13.99
湖南	35.78	26.29	128.84	17.76
广东	67.51	82.08	245.16	54.77
广西	29.04	27.33	127.69	17.94
海南	24.58	16.98	92.54	19.71
四川	29.35	18.38	75.36	10.01
贵州	16.28	13.97	49.27	12.30
云南	32.04	21.49	58.07	17.59
西藏	6.41	8.49	6.37	9.13
陕西	41.30	15.11	65.14	9.84
甘肃	29.18	13.54	45.92	7.54
青海	34.70	22.49	33.74	20.46
宁夏	41.50	28.39	72.44	14.17
新疆	47.96	35.67	64.90	24.11

第四部分

1999年农村住户调查
主 要 情 况

4－1　1999年农村居民家庭基本情况

地　区	常住人口(人/户)		整半劳动力(人/户)		每个劳动力负担人口	
	1998年	1999年	1998年	1999年	1998年	1999年
全　国	**4.30**	**4.25**	**2.78**	**2.77**	**1.55**	**1.54**
北　京	3.65	3.68	2.54	2.55	1.44	1.44
天　津	3.82	3.76	2.58	2.59	1.48	1.45
河　北	4.13	4.11	2.68	2.68	1.55	1.53
山　西	4.31	4.26	2.68	2.67	1.60	1.59
内蒙古	4.20	4.12	2.74	2.69	1.53	1.53
辽　宁	3.71	3.68	2.63	2.65	1.41	1.39
吉　林	3.92	3.86	2.65	2.62	1.48	1.47
黑龙江	3.97	3.93	2.73	2.76	1.45	1.43
上　海	3.33	3.31	2.50	2.54	1.33	1.30
江　苏	3.83	3.80	2.61	2.62	1.47	1.45
浙　江	3.80	3.74	2.85	2.79	1.33	1.34
安　徽	4.34	4.28	2.88	2.77	1.51	1.55
福　建	4.70	4.62	3.00	2.95	1.57	1.56
江　西	4.56	4.50	2.99	2.99	1.52	1.50
山　东	3.90	3.84	2.64	2.60	1.48	1.47
河　南	4.31	4.26	2.70	2.69	1.60	1.58
湖　北	4.14	4.09	2.62	2.63	1.58	1.55
湖　南	3.96	3.93	2.57	2.59	1.54	1.52
广　东	5.15	5.08	3.13	3.15	1.65	1.61
广　西	4.94	4.87	2.95	3.02	1.67	1.61
海　南	5.52	5.42	3.14	3.21	1.76	1.69
重　庆	3.75	3.71	2.64	2.62	1.42	1.42
四　川	3.94	3.92	2.67	2.68	1.48	1.46
贵　州	4.54	4.50	2.76	2.78	1.64	1.62
云　南	4.68	4.59	3.05	2.96	1.53	1.55
西　藏	6.96	6.84	4.34	4.26	1.60	1.60
陕　西	4.44	4.41	2.64	2.65	1.68	1.66
甘　肃	4.84	4.86	2.93	2.93	1.65	1.66
青　海	5.71	5.70	3.34	3.38	1.71	1.69
宁　夏	4.83	4.76	2.86	2.83	1.69	1.68
新　疆	5.40	5.35	2.95	2.89	1.83	1.85

4－2　1999年农村居民家庭经营耕地、山地和水面面积

单位:亩/人

地　区	1.经营耕地面积		#承包耕地面积		#自留地面积		2.经营山地面积	
	1998年	1999年	1998年	1999年	1998年	1999年	1998年	1999年
全　国	**2.06**	**2.07**	**1.90**	**1.91**	**0.10**	**0.09**	**0.43**	**0.47**
北　京	0.85	0.97	0.77	0.83	0.04	0.07	0.06	0.08
天　津	1.60	1.61	1.57	1.59	0.01	0.01	…	…
河　北	2.03	2.03	1.93	1.97	0.08	0.05	0.10	0.11
山　西	3.05	2.95	2.88	2.80	0.14	0.13	0.08	0.06
内蒙古	6.89	7.16	6.57	6.90	0.18	0.10	0.24	1.58
辽　宁	2.84	2.85	2.63	2.69	0.19	0.14	0.32	0.33
吉　林	4.68	4.96	4.47	4.82	0.17	0.10	0.11	0.14
黑龙江	8.23	8.44	8.03	8.20	0.16	0.16	0.01	0.01
上　海	0.97	1.07	0.86	0.97	0.10	0.10		
江　苏	1.25	1.27	1.16	1.17	0.08	0.09	0.01	0.01
浙　江	0.90	0.92	0.82	0.83	0.06	0.07	0.61	0.57
安　徽	1.49	1.51	1.43	1.46	0.04	0.03	0.43	0.46
福　建	0.84	0.84	0.74	0.71	0.07	0.08	1.04	1.11
江　西	1.32	1.33	1.20	1.21	0.08	0.09	0.67	0.68
山　东	1.46	1.45	1.41	1.41	0.04	0.03	0.02	0.01
河　南	1.51	1.54	1.38	1.41	0.07	0.07	0.01	0.01
湖　北	1.47	1.49	1.36	1.39	0.08	0.08	0.73	0.80
湖　南	1.14	1.14	0.99	0.99	0.10	0.10	0.52	0.52
广　东	0.93	0.89	0.82	0.79	0.06	0.06	0.46	0.40
广　西	1.32	1.29	1.05	1.02	0.09	0.09	0.54	0.57
海　南	1.32	1.20	1.01	0.88	0.16	0.16	0.67	0.64
重　庆	1.01	1.02	0.92	0.94	0.09	0.08	0.25	0.27
四　川	1.04	1.05	0.92	0.93	0.09	0.09	0.28	0.27
贵　州	1.09	1.08	0.89	0.89	0.13	0.13	0.33	0.34
云　南	1.70	1.54	1.37	1.25	0.17	0.16	1.11	1.13
西　藏	2.20	2.19	2.15	2.14	0.05	0.05		
陕　西	2.33	2.25	2.16	2.10	0.10	0.06	0.70	0.52
甘　肃	2.74	2.78	2.47	2.53	0.24	0.21	0.37	0.34
青　海	2.72	2.81	2.30	2.25	0.21	0.20	6.83	6.96
宁　夏	3.76	3.83	3.37	3.34	0.20	0.26	0.06	0.04
新　疆	4.23	4.28	3.86	3.91	0.16	0.16	…	0.01

4－2 续表 单位:亩/人

地　区	#承包山地面积		#自留山面积		#植树造林面积		3.经营水面面积	
	1998 年	1999 年	1998 年	1999 年	1998 年	1999 年	1998 年	1999 年
全　国	**0.28**	**0.28**	**0.13**	**0.13**	**0.05**	**0.11**	**0.02**	**0.02**
北　京	0.05	0.07	0.01	0.01	0.02	0.03	0.01	0.01
天　津	…	…					0.04	0.02
河　北	0.09	0.10	…	0.01	0.06	0.06	…	
山　西	0.06	0.05	0.02	0.01	0.02	0.01		
内蒙古	0.19	0.18	0.05	0.02	0.02	2.01		
辽　宁	0.07	0.09	0.24	0.23	0.07	0.07	0.01	0.02
吉　林	0.06	0.10	0.03	0.04	0.07	0.07	0.01	
黑龙江	0.01	0.01	…		…		0.03	0.03
上　海							0.01	0.01
江　苏	…		…		…		0.05	0.04
浙　江	0.34	0.26	0.26	0.27	0.07	0.07	0.03	0.04
安　徽	0.30	0.30	0.12	0.16	0.02	0.01	0.01	0.02
福　建	0.47	0.53	0.44	0.44	0.20	0.18	0.02	0.14
江　西	0.46	0.45	0.20	0.22	0.07	0.06	0.05	0.03
山　东	0.01	0.01	0.01		…		…	
河　南	…	0.01	…		…			
湖　北	0.37	0.39	0.37	0.40	0.07	0.06	0.03	0.03
湖　南	0.25	0.25	0.26	0.25	0.06	0.06	0.04	0.04
广　东	0.22	0.19	0.22	0.20	0.07	0.07	0.10	0.11
广　西	0.29	0.28	0.21	0.23	0.14	0.16	0.02	0.01
海　南	0.44	0.43	0.12	0.11	0.28	0.23	0.03	0.03
重　庆	0.07	0.09	0.18	0.18	0.01	0.01	0.01	0.01
四　川	0.09	0.10	0.17	0.16	0.05	0.05	0.01	0.01
贵　州	0.21	0.21	0.10	0.11	0.03	0.03	…	
云　南	0.63	0.66	0.42	0.39	0.07	0.07	0.01	
西　藏								
陕　西	0.52	0.41	0.16	0.10	0.06	0.05	…	
甘　肃	0.28	0.28	0.05	0.05	0.03	0.02	0.01	
青　海	6.83	6.95	…		…			
宁　夏	0.05	0.04			…		0.01	0.02
新　疆	…	0.01						

4－3　1999年农村居民年末拥有生产性固定资产原值

单位：元/户

地　　区	年末生产性固定资产原值		1．役畜及产品畜		2．大中型铁木农具		3．农林牧渔业机械	
	1998年	1999年	1998年	1999年	1998年	1999年	1998年	1999年
全　　国	**3970.81**	**4045.48**	**771.06**	**730.76**	**213.27**	**190.85**	**1033.75**	**1112.71**
北　　京	3568.36	4362.65	123.24	164.85	22.22	20.40	824.27	899.75
天　　津	5855.05	5586.23	479.45	472.03	198.74	123.71	1622.29	1318.37
河　　北	3461.74	5782.40	563.51	546.69	212.91	189.67	2222.17	2261.35
山　　西	2903.51	2969.15	711.09	723.29	71.90	67.68	713.75	804.34
内 蒙 古	6956.62	6815.71	1810.41	1788.06	358.01	341.80	2156.35	2358.08
辽　　宁	3348.95	3494.25	742.32	813.93	113.30	103.86	660.51	823.84
吉　　林	4960.05	5297.33	1404.43	1465.28	263.32	152.14	1625.24	1631.64
黑 龙 江	5841.51	5799.95	803.86	855.73	458.86	380.28	3183.29	3146.52
上　　海	2663.97	2671.85	65.73	75.78	52.35	101.28	77.63	451.50
江　　苏	3158.94	3034.88	168.23	159.95	115.99	81.35	923.62	969.87
浙　　江	6553.31	6691.94	244.60	188.34	188.72	171.81	1220.66	965.73
安　　徽	3674.22	3674.88	585.41	539.55	276.91	287.47	1590.09	1749.32
福　　建	2459.13	2920.17	404.00	362.13	196.33	159.13	210.88	440.94
江　　西	2564.05	2534.68	669.15	615.44	291.25	214.16	132.51	263.30
山　　东	4036.86	4626.32	529.77	512.57	202.51	180.69	1231.07	1551.15
河　　南	4007.27	4067.45	489.39	403.82	179.02	152.28	1922.14	2267.46
湖　　北	2604.21	2543.61	681.59	646.89	176.37	157.80	380.70	424.34
湖　　南	2563.06	2465.56	443.13	387.91	268.03	281.41	242.96	268.63
广　　东	2964.17	2886.59	590.32	500.86	206.42	194.09	390.36	415.06
广　　西	2869.05	2851.66	1005.12	855.39	170.44	152.89	469.60	465.02
海　　南	4135.86	4259.81	1782.66	1649.64	110.10	99.98	768.00	712.57
重　　庆	1914.47	1868.01	313.53	314.31	134.95	134.02	53.52	77.61
四　　川	3325.13	3434.47	696.07	644.80	180.97	183.66	150.35	183.61
贵　　州	2670.64	2643.65	950.14	877.21	145.26	152.98	42.48	90.70
云　　南	4053.64	4225.67	1121.38	1117.74	76.39	91.06	403.72	448.85
西　　藏	15067.99	12809.87	8146.92	6909.37	157.93	318.41	1591.48	1173.10
陕　　西	2845.93	2942.09	453.89	436.80	169.21	117.73	689.49	776.07
甘　　肃	3377.53	3163.14	863.48	854.10	331.46	200.64	918.48	953.07
青　　海	7156.92	7601.85	2070.44	2457.04	396.36	532.91	2647.85	2694.62
宁　　夏	6066.32	6277.43	1179.43	1057.34	286.98	290.78	1548.71	1662.58
新　　疆	8077.50	8088.97	2306.38	2313.31	604.43	491.59	2883.24	2885.74

单位:元/户

地区	4.工业机械		5.运输机械		6.生产用房		7.其他	
	1998年	1999年	1998年	1999年	1998年	1999年	1998年	1999年
全　国	**125.81**	**118.95**	**569.36**	**638.02**	**1000.80**	**1036.67**	**256.76**	**217.53**
北　京	10.40	27.07	1906.81	2679.47	404.53	371.80	276.89	199.31
天　津	53.33	43.33	807.83	1358.27	1794.97	1850.00	898.44	420.52
河　北	230.25	203.96	1209.86	1529.91	816.06	859.21	206.98	191.60
山　西	74.82	68.42	989.96	934.83	233.98	254.52	108.00	116.05
内蒙古	68.21	60.14	389.90	494.37	996.19	1048.93	1177.55	724.32
辽　宁	36.23	26.14	625.82	631.54	898.41	945.30	272.36	149.65
吉　林	64.19	59.26	393.66	878.88	1019.48	979.04	189.73	131.10
黑龙江	38.48	33.18	446.69	451.69	693.89	784.00	216.45	148.57
上　海	191.67	191.67	298.17	258.33	1375.79	1350.22	602.63	243.07
江　苏	153.35	138.76	525.97	594.61	1133.17	1011.33	138.61	79.01
浙　江	770.57	581.74	787.71	879.61	2878.55	3391.42	462.49	513.29
安　徽	58.23	75.60	144.51	163.66	810.17	730.21	208.91	129.08
福　建	153.29	347.22	390.57	382.03	763.15	979.95	340.91	248.76
江　西	56.34	49.07	365.32	350.45	932.65	927.80	116.83	114.47
山　东	53.22	54.16	919.56	1064.36	877.40	1019.01	223.33	244.38
河　南	124.19	111.18	611.38	452.11	503.17	524.21	177.98	156.39
湖　北	101.02	85.35	240.21	272.73	849.29	797.67	175.04	158.81
湖　南	136.27	155.78	372.41	290.10	978.86	1000.60	121.41	81.12
广　东	98.17	89.34	589.62	664.52	818.07	726.12	271.22	296.60
广　西	149.13	142.31	339.43	464.55	627.89	664.97	107.44	106.54
海　南	36.32	103.26	837.92	782.38	160.43	262.11	440.43	649.88
重　庆	51.27	20.20	152.91	159.53	1017.76	985.26	190.53	177.08
四　川	60.07	60.50	319.62	334.36	1638.46	1691.59	279.60	335.96
贵　州	74.67	63.70	251.95	232.49	1042.87	1099.15	163.27	127.42
云　南	94.98	92.50	450.75	578.05	1733.43	1754.38	173.01	143.10
西　藏	245.40	197.23	1669.64	1313.23	2907.60	2590.80	349.03	307.74
陕　西	115.52	106.12	584.63	659.39	628.41	672.39	204.77	173.60
甘　肃	85.03	92.78	359.74	379.10	628.95	478.21	190.40	205.24
青　海	95.95	102.28	527.24	497.57	824.16	871.42	594.93	446.01
宁　夏	119.88	110.13	1566.41	1672.46	1265.24	1336.45	99.67	147.70
新　疆	63.09	54.89	821.92	983.04	1005.53	988.44	392.91	371.96

4－4　1999年农村居民年内新建房屋情况

地　　区	新建房屋间数（间/户）		新建房屋面积（平方米/人）		#砖木结构（平方米/人）		#钢筋混凝土结构（平方米/人）	
	1998年	1999年	1998年	1999年	1998年	1999年	1998年	1999年
全　　国	**0.17**	**0.16**	**0.83**	**1.28**	**0.31**	**0.29**	**0.45**	**0.48**
北　　京	0.13	0.09	0.51	0.71	0.43	0.38	0.05	0.04
天　　津	0.07	0.16	0.26	1.13	0.17	0.54	0.09	0.10
河　　北	0.15	0.22	0.62	1.89	0.36	0.50	0.20	0.45
山　　西	0.06	0.08	0.29	0.37	0.15	0.23	0.12	0.12
内 蒙 古	0.14	0.13	0.62	1.06	0.50	0.60	0.05	
辽　　宁	0.09	0.08	0.59	0.52	0.29	0.25	0.28	0.26
吉　　林	0.08	0.06	0.42	0.56	0.33	0.29	0.07	0.01
黑 龙 江	0.04	0.04	0.29	0.42	0.23	0.23	0.03	
上　　海	0.07	0.04	0.54	0.50	0.18	0.08	0.35	0.16
江　　苏	0.20	0.15	1.25	1.04	0.50	0.33	0.69	0.68
浙　　江	0.19	0.15	1.58	1.40	0.33	0.10	1.15	1.22
安　　徽	0.18	0.14	0.86	0.75	0.23	0.14	0.62	0.60
福　　建	0.15	0.16	0.80	1.51	0.07	0.18	0.64	0.54
江　　西	0.17	0.35	0.97	3.04	0.09	0.18	0.84	1.35
山　　东	0.24	0.21	0.97	1.85	0.58	0.61	0.36	0.35
河　　南	0.20	0.20	0.88	0.84	0.30	0.29	0.53	0.53
湖　　北	0.19	0.15	1.15	1.94	0.29	0.22	0.82	0.74
湖　　南	0.23	0.23	1.33	2.45	0.65	0.58	0.65	0.65
广　　东	0.27	0.21	1.12	2.07	0.17	0.10	0.92	0.92
广　　西	0.20	0.22	0.97	1.01	0.14	0.09	0.78	0.86
海　　南	0.08	0.05	0.43	0.61	0.19	0.21	0.21	0.10
重　　庆	0.16	0.13	0.89	1.38	0.26	0.29	0.56	0.42
四　　川	0.15	0.15	0.78	0.81	0.32	0.37	0.37	0.42
贵　　州	0.13	0.10	0.52	0.47	0.14	0.08	0.33	0.32
云　　南	0.16	0.08	0.63	0.65	0.18	0.12	0.12	0.12
西　　藏	0.23	0.24	0.58	0.66			0.01	
陕　　西	0.13	0.17	0.69	1.83	0.25	0.32	0.39	0.61
甘　　肃	0.19	0.20	0.51	0.94	0.29	0.23	0.07	0.09
青　　海	0.27	0.23	0.60	0.54	0.20	0.15	0.02	0.01
宁　　夏	0.32	0.30	1.35	1.28	0.95	1.01	…	
新　　疆	0.21	0.14	0.89	1.07	0.39	0.33	0.19	0.05

4－4续表

地区	#生活用房面积（平方米/人）		#楼房面积（平方米/人）		新建房屋价值			
					（元/间）		（元/平方米）	
	1998年	1999年	1998年	1999年	1998年	1999年	1998年	1999年
全　国	**0.71**	**0.74**	**0.14**	**0.20**	**4787.92**	**4918.38**	**227.40**	**148.32**
北　京	0.45	0.29			6654.26	6731.34	448.39	231.52
天　津	0.26	0.49	0.09		6130.95	5262.11	431.32	196.66
河　北	0.53	0.89	0.04	0.12	4099.85	5361.15	239.00	150.45
山　西	0.27	0.33			4238.99	4444.93	216.93	220.83
内蒙古	0.37	0.42			3792.83	3397.44	199.73	103.18
辽　宁	0.49	0.43	0.06	0.07	7133.52	7252.05	301.66	292.73
吉　林	0.26	0.24			4630.89	6137.50	216.41	155.16
黑龙江	0.22	0.18			6867.82	7670.42	262.75	164.33
上　海	0.52	0.22	0.09	0.13	13872.09	10948.00	550.28	274.25
江　苏	1.10	0.98	0.46	0.60	7310.93	9168.97	308.29	346.63
浙　江	1.21	1.25	0.41	0.81	11352.45	11615.25	358.08	331.79
安　徽	0.79	0.70	0.19	0.30	4523.09	5868.12	216.84	252.02
福　建	0.73	0.71	0.06	0.24	7191.08	7099.43	293.05	158.17
江　西	0.90	1.48	0.28	0.57	4405.16	2548.67	173.39	65.49
山　东	0.76	0.86	0.01	0.04	3384.27	4085.26	213.90	122.16
河　南	0.75	0.78	0.04	0.14	3546.88	3557.47	186.30	200.52
湖　北	1.02	0.92	0.35	0.34	5110.87	4907.03	202.47	93.48
湖　南	1.24	1.19	0.58	0.49	4860.92	4425.39	207.66	104.32
广　东	1.03	1.01	0.15	0.18	7091.59	7265.60	329.54	144.17
广　西	0.92	0.99	0.19	0.20	4847.89	4531.63	205.82	201.54
海　南	0.30	0.30			6510.12	9630.69	228.43	142.35
重　庆	0.79	0.62	0.07	0.20	3543.81	3704.49	165.59	96.21
四　川	0.63	0.63	0.11	0.25	3638.14	3995.19	179.44	182.83
贵　州	0.39	0.36		…	2486.20	2980.20	140.40	134.38
云　南	0.48	0.29	0.08	0.03	4167.75	4024.15	172.10	102.65
西　藏	0.43	0.40	0.12	0.01	1510.74	2512.22	83.59	135.17
陕　西	0.65	0.87	0.07	0.06	4690.52	5673.99	199.16	119.83
甘　肃	0.45	0.41	0.03	0.03	1706.18	1763.99	131.27	77.45
青　海	0.52	0.43			1458.13	1470.29	113.86	107.97
宁　夏	1.05	1.12			3075.77	4013.11	152.49	194.66
新　疆	0.71	0.50			3523.40	2729.90	153.06	68.34

4－5　1999年农村居民年末住房情况

地　　区	住房间数（间/户）		住房面积（平方米/人）		#砖木结构（平方米/人）	
	1998年	1999年	1998年	1999年	1998年	1999年
全　　国	**4.90**	**5.02**	**23.31**	**24.23**	**12.16**	**12.28**
北　　京	6.87	7.12	28.28	29.15	23.35	23.76
天　　津	5.26	5.67	21.32	24.65	20.53	23.18
河　　北	5.86	5.98	23.13	24.04	17.96	18.53
山　　西	4.96	5.03	19.18	19.64	12.67	13.23
内 蒙 古	4.06	3.49	17.15	17.41	7.92	7.66
辽　　宁	3.56	3.56	20.99	20.91	13.85	14.18
吉　　林	3.09	3.11	17.52	18.47	12.75	13.89
黑 龙 江	2.89	2.89	18.35	19.39	9.27	10.69
上　　海	5.92	6.26	47.24	49.04	17.67	18.73
江　　苏	5.04	5.19	32.03	32.89	19.77	19.98
浙　　江	4.66	5.62	38.53	40.27	15.63	16.15
安　　徽	4.54	4.67	22.78	21.37	14.61	12.46
福　　建	5.79	5.94	24.87	26.40	7.95	7.42
江　　西	4.84	5.16	25.31	26.90	12.62	12.60
山　　东	6.04	6.11	23.91	25.07	17.08	17.34
河　　南	5.58	5.85	22.56	24.28	13.47	13.78
湖　　北	4.20	4.31	28.38	29.87	14.96	15.25
湖　　南	5.25	5.19	28.78	29.58	20.59	20.71
广　　东	5.97	6.03	24.83	25.94	9.28	9.01
广　　西	4.57	4.75	21.64	22.68	8.20	8.27
海　　南	3.92	3.82	21.17	21.80	17.54	18.31
重　　庆	4.47	4.42	26.39	26.60	10.26	10.79
四　　川	4.58	4.64	24.72	25.45	9.90	10.09
贵　　州	3.36	3.48	16.99	17.79	8.21	8.15
云　　南	4.96	4.95	20.64	21.37	2.56	2.63
西　　藏	4.13	7.05	13.46	14.99	0.21	0.64
陕　　西	4.55	4.60	20.63	21.35	7.57	7.44
甘　　肃	6.17	6.20	16.47	16.03	4.04	3.50
青　　海	7.26	7.38	14.23	14.24	1.46	1.55
宁　　夏	4.73	4.80	15.81	16.85	11.51	7.89
新　　疆	4.03	4.10	16.20	16.90	5.63	4.24

4－5续表

地　　区	#钢筋混凝土结构(平方米/人)		年末住房价值(元/间)		年末住房价值(元/平方米)	
	1998年	1999年	1998年	1999年	1998年	1999年
全　　国	**5.72**	**6.35**	**3126.75**	**3228.97**	**150.34**	**157.57**
北　　京	3.97	4.40	4586.86	4581.65	305.25	304.51
天　　津	0.80	1.21	5468.05	5506.53	353.02	336.72
河　　北	3.52	3.90	2814.35	2871.51	172.52	173.96
山　　西	2.29	2.17	2436.89	2423.11	146.44	145.62
内 蒙 古	0.31	0.28	1843.82	2236.68	103.72	108.80
辽　　宁	6.00	5.60	4998.05	5062.87	228.60	233.80
吉　　林	0.70	0.52	4003.09	4109.29	179.93	178.97
黑 龙 江	1.04	0.75	4920.63	5016.37	194.87	190.25
上　　海	28.43	29.14	8141.13	7450.76	307.00	287.23
江　　苏	11.53	12.36	6239.15	6361.97	256.25	264.01
浙　　江	20.01	20.62	7365.60	6369.57	234.47	237.27
安　　徽	5.71	6.30	2730.54	2793.01	125.42	142.49
福　　建	8.26	9.61	4291.71	4309.47	212.51	209.90
江　　西	7.55	9.31	2657.30	2610.91	111.54	111.21
山　　东	3.78	4.50	2445.96	2631.21	158.42	167.22
河　　南	7.20	8.33	2144.49	2181.42	123.12	123.49
湖　　北	8.99	10.17	3084.95	3166.10	110.43	111.82
湖　　南	5.84	6.44	2584.89	2738.73	119.19	122.31
广　　东	13.27	14.58	5000.87	5245.71	233.61	239.75
广　　西	7.11	8.25	2504.42	2608.79	106.96	112.12
海　　南	2.34	2.40	4122.38	4272.80	138.45	138.27
重　　庆	7.04	6.65	2045.68	2212.08	92.31	99.04
四　　川	4.16	4.48	2036.11	2120.76	95.71	98.65
贵　　州	3.07	3.29	2006.81	2088.86	87.38	90.87
云　　南	1.49	1.76	1835.27	2086.77	94.26	105.23
西　　藏	0.08		1411.92	1129.66	62.23	77.68
陕　　西	5.59	6.56	2391.72	2593.98	118.95	126.61
甘　　肃	0.26	0.26	949.52	929.70	73.55	74.03
青　　海	0.19	0.23	730.02	741.97	65.28	67.36
宁　　夏	0.14	0.05	1606.33	1748.53	75.86	104.67
新　　疆	1.03	0.96	2241.08	2454.93	103.12	111.22

4－6 1999年农村居民主要农产品出售量

单位:公斤/人

地区	粮食		棉花		油料		糖料	
	1998年	1999年	1998年	1999年	1998年	1999年	1998年	1999年
全国	**227.53**	**243.34**	**5.10**	**4.43**	**12.39**	**15.59**	**81.69**	**86.30**
北京	209.05	220.04	0.01		1.92	2.75		
天津	222.56	174.50	2.40	4.62	8.90	5.37		
河北	237.66	231.33	3.94	3.78	11.10	11.72	0.10	0.02
山西	118.23	100.96	1.30	1.53	6.86	5.48	45.93	4.05
内蒙古	374.73	541.13			73.35	75.22	69.04	52.66
辽宁	469.97	564.77	0.26	0.05	9.70	12.31	14.85	7.08
吉林	1186.72	1418.49			4.83	4.25	0.96	1.60
黑龙江	1045.28	1269.69			2.77	3.89	41.08	24.06
上海	224.46	109.69	0.24	0.06	7.34	20.94	0.56	1.04
江苏	240.24	283.10	8.42	4.15	10.17	18.84	0.26	0.18
浙江	158.62	124.70	1.17	0.66	3.05	6.70	26.00	18.49
安徽	333.00	294.46	4.75	3.58	20.00	38.21	0.65	1.65
福建	71.16	65.51			1.58	2.24	134.35	139.33
江西	217.17	210.22	3.00	2.61	6.23	6.87	83.84	75.34
山东	282.79	302.49	4.20	4.76	12.94	19.89	0.19	0.02
河南	215.40	212.93	7.30	8.18	23.07	34.94	0.33	0.01
湖北	284.58	273.92	9.36	8.62	21.68	23.49	9.81	8.97
湖南	111.72	121.25	2.24	2.70	7.15	7.29	4.14	5.57
广东	69.50	73.08			4.00	4.74	218.17	129.15
广西	68.38	74.38	…		2.10	2.38	928.63	1098.21
海南	77.23	82.96			10.19	13.06	413.26	478.95
重庆	52.92	47.27	0.01	0.00	3.81	3.20	1.27	0.66
四川	75.32	66.75	1.33	0.42	12.15	11.30	4.11	3.94
贵州	70.60	66.59		0.00	11.72	12.59	4.92	34.82
云南	81.03	72.66	…		2.48	3.63	201.50	228.83
西藏	36.00	38.66			2.32	2.89		
陕西	111.15	112.33	0.16	0.37	7.18	5.83	0.60	0.08
甘肃	105.56	89.65	2.55	2.84	4.83	4.63	28.25	20.95
青海	75.77	79.01	0.01		41.49	52.86		
宁夏	390.68	356.17			9.27	8.15	4.04	
新疆	290.72	299.81	96.02	78.82	27.54	35.79	259.91	322.56

4－6 续 1

单位:公斤/人

地区	烟叶		蔬菜		果用瓜		水果	
	1998年	1999年	1998年	1999年	1998年	1999年	1998年	1999年
全国	**2.33**	**2.42**	**108.72**	**111.66**	**30.57**	**27.50**	**38.51**	**43.17**
北京			228.60	259.28	130.30	113.43	85.83	111.71
天津			414.82	354.46	67.80	85.61	38.72	52.99
河北	0.50	0.70	123.27	119.77	32.54	19.56	67.37	79.25
山西	0.22	0.14	104.42	89.76	30.90	37.93	58.26	55.10
内蒙古	0.39	0.51	144.23	66.24	48.28	37.71	3.79	1.32
辽宁	2.05	0.79	191.29	200.81	38.41	36.18	66.09	85.62
吉林	0.11	1.11	69.73	65.21	40.90	39.42	8.63	4.75
黑龙江	0.08	0.16	85.49	82.13	74.31	88.02	2.43	1.24
上海			157.66	102.10	54.71	15.67	8.24	9.29
江苏	…	…	64.04	61.78	41.76	36.96	7.17	6.10
浙江	0.06	0.01	129.71	144.14	39.75	19.76	82.41	82.13
安徽	0.38	0.69	90.62	110.98	30.81	24.66	3.83	4.17
福建	5.27	6.10	113.04	122.88	5.99	7.01	108.50	104.16
江西	0.90	0.75	53.90	61.91	27.53	31.89	10.47	12.07
山东	0.99	1.10	216.04	232.36	76.98	69.37	60.53	76.86
河南	3.69	3.62	92.92	104.21	58.89	47.97	34.27	37.89
湖北	2.43	3.53	60.69	63.38	27.42	23.37	36.12	37.30
湖南	3.36	3.36	45.25	35.90	9.31	8.41	30.99	31.88
广东	1.95	2.18	261.70	280.24	12.62	8.64	47.90	51.70
广西	0.04	0.12	96.99	90.23	22.66	15.68	59.71	70.21
海南	1.26	0.01	180.23	195.33	13.41	16.28	23.00	31.80
重庆	2.34	1.94	50.45	59.12	0.61	0.53	32.34	32.72
四川	1.83	1.20	93.26	99.74	1.76	1.54	14.42	16.18
贵州	11.55	11.41	30.57	33.37	4.68	3.04	3.31	3.27
云南	17.60	19.56	88.52	90.34	9.04	14.29	10.08	13.08
西藏			17.01	11.21			1.07	0.89
陕西	1.51	1.42	77.13	71.47	35.21	30.97	128.63	151.37
甘肃	2.26	1.62	37.74	43.63	10.50	12.46	17.55	16.82
青海	0.02	0.01	31.36	37.61			4.82	3.60
宁夏	0.01		160.25	182.63	31.13	23.91	16.43	46.15
新疆	0.03		167.27	199.01	21.33	36.11	78.40	78.73

4-6续2

单位:公斤/户

地区	猪肉		牛肉		羊肉		家禽	
	1998年	1999年	1998年	1999年	1998年	1999年	1998年	1999年
全国	**104.99**	**120.65**	**6.14**	**7.91**	**7.44**	**7.84**	**11.42**	**14.46**
北京	47.00	69.09	1.12	4.03	3.98	7.94	10.93	49.35
天津	202.16	227.49	2.01	4.05	0.12	1.55	8.41	3.38
河北	63.26	86.05	3.53	7.32	5.49	5.33	9.70	7.17
山西	36.01	45.12	2.04	2.02	9.64	10.97	2.26	4.00
内蒙古	50.70	70.30	32.11	36.18	75.60	77.80	1.68	2.96
辽宁	126.92	161.64	4.12	3.97	2.42	2.33	21.22	29.46
吉林	33.85	97.66	4.26	15.17	0.71	0.78	7.29	4.67
黑龙江	51.26	90.58	5.10	7.49	1.74	1.53	9.72	8.28
上海	57.49	53.53			2.12	1.40	1.50	1.48
江苏	121.51	135.96	0.35	2.27	3.05	3.22	25.14	25.14
浙江	96.65	104.39	0.52	0.19	3.23	2.15	6.94	11.90
安徽	105.58	127.91	11.75	16.29	2.26	3.28	8.85	10.21
福建	135.12	172.34	0.43	2.41	0.29	0.36	29.89	30.73
江西	217.87	204.39	2.93	2.18	0.16	0.23	8.88	9.41
山东	95.38	135.52	27.36	18.36	4.56	5.27	16.87	25.21
河南	90.46	98.44	7.57	11.07	5.92	5.50	4.90	5.62
湖北	87.55	100.14	0.73	4.00	0.31	0.34	6.94	7.88
湖南	221.40	206.99	0.83	0.91	1.13	0.84	5.73	6.35
广东	162.33	161.19	3.03	1.35	0.01	0.04	36.75	51.68
广西	216.89	223.92	9.13	9.29	3.49	2.77	27.46	29.07
海南	106.20	132.25	5.62	13.11	3.40	1.42	24.02	25.64
重庆	117.54	118.25	0.61	1.68	1.29	0.86	6.49	8.89
四川	156.56	158.24	3.56	0.88	1.20	1.17	16.08	20.35
贵州	82.65	111.97	3.18	4.82	2.17	2.38	4.34	5.01
云南	94.94	121.01	5.80	7.94	3.68	3.17	6.58	8.98
西藏	2.17	8.21	1.74	4.58	7.43	8.97	0.36	0.55
陕西	51.79	65.56	0.46	3.26	6.98	6.55	3.39	4.63
甘肃	30.79	40.63	17.21	10.24	6.90	9.51	1.06	1.94
青海	19.73	27.10	17.21	25.17	61.18	60.39	0.71	1.00
宁夏	49.00	60.39	11.84	10.05	27.69	27.64	24.88	32.36
新疆	5.46	7.26	16.72	29.08	59.17	76.83	2.99	3.75

单位:公斤/户

地区	禽蛋		牛羊奶		水产品	
	1998年	1999年	1998年	1999年	1998年	1999年
全国	**15.34**	**17.29**	**11.14**	**12.74**	**18.52**	**26.31**
北京	6.50	1.86		13.33	23.00	19.34
天津	30.10	28.29			58.98	37.95
河北	52.18	53.66	14.17	14.77	13.63	23.92
山西	20.15	26.82	5.44	4.75		
内蒙古	12.58	9.55	14.73	18.22	…	0.01
辽宁	14.53	20.26	1.02	0.31	70.73	185.04
吉林	6.51	5.88	0.27	0.33	0.96	0.19
黑龙江	22.12	18.21	51.02	46.61	6.07	5.07
上海	0.39	1.33			5.62	45.23
江苏	19.43	19.76	6.23	5.13	27.18	37.48
浙江	4.85	6.27	8.86	15.86	29.11	32.84
安徽	4.94	5.34			5.94	8.58
福建	17.45	15.20	1.16	0.95	34.12	48.91
江西	6.48	9.64	…	0.82	30.04	28.35
山东	28.28	33.48	5.64	12.66	1.21	8.52
河南	21.58	19.57	0.36	3.85	1.40	2.39
湖北	37.13	42.61			21.80	37.43
湖南	3.98	4.19			21.82	19.77
广东	1.07	7.47	1.10	1.58	138.13	154.75
广西	1.22	0.59			16.11	29.62
海南	22.06	15.11			72.15	76.20
重庆	4.07	4.31			8.22	7.75
四川	11.41	11.98	0.08	0.13	7.54	9.18
贵州	3.78	3.74			0.29	0.25
云南	4.04	3.22	29.74	29.51	4.88	5.03
西藏	1.11	0.58	1.15	3.41		0.11
陕西	9.39	10.80	19.00	42.46	0.82	0.76
甘肃	3.25	3.44		0.04		
青海	1.09	0.83	25.38	16.43	10.53	7.43
宁夏	69.05	148.69	535.59	518.91	17.85	41.65
新疆	4.30	9.23	18.04	12.75	0.48	

4－7 1999年农村居民主要食物消费量

单位:公斤/人

地区	粮食(原粮)		#细粮		豆类		蔬菜	
	1998年	1999年	1998年	1999年	1998年	1999年	1998年	1999年
全国	**249.28**	**247.45**	**208.97**	**206.18**	**2.68**	**2.67**	**108.96**	**108.89**
北京	173.42	179.62	147.45	146.05	1.67	0.81	89.36	95.97
天津	216.59	220.74	177.29	178.48	5.75	4.66	73.80	88.49
河北	209.62	215.02	162.70	167.91	2.07	2.10	70.87	65.21
山西	220.50	212.95	131.80	122.41	2.91	2.43	80.10	73.15
内蒙古	268.02	249.49	143.75	126.18	4.09	4.70	92.25	78.90
辽宁	243.67	227.56	132.25	130.48	8.05	5.99	204.26	210.00
吉林	249.44	251.55	159.81	151.62	5.26	5.10	96.72	105.73
黑龙江	275.40	288.95	182.62	180.55	15.94	19.89	108.99	103.91
上海	243.60	253.22	242.05	247.74	0.33	0.18	80.75	81.30
江苏	262.38	265.41	245.87	248.33	2.32	1.95	110.27	113.76
浙江	257.47	241.82	252.71	237.03	0.97	0.96	72.74	74.07
安徽	245.17	251.14	232.06	239.58	2.73	2.99	78.76	78.67
福建	266.67	251.27	231.07	215.75	1.71	1.08	131.18	119.31
江西	301.40	307.05	289.07	292.52	3.08	2.66	154.42	159.38
山东	232.37	245.74	190.88	202.96	5.50	5.70	114.41	118.44
河南	229.67	235.31	206.48	210.42	1.32	1.31	121.42	118.58
湖北	276.42	258.69	247.35	229.99	2.24	2.77	160.24	164.13
湖南	300.63	294.69	294.62	284.75	1.66	2.09	161.76	157.70
广东	258.38	258.20	235.61	230.39	0.34	0.26	118.45	118.75
广西	240.72	240.75	221.15	219.63	1.99	2.04	120.11	125.00
海南	247.68	241.17	222.88	219.24	0.02	0.02	57.18	57.37
重庆	239.45	239.57	197.75	207.07	1.61	1.12	171.47	169.03
四川	244.42	236.72	212.89	208.48	1.75	1.14	136.04	133.27
贵州	223.85	230.11	171.10	173.06	3.23	2.85	122.21	131.45
云南	244.46	245.11	190.01	185.51	2.26	2.33	113.55	115.97
西藏	232.92	244.78	105.07	120.22			28.63	32.04
陕西	228.70	214.93	170.08	162.65	2.30	2.27	63.45	56.51
甘肃	255.19	253.38	223.26	219.66	0.84	0.29	35.51	25.79
青海	253.12	257.81	207.84	208.00	…	…	42.04	41.92
宁夏	259.67	253.63	229.66	224.55	0.95	0.02	96.58	78.43
新疆	254.54	243.48	219.01	209.50	0.04	0.01	81.15	82.54

4－7续1

单位:公斤/人

地区	油脂类		#植物油		肉类及其制品		#1. 猪牛羊肉	
	1998年	1999年	1998年	1999年	1998年	1999年	1998年	1999年
全　国	**6.13**	**6.17**	**4.59**	**4.58**	**16.20**	**17.07**	**13.02**	**13.87**
北　京	10.29	9.98	9.45	9.30	19.31	21.40	13.42	14.69
天　津	7.96	7.54	6.28	5.84	12.31	13.21	10.16	11.26
河　北	5.50	5.38	4.73	4.69	7.43	8.45	6.48	7.50
山　西	4.69	4.89	4.55	4.76	5.59	4.40	5.01	4.06
内蒙古	3.34	3.91	2.29	2.44	21.46	23.60	20.26	22.12
辽　宁	7.05	6.78	4.99	4.79	15.76	17.23	13.71	15.21
吉　林	6.74	5.16	5.56	4.23	8.67	10.45	6.75	8.76
黑龙江	5.95	5.94	5.70	5.68	7.92	9.07	5.68	6.92
上　海	6.80	7.33	6.73	7.26	25.88	26.00	16.10	16.08
江　苏	8.26	8.14	7.56	7.48	16.78	16.50	11.17	11.57
浙　江	4.10	5.20	2.86	3.99	21.08	22.74	14.49	15.91
安　徽	6.75	6.63	5.37	5.23	11.36	11.89	7.82	8.32
福　建	4.83	4.22	2.81	2.01	20.56	21.13	13.84	14.08
江　西	5.87	7.82	4.12	5.95	14.83	16.37	11.99	13.46
山　东	5.65	5.59	4.85	4.79	11.07	13.01	7.32	8.48
河　南	4.74	4.20	4.49	3.90	11.88	9.85	10.78	8.72
湖　北	10.50	10.10	8.35	7.73	19.29	20.87	17.31	18.45
湖　南	9.21	9.28	3.92	3.64	22.23	21.26	18.95	18.04
广　东	6.58	7.23	5.13	5.82	29.45	29.94	19.51	19.96
广　西	4.45	4.24	2.18	2.00	19.37	20.08	13.31	13.59
海　南	3.18	3.33	1.13	1.28	13.86	15.27	8.74	9.08
重　庆	5.92	6.00	1.84	1.67	26.38	28.54	24.89	26.36
四　川	6.06	5.99	3.66	3.62	24.60	27.79	22.1	25.04
贵　州	4.86	5.31	2.87	3.31	24.15	24.43	23.06	23.28
云　南	4.76	4.66	1.17	1.22	24.46	25.39	22.55	22.76
西　藏	6.65	6.75	5.31	5.59	13.74	12.39	13.67	12.29
陕　西	5.69	5.67	5.08	4.98	6.58	7.74	6.19	7.22
甘　肃	5.29	3.91	4.93	3.28	7.18	7.74	6.58	7.29
青　海	9.14	9.93	8.73	9.49	16.7	17.56	16.51	17.13
宁　夏	7.15	7.25	6.32	6.37	11.87	12.96	10.21	11.44
新　疆	6.91	7.53	6.74	7.38	12.07	12.24	10.80	11.06

4－7续2　　　　　　　　　　　　　　　　　　　　　　　　　单位:公斤/人

地　　区	2.家　禽		3.肉禽及制品		蛋及蛋制品		奶及奶制品	
	1998年	1999年	1998年	1999年	1998年	1999年	1998年	1999年
全　　国	**2.33**	**2.48**	**0.43**	**0.43**	**4.11**	**4.28**	**0.93**	**0.96**
北　　京	1.49	1.51	3.03	3.08	7.92	8.23	2.66	2.57
天　　津	0.85	0.72	0.92	0.87	8.41	8.99	0.43	0.39
河　　北	0.38	0.34	0.41	0.45	4.85	5.13	0.23	0.32
山　　西	0.35	0.11	0.19	0.19	3.89	3.80	0.32	0.32
内 蒙 古	0.77	0.81	0.09	0.06	3.13	3.16	7.06	8.23
辽　　宁	1.23	1.25	0.50	0.51	7.35	7.79	0.48	0.33
吉　　林	1.41	1.22	0.25	0.28	7.92	6.11	0.21	0.13
黑 龙 江	1.84	1.71	0.26	0.34	6.92	7.10	0.23	0.19
上　　海	5.75	6.32	3.46	3.01	7.89	7.33	0.92	0.82
江　　苏	4.00	3.43	1.10	1.09	6.69	6.13	0.31	0.36
浙　　江	4.18	4.15	1.30	1.31	4.55	4.48	0.21	0.43
安　　徽	2.98	2.95	0.45	0.48	4.24	4.25	0.25	0.11
福　　建	5.76	6.10	0.71	0.68	3.09	3.17	0.56	0.42
江　　西	2.38	2.40	0.31	0.33	2.82	3.01	0.09	0.15
山　　东	2.02	2.89	1.00	0.59	10.33	12.50	0.44	0.52
河　　南	0.85	0.76	0.17	0.26	6.83	7.82	0.08	0.15
湖　　北	1.76	2.11	0.13	0.15	3.78	3.93	0.03	0.03
湖　　南	2.96	2.98	0.17	0.10	3.42	2.70	0.03	0.05
广　　东	8.89	8.78	0.97	1.12	2.96	3.00	0.06	0.10
广　　西	5.76	6.16	0.26	0.27	1.12	1.01	0.03	0.02
海　　南	4.68	5.67	0.09	0.11	0.91	0.82	0.05	0.08
重　　庆	1.31	1.41	0.13	0.13	4.02	4.86	0.08	0.12
四　　川	1.98	2.15	0.29	0.36	2.65	2.74	0.48	0.25
贵　　州	0.88	0.88	0.05	0.05	1.10	1.08	0.03	0.03
云　　南	1.81	2.51	0.06	0.07	1.75	1.78	0.15	0.24
西　　藏	0.01	0.02	0.03	0.02	0.66	0.65	11.49	14.33
陕　　西	0.24	0.30	0.10	0.15	1.71	1.69	1.54	0.96
甘　　肃	0.57	0.43	0.01	0.01	1.48	1.25	0.25	0.22
青　　海	0.12	0.27	0.01	0.05	0.52	0.52	16.91	15.40
宁　　夏	1.34	1.44	0.01	0.02	1.83	1.95	0.75	0.82
新　　疆	1.16	1.08	0.03	0.04	1.17	1.11	3.87	4.04

4-7续表3 单位:公斤/人

地区	水产品		#鱼类		#虾类		糖类	
	1998年	1999年	1998年	1999年	1998年	1999年	1998年	1999年
全国	**3.66**	**3.82**	**3.18**	**3.32**	**0.13**	**0.13**	**1.77**	**1.83**
北京	4.52	4.10	3.35	3.79	1.03	0.11	2.61	2.40
天津	6.96	7.09	5.89	6.45	0.45	0.43	1.21	1.14
河北	1.85	1.97	1.66	1.77	0.08	0.09	0.97	1.08
山西	0.34	0.35	0.26	0.28	0.01	0.01	1.33	1.36
内蒙古	1.25	1.38	1.13	1.28	0.01	0.01	1.59	1.79
辽宁	4.70	4.31	3.85	3.37	0.17	0.14	0.87	0.94
吉林	3.19	3.30	2.97	3.04	0.03	0.04	0.99	1.06
黑龙江	3.09	2.99	2.92	2.76	0.04	0.03	1.00	1.10
上海	12.04	14.19	8.83	9.96	1.46	2.08	3.99	3.49
江苏	8.14	7.72	7.02	6.78	0.45	0.37	2.75	2.62
浙江	11.51	12.43	8.47	8.92	0.87	0.92	3.15	3.33
江西	3.37	3.91	3.16	3.70	0.05	0.05	1.96	2.00
福建	9.45	9.45	6.64	6.52	0.34	0.36	3.03	3.08
江西	4.16	4.60	3.87	4.33	0.04	0.06	1.72	1.87
山东	3.78	3.59	2.91	2.86	0.32	0.19	1.79	1.76
河南	0.73	0.90	0.61	0.68	0.01	0.01	1.38	1.52
湖北	5.31	5.82	5.06	5.60	0.03	0.03	1.49	1.47
湖南	4.60	4.46	4.39	4.28	0.04	0.02	2.01	1.96
广东	12.74	12.79	12.16	12.15	0.24	0.30	3.45	3.58
广西	2.67	2.83	2.60	2.74	0.03	0.03	1.43	1.54
海南	9.65	9.87	9.48	9.59	0.08	0.17	1.50	1.40
重庆	1.19	1.84	1.02	1.46	0.01	0.01	2.58	2.90
四川	1.36	1.52	1.18	1.37	…	…	1.78	1.78
贵州	0.29	0.31	0.20	0.21	0.01	0.02	1.19	1.20
云南	0.90	1.04	0.86	0.99	0.01	0.01	2.05	1.93
西藏	0.01	0.03	0.01	0.01		0.02	3.50	3.82
陕西	0.21	0.23	0.14	0.20	0.01	0.01	1.07	1.30
甘肃	0.13	0.07	0.11	0.06	0.01	…	0.76	0.76
青海	0.40	0.38	0.38	0.37	…	…	1.24	1.46
宁夏	0.35	0.65	0.33	0.61	…	…	1.68	2.01
新疆	0.43	0.44	0.40	0.41	…	0.01	1.06	0.98

4-7续表4　　单位:公斤/人

地区	#食糖		#糖果		酒类		#白酒	
	1998年	1999年	1998年	1999年	1998年	1999年	1998年	1999年
全国	**1.40**	**1.46**	**0.31**	**0.31**	**6.98**	**6.98**	**3.28**	**3.24**
北京	2.13	1.90	0.35	0.26	18.12	17.93	5.25	5.50
天津	0.83	0.72	0.28	0.29	10.54	9.70	3.47	3.29
河北	0.71	0.80	0.23	0.26	6.46	6.38	2.71	2.63
山西	1.13	1.14	0.18	0.20	1.88	1.99	1.38	1.48
内蒙古	1.23	1.41	0.34	0.37	9.13	9.67	5.81	5.96
辽宁	0.63	0.72	0.23	0.20	9.72	9.74	4.18	4.02
吉林	0.68	0.81	0.25	0.19	10.98	11.99	5.70	5.63
黑龙江	0.78	0.89	0.19	0.20	12.75	12.63	6.31	5.99
上海	2.54	2.60	1.38	0.75	16.18	17.00	1.57	1.70
江苏	2.12	2.11	0.46	0.35	10.23	9.94	4.29	4.14
浙江	2.70	2.77	0.41	0.46	22.40	21.16	2.11	1.98
安徽	1.61	1.65	0.29	0.28	8.96	9.26	3.28	3.35
福建	2.42	2.61	0.42	0.34	11.49	11.81	1.75	1.71
江西	1.49	1.57	0.20	0.26	5.95	5.88	1.59	1.45
山东	1.26	1.25	0.40	0.35	9.94	10.57	5.23	5.39
河南	1.17	1.28	0.19	0.21	3.84	3.76	1.57	1.51
湖北	1.27	1.25	0.19	0.18	7.04	6.85	3.96	4.07
湖南	1.44	1.39	0.56	0.56	6.52	4.64	4.43	3.32
广东	3.02	3.08	0.42	0.45	3.63	3.25	2.10	2.18
广西	1.27	1.40	0.14	0.13	6.03	6.14	5.35	5.21
海南	1.36	1.24	0.14	0.15	3.55	4.01	3.03	3.46
重庆	2.10	2.36	0.34	0.40	6.32	6.61	4.24	4.36
四川	1.36	1.43	0.32	0.30	5.70	5.86	4.12	4.19
贵州	1.00	1.03	0.15	0.13	4.67	4.77	4.24	4.32
云南	1.57	1.56	0.34	0.32	5.12	5.24	4.30	4.29
西藏	2.48	2.70	1.01	1.11	0.83	0.55	0.38	0.33
陕西	0.85	0.97	0.17	0.29	2.11	2.50	1.30	1.45
甘肃	0.60	0.63	0.14	0.11	1.51	1.43	1.09	0.99
青海	0.89	1.01	0.36	0.44	1.60	1.83	1.51	1.66
宁夏	1.48	1.71	0.15	0.19	1.11	1.15	0.80	0.79
新疆	0.46	0.41	0.54	0.48	1.45	1.25	0.83	0.74

4－7 续表 5

单位:公斤/人

地区	茶叶		糕点		干鲜瓜果类		坚果及果仁制品	
	1998 年	1999 年	1998 年	1999 年	1998 年	1999 年	1998 年	1999 年
全国	**0.27**	**0.38**	**1.18**	**1.11**	**19.24**	**18.35**	**1.18**	**1.82**
北京	0.38	0.63	2.01	2.04	35.12	37.40	2.18	2.11
天津	0.17	0.20	1.73	1.57	30.74	29.55	0.77	1.77
河北	0.09	0.09	1.29	1.28	18.61	16.49	0.85	0.61
山西	0.12	0.16	0.69	0.66	16.08	14.36	0.18	0.25
内蒙古	0.66	0.65	1.44	1.22	18.51	14.74	0.14	0.36
辽宁	0.10	0.13	1.71	1.56	23.32	24.47	1.12	1.73
吉林	0.08	0.06	1.52	1.12	18.44	16.89	0.06	0.30
黑龙江	0.04	0.04	0.94	0.78	20.20	19.69	0.31	0.38
上海	0.31	0.56	2.20	2.73	40.44	28.79	1.10	1.39
江苏	0.18	0.12	2.31	1.79	24.94	19.98	1.26	1.31
浙江	0.20	0.19	2.05	2.35	37.53	26.11	1.85	1.79
安徽	0.17	0.19	1.35	1.30	15.78	13.47	0.54	0.79
福建	0.54	0.47	1.56	1.30	12.62	13.96	2.45	4.00
江西	0.17	0.17	1.26	1.19	22.65	31.54	4.11	4.30
山东	0.39	0.32	2.73	2.82	32.13	27.70	0.07	6.30
河南	0.03	0.03	1.42	1.44	17.74	16.82	0.49	0.44
湖北	0.24	0.45	1.10	0.75	17.64	16.17	1.52	2.59
湖南	0.21	0.21	1.08	0.93	20.56	24.05	1.05	2.20
广东	0.53	0.57	1.32	1.18	12.58	14.93	2.08	2.67
广西	0.02	0.02	0.70	0.71	11.54	13.21	3.76	3.93
海南	0.14	0.11	0.50	0.50	2.71	12.09	4.38	4.00
重庆	0.13	0.13	0.34	0.54	12.67	9.49	1.35	1.59
四川	0.31	0.36	0.32	0.30	9.63	9.67	1.92	2.04
贵州	0.22	0.22	0.41	0.19	7.08	6.79	0.51	0.83
云南	0.55	0.47	0.78	0.74	11.75	13.08	0.87	1.04
西藏	0.01	9.79	0.32	0.55	1.03	1.55	0.22	0.24
陕西	0.27	0.28	0.97	1.04	22.15	20.92	0.61	0.70
甘肃	0.47	0.45	0.18	0.17	9.89	8.86	0.10	0.28
青海	1.57	1.68	0.06	0.10	6.21	6.48	0.15	0.36
宁夏	0.22	0.24	0.28	0.27	51.78	39.48	0.77	1.27
新疆	0.45	0.38	0.27	0.28	50.12	44.77	0.26	0.49

4－8　1999年农村居民主要衣着消费量

地　　区	棉布(包括成衣折量)(米/人)		#棉布服装(件/人)		化纤布(包括成衣折量)(米/人)		#化纤布服装(件/人)	
	1998年	1999年	1998年	1999年	1998年	1999年	1998年	1999年
全　　国	**0.32**	**0.30**	**0.06**	**0.06**	**1.57**	**1.52**	**0.92**	**0.91**
北　　京	0.96	0.87	0.17	0.13	2.08	1.86	0.89	0.78
天　　津	0.96	0.63	0.09	0.07	1.39	1.22	0.87	0.70
河　　北	0.51	0.38	0.02	0.05	2.31	2.21	1.15	1.13
山　　西	0.39	0.27	0.02	0.02	1.96	2.10	1.23	1.26
内 蒙 古	0.51	0.51	0.03	0.03	1.90	1.94	0.96	0.98
辽　　宁	0.49	0.41	0.06	0.06	1.90	1.67	1.13	1.10
吉　　林	0.28	0.23	0.03	0.02	1.26	1.40	0.70	0.85
黑 龙 江	0.25	0.23	0.03	0.03	1.28	1.12	0.71	0.66
上　　海	0.52	0.34	0.14	0.23	1.54	1.49	0.94	0.92
江　　苏	0.28	0.29	0.12	0.09	1.75	1.63	0.95	0.95
浙　　江	0.29	0.39	0.08	0.07	1.84	2.02	0.88	0.90
安　　徽	0.26	0.23	0.08	0.08	1.34	1.31	0.77	0.78
福　　建	0.15	0.13	0.08	0.08	0.82	0.74	0.56	0.55
江　　西	0.12	0.13	0.03	0.04	1.56	1.47	0.86	0.92
山　　东	0.73	0.66	0.08	0.08	2.08	2.07	0.83	0.83
河　　南	0.21	0.21	0.02	0.04	1.86	1.65	1.07	1.01
湖　　北	0.22	0.17	0.10	0.09	1.39	1.28	1.03	0.94
湖　　南	0.14	0.12	0.04	0.03	1.68	1.59	1.20	1.21
广　　东	0.13	0.16	0.08	0.07	1.19	1.11	0.94	0.81
广　　西	0.14	0.09	0.04	0.02	1.38	1.36	1.05	1.08
海　　南	0.19	0.10	0.08	0.08	0.96	0.91	0.71	0.69
重　　庆	0.16	0.24	0.05	0.04	1.03	1.07	0.80	0.83
四　　川	0.21	0.17	0.06	0.05	1.20	1.13	0.88	0.84
贵　　州	0.35	0.30	0.04	0.05	0.96	0.93	0.65	0.67
云　　南	0.22	0.26	0.04	0.04	1.18	1.22	0.88	0.94
西　　藏	0.97	1.42	0.48	0.55	0.40	0.35	0.24	0.20
陕　　西	0.39	0.25	0.03	0.03	1.85	1.96	0.16	1.22
甘　　肃	0.28	0.25	0.03	0.02	1.12	0.97	0.53	0.43
青　　海	0.50	0.44	0.01	0.02	1.89	1.93	1.10	1.22
宁　　夏	0.21	0.22	0.01	0.01	2.51	2.37	1.18	1.27
新　　疆	0.60	0.67	0.04	0.04	2.14	1.98	0.84	0.75

4-8 续表 1

地　　区	呢绒(包括成衣折量)(米/人)		#呢绒服装(件/人)		绸缎(包括成衣折量)(米/人)		#绸缎服装(件/人)	
	1998 年	1999 年	1998 年	1999 年	1998 年	1999 年	1998 年	1999 年
全　　国	**0.05**	**0.03**	**0.02**	**0.02**	**0.02**	**0.02**	…	…
北　　京	0.05	0.05	0.02	0.01	0.02	0.02	…	…
天　　津	0.06	0.06	0.03	0.03	0.14	0.17	0.11	0.14
河　　北	0.02	0.01	0.01	0.01	0.01	0.01	…	…
山　　西	0.02	0.03	0.01	0.01	0.02	0.01	…	…
内 蒙 古	0.06	0.03	0.01	0.01	0.25	0.30	…	…
辽　　宁	0.06	0.05	0.03	0.02	0.01	0.01	…	…
吉　　林	0.01	0.02	0.01	0.01	…			…
黑 龙 江	0.03	0.03	0.02	0.02	0.01	0.01	…	…
上　　海	0.11	0.14	0.06	0.09	0.03	0.01	0.01	…
江　　苏	0.11	0.06	0.03	0.03	0.01	0.01	…	…
浙　　江	0.11	0.11	0.04	0.04	0.01	0.01	0.01	…
安　　徽	0.03	0.03	0.02	0.01	0.02	0.01	…	…
福　　建	0.04	0.03	0.02	0.02	…		…	…
江　　西	0.02	0.02	0.01	0.01	…		…	…
山　　东	0.06	0.05	0.03	0.02	0.01	0.01	…	…
河　　南	0.02	0.02	0.01	0.01	…		…	…
湖　　北	0.02	0.01	0.01	0.01	0.01	0.02	…	…
湖　　南	0.02	0.01	0.01		…		…	…
广　　东	0.01		…		…		…	…
广　　西	…		…					…
海　　南	…		…					…
重　　庆	0.03	0.04	0.02	0.03	0.01	0.01	0.01	…
四　　川	0.02	0.02	0.01	0.01	…		…	…
贵　　州	0.02	0.01	0.01	0.01	0.01		…	
云　　南	0.24	0.01	0.01	0.01	…		…	…
西　　藏	0.18	0.25	0.08	0.12	0.03	0.07	…	0.01
陕　　西	0.02	0.03	0.01	0.01	0.02	0.03	…	…
甘　　肃	0.03	0.02	0.01	0.01	0.01	0.01	…	…
青　　海	0.04	0.02	0.02	0.01	0.29	0.11	…	…
宁　　夏	0.03	0.02	0.01	0.01	0.01	0.01		…
新　　疆	0.33	0.19	0.07	0.04	0.17	0.16	0.04	0.03

4－8 续表 2

地区	毛线及毛线织品(公斤/人)		#毛线(公斤/人)		针织衣裤(件/人)		#尼龙衣裤(件/人)	
	1998 年	1999 年	1998 年	1999 年	1998 年	1999 年	1998 年	1999 年
全国	**0.12**	**0.12**	**0.07**	**0.07**	**0.27**	**0.26**	**0.05**	**0.04**
北京	0.24	0.26	0.11	0.13	0.63	0.62	0.05	0.05
天津	0.32	0.20	0.07	0.07	0.29	0.28	0.09	0.07
河北	0.15	0.13	0.09	0.08	0.29	0.26	0.06	0.06
山西	0.12	0.12	0.09	0.09	0.33	0.31	0.06	0.06
内蒙古	0.12	0.12	0.07	0.07	0.42	0.41	0.06	0.04
辽宁	0.16	0.19	0.08	0.10	0.52	0.50	0.04	0.03
吉林	0.17	0.17	0.09	0.09	0.51	0.49	0.02	0.03
黑龙江	0.15	0.14	0.07	0.07	0.40	0.37	0.04	0.04
上海	0.18	0.18	0.04	0.03	0.42	0.39	0.01	0.01
江苏	0.13	0.14	0.07	0.06	0.35	0.27	0.03	0.03
浙江	0.13	0.21	0.07	0.05	0.25	0.28	0.02	0.02
安徽	0.12	0.12	0.08	0.09	0.17	0.18	0.03	0.03
福建	0.07	0.05	0.03	0.02	0.26	0.27	0.06	0.04
江西	0.08	0.07	0.06	0.05	0.20	0.20	0.02	0.01
山东	0.21	0.21	0.10	0.09	0.44	0.43	0.07	0.09
河南	0.15	0.14	0.11	0.11	0.25	0.19	0.07	0.04
湖北	0.12	0.10	0.08	0.08	0.18	0.17	0.03	0.03
湖南	0.07	0.07	0.05	0.05	0.22	0.16	0.05	0.03
广东	0.02	0.03	…	…	0.21	0.19	0.05	0.04
广西	0.03	0.03	0.01	0.01	0.06	0.06	0.02	0.01
海南	0.01	0.01	…	…	0.04	0.08	…	0.02
重庆	0.08	0.08	0.06	0.06	0.28	0.28	0.04	0.03
四川	0.07	0.07	0.05	0.05	0.27	0.26	0.02	0.03
贵州	0.08	0.07	0.05	0.05	0.10	0.09	0.02	0.02
云南	0.11	0.08	0.08	0.06	0.11	0.10	0.02	0.01
西藏	0.11	0.16	0.08	0.12	0.36	0.26	0.01	0.04
陕西	0.14	0.12	0.10	0.08	0.32	0.33	0.04	0.04
甘肃	0.12	0.16	0.08	0.11	0.12	0.15	0.04	0.05
青海	0.09	0.11	0.04	0.06	0.21	0.24	0.08	0.08
宁夏	0.13	0.14	0.07	0.07	0.49	0.50	0.07	0.07
新疆	0.20	0.13	0.02	0.01	0.44	0.39	0.24	0.22

4－8续表3

地　区	皮　鞋（双/人）		胶　鞋（双/人）		球　鞋（双/人）		塑料鞋（双/人）	
	1998年	1999年	1998年	1999年	1998年	1999年	1998年	1999年
全　国	**0.25**	**0.28**	**0.27**	**0.25**	**0.14**	**0.13**	**0.26**	**0.27**
北　京	0.56	0.59	0.10	0.10	0.12	0.14	0.18	0.16
天　津	0.51	0.50	0.13	0.09	0.12	0.08	0.18	0.15
河　北	0.30	0.32	0.08	0.07	0.08	0.06	0.19	0.19
山　西	0.29	0.33	0.12	0.11	0.09	0.06	0.14	0.13
内蒙古	0.28	0.30	0.20	0.19	0.06	0.05	0.06	0.06
辽　宁	0.41	0.41	0.41	0.35	0.02	0.03	0.13	0.14
吉　林	0.29	0.31	0.51	0.45	0.05	0.04	0.04	0.04
黑龙江	0.35	0.34	0.36	0.32	0.03	0.02	0.04	0.04
上　海	0.49	0.50	0.10	0.10	0.09	0.08	0.16	0.17
江　苏	0.30	0.31	0.13	0.11	0.24	0.23	0.23	0.24
浙　江	0.38	0.41	0.23	0.27	0.17	0.18	0.24	0.26
江　西	0.15	0.20	0.14	0.11	0.34	0.32	0.27	0.30
福　建	0.22	0.24	0.25	0.23	0.05	0.05	0.47	0.46
江　西	0.18	0.21	0.36	0.29	0.16	0.16	0.46	0.45
山　东	0.27	0.30	0.14	0.13	0.14	0.12	0.32	0.34
河　南	0.18	0.19	0.04	0.03	0.14	0.12	0.37	0.36
湖　北	0.21	0.25	0.24	0.20	0.36	0.32	0.29	0.29
湖　南	0.26	0.27	0.46	0.38	0.13	0.11	0.31	0.35
广　东	0.16	0.21	0.41	0.38	0.04	0.03	0.36	0.43
广　西	0.07	0.09	0.38	0.36	0.07	0.08	0.62	0.57
海　南	0.09	0.11	0.52	0.52	…	0.00	0.20	0.24
重　庆	0.26	0.29	0.50	0.59	0.08	0.09	0.40	0.44
四　川	0.33	0.35	0.47	0.44	0.04	0.03	0.39	0.38
贵　州	0.21	0.24	0.56	0.50	0.23	0.24	0.19	0.21
云　南	0.16	0.18	0.45	0.46	0.08	0.07	0.22	0.24
西　藏	0.39	0.51	0.75	0.98	0.09	0.02	0.01	0.00
陕　西	0.21	0.25	0.13	0.13	0.12	0.10	0.25	0.23
甘　肃	0.13	0.14	0.16	0.11	0.09	0.12	0.06	0.05
青　海	0.21	0.27	0.14	0.20	0.43	0.41	0.02	0.01
宁　夏	0.29	0.33	0.06	0.04	0.19	0.18	0.10	0.10
新　疆	0.56	0.51	0.17	0.07	0.39	0.32	0.13	0.17

4－9 1999年农村居民粮食收入

单位:公斤/人

地 区	年内粮食收入		1. 家庭经营生产		2. 购 入		3. 其他粮食收入	
	1998年	1999年	1998年	1999年	1998年	1999年	1998年	1999年
全 国	**746.91**	**750.92**	**699.63**	**704.93**	**42.51**	**42.45**	**4.77**	**3.54**
北 京	546.23	529.35	473.44	455.46	71.94	71.31	0.85	2.58
天 津	839.01	749.01	728.16	654.28	110.74	94.31	0.11	0.42
河 北	832.40	765.61	793.70	731.66	33.89	31.86	4.81	2.09
山 西	612.03	526.90	566.55	478.22	41.77	44.38	3.71	4.30
内蒙古	1178.11	1171.79	1102.33	1084.10	70.53	81.75	5.25	5.94
辽 宁	1283.12	1217.95	1175.13	1121.82	94.46	91.33	13.53	4.80
吉 林	2311.15	2361.27	2210.33	2282.19	76.97	75.48	23.85	3.60
黑龙江	2088.52	2284.98	1981.08	2181.92	103.67	102.42	3.77	0.64
上 海	547.71	473.84	526.06	460.58	21.65	13.23	0.00	0.03
江 苏	750.71	834.47	700.29	788.65	49.30	45.00	1.12	0.82
浙 江	490.46	481.01	458.68	445.76	29.52	32.74	2.26	2.51
安 徽	756.14	799.11	728.38	770.24	27.11	28.52	0.65	0.35
福 建	480.77	460.33	425.71	413.09	51.70	45.12	3.36	2.12
江 西	687.66	733.28	651.78	706.37	27.61	23.59	8.27	3.32
山 东	792.32	834.17	744.16	777.86	45.99	48.73	2.17	7.58
河 南	680.95	735.71	651.20	708.63	27.58	24.25	2.17	2.83
湖 北	774.56	769.10	732.88	724.34	37.27	39.68	4.41	5.08
湖 南	621.68	617.16	571.77	582.07	38.44	28.73	11.47	6.36
广 东	500.49	499.34	441.89	442.97	55.50	53.83	3.10	2.54
广 西	486.91	491.02	453.53	457.82	28.62	31.01	4.76	2.19
海 南	522.20	528.94	498.95	506.48	23.23	21.65	0.02	0.81
重 庆	521.60	499.41	488.23	471.65	30.02	24.44	3.35	3.32
四 川	574.51	581.05	536.90	542.52	36.25	36.93	1.36	1.60
贵 州	467.40	459.97	428.09	424.41	35.66	32.94	3.65	2.62
云 南	538.18	552.90	489.84	503.33	42.15	41.69	6.19	7.88
西 藏	558.79	555.51	517.37	502.40	40.38	51.71	1.04	1.40
陕 西	532.78	469.97	494.06	425.08	30.67	36.53	8.05	8.36
甘 肃	597.02	533.75	566.19	506.19	20.29	19.45	10.54	8.11
青 海	499.26	420.39	460.49	379.26	36.30	38.83	2.47	2.30
宁 夏	942.56	910.54	893.84	814.77	45.82	94.99	2.90	0.78
新 疆	816.99	811.03	769.39	765.29	45.10	44.67	2.50	1.07

4－10　1999年农村居民粮食支出

单位:公斤/人

地　区	年内粮食支出		1. 主食用粮		2. 其他生活用粮		3. 出　售	
	1998年	1999年	1998年	1999年	1998年	1999年	1998年	1999年
全　国	**607.39**	**619.38**	**249.28**	**247.45**	**3.03**	**2.49**	**227.53**	**243.34**
北　京	395.88	411.70	173.42	179.62			209.05	220.04
天　津	579.35	511.29	216.59	220.74			222.56	174.50
河　北	567.31	560.20	209.62	215.02	6.22	4.83	237.66	231.33
山　西	401.93	406.94	220.50	212.95	2.45	2.98	118.23	100.96
内蒙古	926.94	1069.42	268.02	249.49	4.06	1.61	374.73	541.13
辽　宁	922.60	986.86	243.67	227.56	0.27	0.03	469.97	564.77
吉　林	1682.75	1903.37	249.44	251.55			1186.72	1418.49
黑龙江	1521.94	1761.76	275.40	288.95			1045.28	1269.69
上　海	492.12	378.44	243.60	253.22			224.46	109.69
江　苏	613.51	641.51	262.38	265.41	3.22	1.79	240.24	283.10
浙　江	474.00	419.38	257.47	241.82	4.33	5.20	158.62	124.78
安　徽	660.75	624.31	245.17	251.14	0.94	0.42	333.00	294.46
福　建	414.17	381.31	266.67	251.27	2.07	3.00	71.16	65.51
江　西	640.05	628.71	301.40	307.05	8.46	6.84	217.17	210.22
山　东	715.30	781.55	232.37	245.74	0.68	0.27	282.79	302.48
河　南	534.27	532.83	229.67	235.31	0.27	…	215.40	212.93
湖　北	672.92	627.84	276.42	258.69	7.07	6.15	284.58	273.91
湖　南	567.93	546.55	300.63	294.69	6.65	5.97	111.72	121.25
广　东	417.99	411.67	258.38	258.20	3.10	1.89	69.05	73.08
广　西	430.87	437.62	240.72	240.75	1.84	1.80	68.38	74.38
海　南	472.04	467.47	247.68	241.17		0.25	77.23	82.96
重　庆	452.32	451.33	239.45	239.57	2.67	2.29	52.92	47.27
四　川	479.23	468.18	244.42	236.72	2.02	1.24	75.32	66.75
贵　州	411.66	415.60	223.85	230.11	1.18	0.90	70.60	66.59
云　南	526.15	518.46	244.46	245.11	6.75	5.71	81.03	72.66
西　藏	374.77	401.69	232.92	244.78	21.70	19.08	36.00	38.66
陕　西	435.25	423.41	228.70	214.93	1.14	1.08	111.15	112.33
甘　肃	443.21	422.63	255.19	253.38	0.43	0.16	105.56	89.65
青　海	415.82	426.53	253.12	257.81	0.48	1.02	75.77	79.01
宁　夏	821.79	815.20	259.67	253.63	4.06	2.61	390.68	356.17
新　疆	679.23	690.52	254.54	243.48			290.72	299.81

4－10 续表 1　　单位:公斤/人

地　　区	4. 种　籽		5. 饲　料		6. 上交集体承包任务		7. 其他粮食支出	
	1998 年	1999 年	1998 年	1999 年	1998 年	1999 年	1998 年	1999 年
全　　国	**16.51**	**15.82**	**97.80**	**98.68**	**2.60**	**2.07**	**10.64**	**9.53**
北　　京	2.50	3.10	8.72	5.99	2.09	2.84	0.10	0.11
天　　津	11.10	5.81	126.36	107.63	0.75	1.14	1.99	1.47
河　　北	20.70	20.27	85.30	84.96	5.72	3.31	2.09	0.48
山　　西	15.08	13.42	38.03	40.55	2.93	3.36	4.71	32.72
内 蒙 古	40.92	40.52	237.61	232.89	0.03	…	1.57	3.78
辽　　宁	10.86	11.58	190.75	181.57	0.20		6.88	1.35
吉　　林	13.69	14.39	199.06	203.25			33.84	15.69
黑 龙 江	47.44	55.44	127.68	144.56	7.41		18.73	3.12
上　　海	4.08	3.11	19.69	12.41			0.29	0.01
江　　苏	12.64	12.43	83.81	71.62	3.23	1.66	7.99	5.50
浙　　江	4.03	3.91	40.29	36.71	0.16	0.03	9.10	6.93
江　　西	12.41	11.09	66.90	64.77	0.72	0.73	1.61	1.70
福　　建	2.78	2.08	62.46	51.65	1.24	1.06	7.79	6.74
江　　西	10.05	9.95	87.13	81.43	1.51	1.45	14.33	11.77
山　　东	20.94	15.66	144.59	161.80	12.56	11.91	21.37	43.69
河　　南	13.66	14.04	72.78	69.74		0.00	2.49	0.81
湖　　北	14.80	12.49	75.02	74.94	0.01	0.48	15.02	1.18
湖　　南	9.51	8.54	128.02	108.88	0.67	0.68	10.73	6.54
广　　东	3.87	3.56	51.57	45.63	8.43	7.56	23.59	21.75
广　　西	4.45	4.35	90.44	97.14	2.84	3.04	22.20	16.16
海　　南	10.77	13.23	98.92	105.68	6.16	2.87	31.28	21.31
重　　庆	13.33	8.92	140.99	151.15	0.40	0.43	2.56	1.70
四　　川	12.13	11.64	133.01	142.75	2.32	1.49	10.01	7.59
贵　　州	13.10	12.56	98.34	100.51	0.32	0.21	4.26	4.72
云　　南	23.94	21.32	145.45	152.98	3.14	3.14	21.39	17.54
西　　藏	27.27	34.08	54.31	61.42			2.57	3.67
陕　　西	14.43	14.02	73.56	74.59	0.63	1.90	5.64	4.56
甘　　肃	28.48	27.95	43.49	45.12	1.62	0.57	8.44	5.80
青　　海	41.34	44.65	43.81	42.88	0.11	0.17	1.19	0.99
宁　　夏	48.00	43.44	107.28	155.36	0.28		11.82	3.99
新　　疆	36.58	38.45	88.45	103.36		0.06	8.94	5.36

4－11　1999年农村居民主要建筑材料购买量

地　区	水　泥（公斤/户）		木　材（立方米/户）		钢　材（公斤/户）		水泥预制件（件）	
	1998年	1999年	1998年	1999年	1998年	1999年	1998年	1999年
全　国	**264.99**	**285.11**	**0.10**	**0.11**	**19.33**	**24.89**	**1.50**	**1.83**
北　京	237.99	221.66	0.36	0.12	5.57	5.83	0.86	0.62
天　津	166.16	180.90	0.08	0.47	5.80	5.90	6.29	6.77
河　北	283.08	355.96	0.08	0.13	14.50	23.35	1.51	1.24
山　西	152.22	150.55	0.14	0.04	3.98	11.66	0.23	0.31
内蒙古	134.97	196.74	0.06	0.09	5.67	5.53	0.20	0.10
辽　宁	293.52	259.69	0.06	0.06	9.37	13.76	0.12	0.34
吉　林	67.07	123.00	0.02	0.07	1.27	3.78	0.06	0.13
黑龙江	85.87	89.82	0.08	0.09	4.28	4.97	0.09	0.09
上　海	250.38	221.96	0.14	0.15	24.61	16.46	2.94	2.69
江　苏	413.10	422.45	0.09	0.34	23.84	24.53	2.57	2.04
浙　江	407.99	375.55	0.29	0.22	42.08	35.85	2.74	7.21
安　徽	243.86	260.25	0.07	0.05	17.17	24.30	2.41	2.29
福　建	257.10	372.12	0.04	0.06	47.36	60.09	1.40	0.87
江　西	331.38	454.31	0.08	0.06	38.35	73.89	1.19	0.29
山　东	346.18	362.64	0.08	0.06	13.62	16.84	1.92	1.26
河　南	238.00	281.79	0.02	0.02	10.41	16.81	0.98	1.34
湖　北	202.34	237.90	0.09	0.06	12.16	15.81	2.71	1.54
湖　南	393.84	394.70	0.08	0.07	31.97	35.21	2.75	2.93
广　东	568.57	546.30	0.06	0.06	63.00	107.29	0.15	0.21
广　西	503.74	440.41	0.02	0.05	63.25	66.32	0.95	1.12
海　南	142.80	262.07	0.03	0.02	14.62	18.69	1.40	0.81
重　庆	221.11	194.48	0.02	0.03	7.38	8.75	1.73	2.88
四　川	189.01	213.79	0.05	0.03	10.05	10.94	0.73	1.19
贵　州	177.48	203.44	0.06	0.07	12.43	16.50	3.96	13.39
云　南	224.98	195.84	0.34	0.17	21.27	13.63	2.44	1.25
西　藏	5.18	7.77	0.63	0.71				
陕　西	237.60	249.45	0.08	0.11	14.94	13.68	1.29	0.76
甘　肃	51.51	116.46	0.08	0.62	2.40	5.65	0.24	0.05
青　海	87.47	63.40	0.26	0.18	0.70	0.88	0.03	0.00
宁　夏	249.97	215.71	0.15	0.11	4.31	8.05	0.67	0.01
新　疆	196.31	114.51	0.07	0.08	7.16	4.56	0.50	0.16

4－11 续表 1

地　　区	玻　璃（平方米/户）		砖　瓦（块/户）		石　灰（公斤/户）		油　毡（捆/户）	
	1998 年	1999 年	1998 年	1999 年	1998 年	1999 年	1998 年	1999 年
全　　国	**0.29**	**0.52**	**817.60**	**865.44**	**77.79**	**84.50**	**0.07**	**0.03**
北　　京	0.23	0.78	949.01	752.31	91.19	152.06	0.03	0.10
天　　津	0.44	0.28	786.63	755.65	53.76	101.98	0.60	0.02
河　　北	0.42	0.48	1169.44	1515.73	114.74	136.07	0.06	0.04
山　　西	0.37	0.30	676.96	775.62	85.45	85.61	0.04	
内 蒙 古	0.42	0.69	743.81	944.68	24.47	28.69	0.05	0.05
辽　　宁	0.47	0.28	424.87	581.77	45.46	38.09	0.10	0.12
吉　　林	0.22	0.26	296.04	570.72	9.37	22.96	0.02	0.02
黑 龙 江	0.34	0.32	502.98	543.54	17.77	23.17	0.09	0.06
上　　海	0.43	0.17	785.58	499.58	65.87	70.78	0.05	0.05
江　　苏	0.38	0.33	1183.64	1137.43	116.05	90.73	0.02	0.02
浙　　江	0.41	1.13	1337.91	1062.00	139.97	120.65	0.08	0.06
安　　徽	0.14	0.31	786.11	749.55	57.52	42.58	0.04	0.03
福　　建	0.21	0.58	655.00	793.16	7.85	17.28	0.01	0.02
江　　西	0.19	0.22	1002.98	1251.89	136.69	160.82	0.04	0.01
山　　东	0.39	0.31	1172.12	1093.78	147.92	152.30	0.05	0.01
河　　南	0.09	0.14	1107.99	1079.47	116.50	137.11	0.02	0.03
湖　　北	0.28	0.35	731.30	750.06	63.04	75.15	0.83	0.04
湖　　南	0.34	0.60	853.83	971.45	135.70	156.03	0.02	0.02
广　　东	0.09	0.10	1231.48	1424.11	89.20	136.27	0.02	
广　　西	0.15	0.23	699.45	824.31	97.05	122.05	0.02	0.01
海　　南			306.63	465.31	22.68	20.64	0.01	0.08
重　　庆	0.11	0.13	555.33	377.27	48.64	51.26	0.01	0.01
四　　川	0.16	0.12	711.12	622.04	36.58	41.87		
贵　　州	0.12	0.10	230.34	337.09	55.93	41.21	0.01	
云　　南	0.27	0.12	485.04	382.37	60.21	34.06	0.01	0.01
西　　藏	1.29	0.64	4.9	4.03	0.67	1.20	0.03	0.01
陕　　西	0.40	0.35	1005.87	797.62	74.45	77.55	0.02	0.05
甘　　肃	0.08	0.22	337.67	624.88	4.96	9.77		0.04
青　　海	0.97	0.57	253.42	260.76	14.05	6.74		
宁　　夏	0.87	20.82	1206.38	1403.99	39.95	35.62		
新　　疆	0.40	0.33	535.06	569.78	14.69	7.26	0.07	0.08

4-12 1999年农村居民主要燃料购买量

单位:公斤/人

地区	煤炭		煤制品		煤油	
	1998年	1999年	1998年	1999年	1998年	1999年
全国	**60.10**	**59.78**	**24.08**	**25.57**	**0.15**	**0.12**
北京	96.30	108.17	308.34	316.82	0.02	0.98
天津	37.37	43.76	121.85	91.97	0.48	0.31
河北	106.83	125.71	50.87	58.27	0.01	
山西	192.02	175.26	17.47	18.19		0.01
内蒙古	99.71	105.94	0.52	0.08		
辽宁	48.55	50.10	2.31	1.80		
吉林	30.85	36.44	0.64	0.65	0.08	
黑龙江	67.77	96.05	0.68	0.65	0.25	
上海	0.02	0.25	0.18	0.68	0.04	0.14
江苏	0.72	0.68	16.77	17.07	0.02	0.02
浙江	0.59	0.43	12.62	11.72	0.03	0.11
安徽	7.36	7.03	20.60	21.67	0.04	0.02
福建	31.98	27.06	27.38	28.50	0.03	0.01
江西	24.18	19.53	24.50	24.83	0.08	0.02
山东	58.40	63.73	48.12	47.62	0.48	1.22
河南	42.26	37.06	38.10	39.33	0.01	0.01
湖北	11.84	10.85	28.79	30.78	0.04	0.08
湖南	79.82	70.39	44.13	46.74	0.02	0.02
广东	18.15	16.77	6.51	5.84	0.06	0.04
广西	0.19	0.09	2.11	1.90	0.04	0.02
海南	0.09	0.03	0.01		0.13	0.13
重庆	62.82	75.75	26.48	26.79	0.73	0.02
四川	31.73	30.58	34.46	42.51	0.03	0.02
贵州	180.73	173.12	6.51	7.17	0.93	0.36
云南	57.19	52.82	0.87	1.33	0.06	0.01
西藏						
陕西	68.88	65.37	19.25	20.27	0.01	0.05
甘肃	74.03	74.68	6.99	10.75	0.26	0.10
青海	104.35	111.18	3.79	8.58	0.68	0.01
宁夏	185.94	180.59	0.31	0.09		
新疆	241.96	214.32	7.29	5.33	0.07	0.01

4－13　1999年农村居民主要生产资料购买量

单位:公斤/户

地　区	化　肥		饼　肥		农　药		农用薄膜	
	1998年	1999年	1998年	1999年	1998年	1999年	1998年	1999年
全　国	**551.84**	**547.66**	**3.90**	**5.21**	**6.30**	**7.20**	**3.31**	**2.96**
北　京	325.70	479.97	4.41	4.40	2.86	3.19	5.48	5.94
天　津	460.72	355.38	10.98	7.60	7.02	4.34	3.54	4.53
河　北	607.15	547.88	1.47	3.02	4.53	4.71	2.67	2.30
山　西	480.31	450.27	0.10	0.33	2.01	3.83	2.14	2.15
内蒙古	517.64	567.64	0.24	0.02	1.61	1.72	4.54	3.92
辽　宁	470.27	446.67	4.97	0.11	4.68	4.75	4.55	3.56
吉　林	529.70	610.60	1.02	0.43	4.98	5.34	3.32	2.17
黑龙江	518.68	534.23	1.13	0.22	4.66	4.87	3.22	2.49
上　海	471.54	409.05	0.01	1.09	14.19	17.92	4.35	1.46
江　苏	606.81	631.67	2.14	5.98	8.38	8.75	1.94	2.75
浙　江	408.12	388.16	2.45	0.56	11.73	14.42	1.79	1.94
江　西	734.91	701.77	4.90	7.59	9.11	8.03	2.26	1.95
福　建	489.56	513.99	0.31	2.66	9.61	12.12	1.13	1.48
江　西	522.53	520.09	1.99	1.86	9.49	10.12	1.58	1.45
山　东	654.51	693.28	5.98	9.33	8.69	14.61	7.96	7.55
河　南	683.29	641.01	0.91	2.03	6.15	6.27	2.27	2.19
湖　北	735.28	722.13	2.07	4.88	10.47	11.78	1.38	1.23
湖　南	491.36	483.59	0.81	1.32	9.12	9.47	0.78	0.59
广　东	526.14	517.47	14.04	31.83	10.17	10.89	0.59	1.16
广　西	605.47	595.04	4.49	7.84	8.50	9.57	1.23	0.86
海　南	448.45	460.10	5.16	2.49	6.66	7.17		0.02
重　庆	377.16	391.03	0.70	0.52	2.20	3.46	0.73	0.95
四　川	496.29	483.93	4.01	6.83	3.06	3.44	1.34	1.33
贵　州	320.08	318.52	1.03	2.51	1.20	1.14	0.74	0.75
云　南	427.96	454.28	0.65	0.67	4.36	3.79	2.24	2.37
西　藏	135.06	188.45			0.21	1.50		
陕　西	559.32	572.39	1.85	0.56	3.36	4.13	2.04	2.37
甘　肃	515.45	542.26	1.80	3.50	2.86	3.14	4.04	4.37
青　海	307.44	310.84	0.21	1.35	2.16	3.16	0.73	0.44
宁　夏	795.13	789.90	0.03		1.73	2.61	2.29	3.21
新　疆	942.23	800.94	55.93	40.28	4.96	4.26	41.67	30.67

4－13续表 单位:公斤/户

地　　区	生产用柴油		生产用汽油		生产用煤	
	1998年	1999年	1998年	1999年	1998年	1999年
全　　国	**28.35**	**29.24**	**5.77**	**7.17**	**49.46**	**50.31**
北　　京	35.19	58.15	20.99	77.37	11.67	0.90
天　　津	18.97	21.74	8.97	6.52	26.09	23.97
河　　北	46.62	45.33	4.91	5.18	49.39	17.65
山　　西	19.71	12.37	10.58	11.97	4.29	1.68
内 蒙 古	60.88	67.72	18.40	21.97	4.03	4.44
辽　　宁	23.00	17.67	4.49	11.65	7.44	9.79
吉　　林	42.19	46.27	4.54	4.72	0.94	18.75
黑 龙 江	109.75	100.42	8.23	5.60	5.03	6.50
上　　海	6.30	0.79	7.35	5.05	0.11	0.42
江　　苏	25.04	27.96	5.25	4.63	2.06	4.74
浙　　江	19.03	20.84	10.60	12.00	14.78	4.57
江　　西	36.65	38.29	0.77	1.11	12.89	10.70
福　　建	12.68	11.51	6.25	6.67	28.76	40.98
江　　西	7.32	7.44	3.73	2.18	56.23	19.08
山　　东	29.13	40.00	4.71	5.36	25.99	25.30
河　　南	43.71	49.64	2.48	5.83	22.74	33.04
湖　　北	10.74	10.76	3.63	3.42	12.62	16.56
湖　　南	13.20	11.97	6.15	6.09	117.93	92.73
广　　东	17.06	17.38	9.06	12.52	18.86	37.24
广　　西	16.32	18.28	3.62	3.10	12.39	14.16
海　　南	27.34	20.09	12.88	20.76		
重　　庆	3.50	3.87	0.51	0.37	171.41	164.73
四　　川	9.17	12.01	4.57	6.55	116.51	96.28
贵　　州	5.82	4.87	1.01	1.30	312.68	309.85
云　　南	15.70	16.77	2.65	3.75	192.37	238.71
西　　藏	47.58	68.38	16.51	40.34		
陕　　西	16.00	18.23	3.25	4.11	12.59	23.07
甘　　肃	30.08	19.96	2.59	2.60	13.69	75.32
青　　海	60.71	59.13	3.20	2.61		33.62
宁　　夏	54.98	47.66	20.90	2.43	5.00	65.08
新　　疆	78.79	71.40	9.41	4.90	70.27	89.37

4－14　1999年农村居民主要耐用物品拥有量

单位：平均每百户

地　　区	自行车（辆）		缝纫机（架）		钟（台）		手　　表（只）	
	1998年	1999年	1998年	1999年	1998年	1999年	1998年	1999年
全　　国	**137.15**	**136.85**	**65.82**	**67.06**	**79.03**	**81.45**	**154.55**	**152.76**
北　　京	258.40	248.67	72.00	68.67	120.27	121.07	240.53	235.33
天　　津	225.33	229.17	90.17	91.83	86.33	91.33	226.67	215.00
河　　北	201.95	203.71	90.21	90.86	97.55	97.55	162.36	164.50
山　　西	133.14	134.00	84.43	84.38	78.71	76.86	118.33	118.24
内 蒙 古	109.27	104.61	77.59	76.55	82.95	82.82	112.05	110.24
辽　　宁	152.12	155.13	75.66	75.50	104.97	105.98	158.15	161.27
吉　　林	121.44	117.81	69.25	68.69	91.56	93.19	136.75	131.38
黑 龙 江	105.30	101.70	78.50	76.60	81.95	80.30	141.80	134.95
上　　海	238.50	235.33	88.00	89.83	132.67	143.83	239.00	226.67
江　　苏	182.94	183.62	66.24	67.32	102.79	103.82	171.50	172.56
浙　　江	198.26	196.85	85.89	84.04	119.56	127.04	244.67	242.81
安　　徽	130.58	130.55	63.45	64.94	83.87	86.42	117.48	114.52
福　　建	119.60	115.89	75.60	75.43	103.54	108.29	230.23	220.23
江　　西	136.53	135.92	51.39	45.43	88.41	89.27	145.80	141.84
山　　东	200.26	200.36	77.88	78.79	101.07	103.36	155.26	159.55
河　　南	153.76	156.05	83.21	83.43	76.36	78.19	99.50	105.14
湖　　北	113.81	114.97	51.19	53.13	59.25	65.44	117.97	115.69
湖　　南	95.87	94.38	40.44	40.76	51.54	53.92	123.39	126.22
广　　东	207.89	206.60	75.35	75.04	120.63	125.98	250.16	249.49
广　　西	154.68	156.15	74.37	74.89	66.19	70.91	140.65	140.48
海　　南	103.06	95.83	66.53	65.28	90.56	91.94	118.33	118.06
重　　庆	23.20	22.07	19.07	17.47	45.40	44.27	203.33	163.47
四　　川	69.63	68.95	23.43	22.93	45.73	48.78	176.15	174.43
贵　　州	16.83	14.15	25.22	25.71	25.49	27.28	137.28	125.04
云　　南	75.46	74.25	75.00	113.21	35.21	37.75	151.25	152.54
西　　藏	70.00	73.33	44.79	42.92	42.50	42.50	76.88	87.29
陕　　西	136.62	137.97	68.92	70.32	66.98	69.05	130.95	134.46
甘　　肃	126.63	125.06	70.67	71.00	64.83	63.39	175.04	166.89
青　　海	79.33	82.67	52.00	52.67	68.83	70.67	167.17	169.67
宁　　夏	175.83	176.00	70.17	69.83	74.67	77.00	133.83	130.17
新　　疆	145.53	143.40	67.33	66.33	78.33	82.20	113.80	113.93

4－14 续表 1　　单位:平均每百户

地区	电风扇(台)		洗衣机(台)		电冰箱(台)		摩托车(辆)	
	1998年	1999年	1998年	1999年	1998年	1999年	1998年	1999年
全　国	**111.59**	**116.07**	**22.81**	**24.32**	**9.25**	**10.64**	**13.52**	**16.49**
北　京	148.93	156.00	86.80	87.60	75.60	78.00	27.60	36.67
天　津	147.17	148.17	74.33	76.50	44.17	49.00	27.17	30.50
河　北	136.79	135.48	50.36	53.26	16.79	19.52	23.19	27.95
山　西	29.90	31.19	33.19	34.38	6.00	6.52	11.48	13.62
内蒙古	6.59	6.84	20.95	21.50	3.36	4.03	16.18	19.22
辽　宁	38.62	42.12	55.08	56.14	13.17	13.12	12.96	14.97
吉　林	9.63	11.56	42.88	47.25	4.63	5.44	10.69	15.38
黑龙江	5.15	7.25	43.20	43.55	3.55	3.90	7.50	9.25
上　海	307.83	306.17	65.83	71.50	71.67	72.83	54.83	60.67
江　苏	202.50	207.71	42.32	45.71	17.15	20.06	21.06	24.91
浙　江	256.07	262.89	23.96	26.96	31.89	36.63	17.04	22.48
安　徽	153.52	159.68	7.23	10.03	5.45	6.52	3.58	5.29
福　建	171.77	176.63	26.86	30.74	12.34	15.14	30.74	36.51
江　西	130.29	129.92	2.08	2.45	3.39	3.96	12.24	15.59
山　东	136.40	141.55	13.10	14.90	13.43	16.62	25.48	30.12
河　南	126.10	130.00	19.31	20.40	5.21	5.90	7.36	9.60
湖　北	135.34	140.50	14.69	15.31	4.25	5.09	10.56	13.16
湖　南	133.21	135.46	7.78	7.46	3.52	3.22	5.69	7.49
广　东	287.03	294.26	20.27	22.07	11.02	11.88	34.02	40.74
广　西	159.00	166.75	2.47	2.99	1.65	2.16	7.66	9.87
海　南	91.81	99.86	3.19	3.33	1.94	2.22	27.22	28.75
重　庆	104.73	107.13	4.40	4.27	3.00	3.53	1.87	2.27
四　川	106.70	111.98	15.03	15.65	2.70	3.43	5.95	7.15
贵　州	17.63	20.36	9.42	10.22	0.67	1.16	3.44	5.45
云　南	5.54	6.71	11.29	12.38	1.50	2.13	3.04	3.75
西　藏	0.63	0.83	2.71	4.17	0.42	0.83		0.21
陕　西	53.69	57.03	23.83	25.86	3.33	4.28	7.21	9.14
甘　肃	6.25	7.39	16.92	15.89	1.17	1.89	6.17	6.50
青　海	0.17	0.83	11.67	12.67	1.00	1.67	8.00	9.00
宁　夏	13.67	13.33	30.83	30.67	4.50	5.67	9.83	11.50
新　疆	11.60	11.00	20.60	20.87	7.60	8.53	17.53	17.73

单位：平均每百户

地区	组合家具（件）		沙发（个）		大衣柜（个）		写字台（张）	
	1998 年	1999 年	1998 年	1999 年	1998 年	1999 年	1998 年	1999 年
全国	**30.68**	**31.94**	**82.53**	**84.24**	**85.41**	**86.47**	**82.71**	**84.52**
北京	43.73	48.67	297.60	310.27	103.47	106.80	108.13	106.80
天津	94.50	61.33	149.67	129.67	77.33	77.33	67.33	70.83
河北	41.60	43.74	121.00	125.88	79.67	81.15	81.50	83.12
山西	43.86	41.67	71.19	67.24	63.14	64.33	61.10	61.86
内蒙古	35.77	33.54	49.14	47.18	46.09	44.13	24.59	22.82
辽宁	46.98	49.37	56.72	60.53	59.52	61.01	41.38	41.96
吉林	55.56	52.75	25.81	27.63	52.94	51.75	30.75	29.44
黑龙江	43.75	42.45	39.55	34.30	42.60	40.35	33.25	31.30
上海	32.17	33.33	129.00	134.00	122.67	126.17	83.67	80.83
江苏	31.62	37.09	104.38	106.82	97.56	101.35	98.68	100.65
浙江	28.37	31.11	98.41	106.85	92.37	96.07	102.33	108.30
安徽	29.97	29.87	63.42	67.39	84.94	88.16	100.71	104.29
福建	29.94	31.66	81.60	81.09	90.34	91.09	98.40	100.46
江西	19.02	20.57	51.47	53.35	94.73	96.04	113.43	113.31
山东	29.52	39.05	174.14	179.86	95.62	96.64	74.67	76.83
河南	33.83	35.45	87.00	92.52	93.95	95.93	86.36	88.12
湖北	35.34	35.25	48.53	50.13	103.44	102.06	107.09	107.47
湖南	22.06	22.08	39.87	36.57	116.50	117.46	103.37	105.22
广东	51.17	50.78	106.72	103.36	128.48	129.45	127.23	133.40
广西	11.65	12.73	68.96	70.26	83.12	84.89	110.61	111.56
海南	29.17	24.31	59.31	55.42	83.75	86.67	91.11	94.44
重庆	18.73	20.93	55.73	43.07	112.07	106.73	100.93	97.47
四川	28.00	29.55	62.83	65.10	91.65	93.98	95.58	97.45
贵州	9.64	12.72	38.08	41.25	65.94	66.88	57.86	58.66
云南	22.46	21.88	69.54	73.50	45.29	49.63	45.54	48.75
西藏	2.92	1.04	9.38	14.38	65.00	45.83		3.13
陕西	24.86	26.85	71.89	74.41	73.02	74.91	73.02	74.10
甘肃	20.13	20.11	90.46	94.17	82.38	79.83	83.29	85.50
青海	26.50	28.67	138.83	140.67	58.67	59.50	53.50	54.00
宁夏	9.17	7.83	133.83	140.50	84.67	84.17	78.83	80.00
新疆	10.47	10.47	100.80	100.53	85.33	84.47	72.80	82.40

4－14 续表 3

单位：平均每百户

地区	收音机（台）		黑白电视机（台）		彩色电视机（台）		录像机（台）	
	1998 年	1999 年	1998 年	1999 年	1998 年	1999 年	1998 年	1999 年
全　国	**28.19**	**26.97**	**63.57**	**62.35**	**32.59**	**38.24**	**2.09**	**2.66**
北　京	49.60	48.67	41.87	37.20	94.40	101.33	11.60	13.07
天　津	34.17	46.00	43.83	40.83	80.17	90.17	6.00	6.17
河　北	43.86	44.98	68.90	66.60	45.69	52.86	2.26	2.52
山　西	22.38	23.19	58.33	58.38	37.81	41.43	0.24	0.19
内蒙古	61.95	23.11	60.27	58.16	33.36	36.94	0.59	0.53
辽　宁	33.54	35.93	54.97	53.60	53.60	58.73	2.33	2.43
吉　林	25.88	24.00	65.00	59.31	39.81	48.13	1.25	1.06
黑龙江	32.95	29.70	67.45	64.35	39.05	46.10	1.55	1.95
上　海	42.33	39.33	68.33	66.33	73.67	83.33	9.17	10.83
江　苏	33.06	32.91	76.68	75.71	38.15	44.56	4.56	5.50
浙　江	23.78	24.19	59.85	61.74	55.81	66.63	6.26	6.30
江　西	27.39	25.48	80.68	78.68	22.13	28.52	1.32	2.06
福　建	21.94	20.80	55.94	53.03	50.00	58.23	5.37	7.89
江　西	24.98	21.18	80.41	78.78	19.88	24.61	1.84	1.96
山　东	46.88	47.19	71.29	68.10	35.57	43.17	1.64	1.83
河　南	38.64	39.00	65.90	63.95	28.55	32.93	0.50	0.71
湖　北	16.81	17.78	77.22	76.31	19.69	24.09	0.97	0.97
湖　南	10.63	10.22	70.94	71.24	14.41	16.41	0.70	0.92
广　东	36.41	37.23	43.95	42.07	55.43	63.09	5.51	7.30
广　西	15.97	16.54	66.80	65.93	13.94	18.18	0.61	0.87
海　南	39.72	36.53	16.25	16.94	27.78	31.94	4.44	4.44
重　庆	7.93	8.20	71.13	68.53	16.27	21.67	1.07	1.47
四　川	13.88	13.88	73.13	70.60	20.08	25.90	1.88	2.20
贵　州	7.68	6.52	48.21	50.40	9.60	12.28	0.45	1.25
云　南	14.63	15.00	43.75	43.29	24.21	31.21	1.75	2.25
西　藏	33.33	34.79	3.96	4.38	7.92	10.00	1.25	1.25
陕　西	30.41	30.27	58.78	57.97	31.58	37.03	0.59	3.83
甘　肃	28.96	29.39	47.33	49.83	29.71	30.28	0.67	1.33
青　海	33.83	34.00	52.17	51.17	19.50	23.83	1.00	4.00
宁　夏	17.33	17.00	51.00	49.83	47.17	51.00		0.17
新　疆	18.07	22.07	63.33	62.20	25.93	28.27	1.13	1.20

4－14 续表 4　　单位：平均每百户

地　区	收录机（台）		照相机（架）		抽油烟机（台）		空调机（台）	
	1998 年	1999 年	1998 年	1999 年	1998 年	1999 年	1998 年	1999 年
全　国	**32.36**	**31.99**	**2.22**	**2.69**	**1.66**	**2.33**	**0.58**	**0.74**
北　京	58.27	59.33	23.33	26.53	11.33	13.87	4.00	6.00
天　津	58.50	49.17	8.67	10.67	5.00	8.67	3.83	5.00
河　北	35.62	36.57	2.76	3.12	1.12	2.19	0.64	1.19
山　西	32.29	31.05	1.86	1.76			0.05	0.05
内蒙古	40.05	39.32	1.64	1.55	1.09	0.39	0.05	0.05
辽　宁	34.44	33.81	4.07	3.81	1.96	2.86	0.11	0.05
吉　林	35.50	36.69	1.69	1.81	0.13	0.38		
黑龙江	32.15	31.25	2.20	2.30	1.05	1.00	0.05	0.20
上　海	41.33	42.00	8.67	8.67	26.17	31.50	7.00	8.00
江　苏	35.71	36.91	4.38	5.24	3.68	6.82	3.00	3.47
浙　江	33.37	33.22	5.19	6.19	8.96	12.52	1.67	3.04
江　西	28.29	27.74	0.90	1.10	0.23	0.23	0.06	0.06
福　建	29.77	27.43	3.14	3.77	0.11	2.34	0.74	0.69
江　西	28.20	25.80	0.94	1.27	0.12	0.33	0.04	0.04
山　东	32.31	33.62	2.86	4.76	1.62	3.45	0.79	0.50
河　南	24.55	24.21	0.95	1.26	0.40	0.38	0.50	0.57
湖　北	22.94	22.84	0.91	0.94	0.69	0.75	0.19	0.19
湖　南	20.00	19.14	0.84	0.92	0.10	0.05	0.03	0.03
广　东	48.98	48.55	2.03	2.70	5.04	6.25	1.29	1.48
广　西	26.54	26.15	0.52	0.65	0.09	0.09		
海　南	32.78	34.31	1.39	1.67	0.28	0.14		
重　庆	21.20	19.93	1.13	1.20	1.87	0.20	0.07	0.07
四　川	27.00	26.23	0.80	1.08	0.05	0.05	0.10	0.10
贵　州	22.86	22.10	0.80	0.76	0.04		0.04	
云　南	35.33	34.08	1.42	1.50	0.71	0.79	0.04	
西　藏	36.04	39.38	0.42	1.67				
陕　西	22.66	23.20	1.35	2.30	0.77	0.81	0.05	0.23
甘　肃	43.50	44.28	1.08	1.50	0.17	0.17	0.04	0.06
青　海	53.50	54.00	1.83	2.50			0.17	0.33
宁　夏	39.67	40.33	1.67	1.17				
新　疆	61.00	61.07	2.07	2.53	2.40			

4－15　1999年农村居民总收入

单位:元/人

地　区	总收入		一、基本收入		1.劳动者报酬收入	
	1998年	1999年	1998年	1999年	1998年	1999年
全　国	**2995.48**	**2987.44**	**2860.39**	**2841.82**	**573.58**	**630.25**
北　京	4593.57	5053.23	4257.68	4709.39	2420.43	2600.60
天　津	4558.80	4309.92	4378.47	4156.50	1640.34	1444.73
河　北	3240.26	3180.75	3130.78	3056.63	786.79	896.28
山　西	2269.21	2154.58	2197.82	2071.83	594.39	682.36
内蒙古	3173.88	3225.46	3116.04	3155.37	216.77	259.38
辽　宁	3635.71	3471.74	3529.34	3366.51	753.05	816.38
吉　林	3425.86	3291.38	3365.88	3242.16	279.95	283.02
黑龙江	3622.87	3407.82	3535.97	3323.51	235.35	285.32
上　海	5964.55	5852.19	5580.42	5457.09	3869.37	4191.80
江　苏	4258.15	4300.27	4079.63	4098.79	1464.10	1620.65
浙　江	4864.70	4792.98	4597.56	4450.61	1584.95	1737.81
安　徽	2538.28	2524.74	2433.66	2404.67	457.17	470.69
福　建	3597.13	3725.00	3305.62	3390.26	900.42	981.20
江　西	2799.29	2829.90	2680.26	2698.34	505.44	614.98
山　东	3561.87	3645.91	3421.10	3472.02	722.66	791.15
河　南	2537.18	2576.81	2451.00	2479.02	344.34	408.33
湖　北	2917.66	2871.62	2787.57	2739.59	396.18	496.40
湖　南	2988.21	2932.85	2901.43	2843.05	613.10	706.75
广　东	4462.15	4532.89	4155.70	4214.85	995.49	1104.17
广　西	2688.94	2751.31	2554.31	2609.02	349.17	395.75
海　南	2626.56	2692.95	2430.34	2488.92	52.65	54.23
重　庆	2385.55	2347.25	2164.17	2152.35	379.60	451.32
四　川	2738.39	2696.94	2613.92	2560.93	446.46	530.40
贵　州	1865.22	1860.84	1784.14	1772.14	229.95	263.50
云　南	2157.52	2209.64	2009.78	2095.32	194.79	215.26
西　藏	1590.63	1698.83	1489.19	1622.79	93.26	98.21
陕　西	1928.48	1952.88	1817.12	1845.65	360.23	438.04
甘　肃	1898.64	1795.91	1821.00	1709.29	235.87	278.10
青　海	1971.93	2008.25	1931.62	1940.05	218.20	277.16
宁　夏	2714.79	2774.77	2643.25	2684.67	383.13	460.14
新　疆	3400.00	2917.09	3316.05	2843.45	84.78	109.19

4－15 续表 单位：元/人

地　区	2.家庭经营收入		二、转移性收入		三、财产性收入	
	1998年	1999年	1998年	1999年	1998年	1999年
全　国	**2286.81**	**2211.57**	**104.72**	**114.08**	**30.37**	**31.55**
北　京	1837.25	2108.79	217.68	238.73	118.22	105.11
天　津	2738.12	2711.77	103.85	103.89	76.48	49.52
河　北	2343.99	2160.36	67.39	71.56	42.09	52.56
山　西	1603.43	1389.48	54.40	67.02	16.99	15.73
内蒙古	2899.27	2895.99	44.58	56.86	13.26	13.24
辽　宁	2776.29	2550.13	74.13	78.50	32.24	26.73
吉　林	3085.93	2959.14	48.13	38.97	11.85	10.25
黑龙江	3300.62	3038.18	64.21	64.10	22.70	20.22
上　海	1711.05	1265.29	220.98	267.73	163.15	127.36
江　苏	2615.53	2478.14	136.28	154.29	42.24	47.19
浙　江	3012.61	2712.80	183.74	247.77	83.40	94.61
安　徽	1976.49	1933.98	87.26	102.47	17.35	17.61
福　建	2405.21	2409.07	252.55	293.24	38.96	41.49
江　西	2174.82	2083.36	100.57	112.31	18.46	19.25
山　东	2698.44	2680.87	91.69	105.01	49.09	68.89
河　南	2106.66	2070.68	63.56	70.61	22.62	27.18
湖　北	2391.38	2243.19	116.17	115.55	13.93	16.47
湖　南	2288.33	2136.30	74.65	79.26	12.14	10.55
广　东	3160.22	3110.68	248.82	259.08	57.63	58.96
广　西	2205.14	2213.27	124.12	129.70	10.51	12.59
海　南	2377.69	2434.68	146.06	157.99	50.16	46.04
重　庆	1784.57	1701.03	205.04	183.70	16.34	11.21
四　川	2167.46	2030.53	107.10	116.28	17.36	19.74
贵　州	1554.19	1508.65	74.66	82.89	6.42	5.80
云　南	1814.99	1880.06	111.40	88.29	36.34	26.03
西　藏	1395.93	1524.57	72.47	71.55	28.97	4.49
陕　西	1456.89	1407.61	79.09	81.18	32.27	26.05
甘　肃	1585.14	1431.19	67.49	79.32	10.14	7.30
青　海	1713.42	1662.88	37.55	57.60	2.77	10.60
宁　夏	2260.12	2224.53	42.68	74.95	28.86	15.15
新　疆	3231.27	2734.26	46.68	38.94	37.27	34.69

4－16 1999年农村居民劳动者报酬总收入

单位:元/人

地区	劳动者报酬收入		1.在集体组织中劳动得到		2.在企业劳动得到		①在集体企业劳动得到	
	1998年	1999年	1998年	1999年	1998年	1999年	1998年	1999年
全国	**573.58**	**630.25**	**125.63**	**138.88**	**351.36**	**383.47**	**136.37**	**144.11**
北京	2420.43	2600.60	1035.37	1178.54	1322.80	1331.72	677.45	723.43
天津	1640.34	1444.73	351.73	316.35	1215.89	1020.38	787.81	705.56
河北	786.79	896.28	168.91	189.28	473.65	519.72	113.65	123.97
山西	594.39	682.36	85.71	83.49	378.37	443.89	159.13	167.46
内蒙古	216.77	259.38	65.59	76.38	67.85	74.35	14.88	2.02
辽宁	753.05	816.38	216.79	242.91	321.43	315.98	157.19	155.09
吉林	279.95	283.02	50.49	59.88	139.20	115.62	30.35	40.92
黑龙江	235.35	285.32	84.11	111.83	53.37	59.12	5.29	6.86
上海	3869.37	4191.80	1005.38	1092.56	2811.51	3005.93	2093.17	2229.94
江苏	1464.10	1620.65	231.84	252.77	899.34	946.58	757.93	794.65
浙江	1584.95	1737.81	270.00	290.50	1088.79	1176.19	521.26	553.22
安徽	457.17	470.69	125.72	131.44	290.64	277.86	64.14	59.94
福建	900.42	981.20	168.93	169.03	380.79	399.52	118.52	97.83
江西	505.44	614.98	91.05	100.84	347.89	431.30	41.62	39.13
山东	722.66	791.15	261.29	277.89	374.81	399.42	176.69	189.84
河南	344.34	408.33	74.87	87.24	226.93	266.39	40.83	46.52
湖北	396.18	496.40	105.24	118.27	203.27	274.98	51.71	63.01
湖南	613.10	706.75	66.85	66.02	469.38	561.85	60.52	75.86
广东	995.49	1104.17	237.29	233.53	720.92	831.49	186.41	193.86
广西	349.17	395.75	49.79	52.20	156.18	186.52	18.87	17.41
海南	52.65	54.23	24.65	25.86	26.90	24.58	11.46	17.57
重庆	379.60	451.32	58.22	59.11	151.66	192.77	36.07	30.02
四川	446.46	530.40	58.67	61.92	276.36	349.34	56.35	56.16
贵州	229.95	263.50	30.68	36.77	106.47	120.65	15.77	15.24
云南	194.79	215.26	58.96	64.42	70.10	81.05	25.67	17.42
西藏	93.26	98.21	43.47	69.89	36.82	27.09	24.71	10.32
陕西	360.23	438.04	65.42	77.65	164.24	190.39	32.74	39.75
甘肃	235.87	278.10	37.30	51.83	136.75	144.94	23.45	24.23
青海	218.20	277.16	39.28	47.86	136.41	164.87	22.37	23.31
宁夏	383.13	460.14	58.79	74.17	272.16	316.92	64.16	48.15
新疆	84.78	109.19	46.07	55.73	13.60	15.31	3.98	6.55

单位:元/人

地　　区	②在个体企业劳动得到		③在其他企业劳动得到		3. 在其他单位劳动得到	
	1998 年	1999 年	1998 年	1999 年	1998 年	1999 年
全　　国	**87.95**	**103.28**	**127.05**	**136.08**	**96.59**	**107.90**
北　　京	161.60	146.84	483.74	461.45	62.26	90.33
天　　津	233.43	227.11	194.66	87.71	72.72	108.00
河　　北	186.58	229.94	173.43	165.82	144.22	187.28
山　　西	111.43	104.55	107.81	111.88	130.31	154.98
内 蒙 古	26.89	50.45	26.07	21.88	83.33	108.65
辽　　宁	90.33	93.41	73.90	67.48	214.83	257.49
吉　　林	62.54	46.24	46.32	28.46	90.26	107.53
黑 龙 江	20.43	17.30	27.65	34.97	97.87	114.37
上　　海	69.01	120.18	649.33	655.80	52.48	93.31
江　　苏	64.96	86.53	76.45	65.40	332.91	421.30
浙　　江	360.07	421.01	207.45	201.96	226.16	271.12
安　　徽	68.34	72.16	158.15	145.75	40.81	61.39
福　　建	130.37	181.61	131.90	120.07	350.70	412.65
江　　西	80.75	101.28	225.52	290.89	66.50	82.83
山　　东	96.74	98.78	101.37	110.80	86.56	113.85
河　　南	77.65	94.20	108.44	125.66	42.55	54.71
湖　　北	30.08	40.78	121.48	171.20	87.67	103.15
湖　　南	136.24	157.52	272.62	328.47	76.87	78.88
广　　东	126.97	149.40	407.53	488.23	37.29	39.15
广　　西	50.05	65.87	87.25	103.24	143.20	157.04
海　　南	15.03	6.92	0.42	0.09	1.09	3.79
重　　庆	66.28	78.12	49.32	84.63	169.72	199.44
四　　川	116.21	162.54	103.80	130.64	111.43	119.13
贵　　州	42.85	49.53	47.85	55.88	92.80	106.07
云　　南	10.29	19.86	34.14	43.77	65.73	69.79
西　　藏	5.22	8.62	6.89	8.15	12.96	1.23
陕　　西	49.20	53.47	82.30	97.17	130.58	170.00
甘　　肃	47.52	61.60	65.78	59.11	61.82	81.34
青　　海	26.43	35.16	87.61	106.39	42.50	64.43
宁　　夏	72.68	85.55	135.32	183.22	52.17	69.06
新　　疆	5.19	5.88	4.43	2.88	25.12	38.15

4－17　1999年农村居民家庭经营总收入

单位:元/人

地区	家庭经营收入		1. 种植业收入		2. 林业收入	
	1998年	1999年	1998年	1999年	1998年	1999年
全国	**2286.81**	**2211.57**	**1319.06**	**1261.72**	**21.11**	**24.58**
北京	1837.25	2108.79	1087.10	987.01	51.52	15.40
天津	2738.12	2711.77	1597.13	1540.95	10.26	24.78
河北	2343.99	2160.36	1419.69	1217.55	11.12	13.29
山西	1603.43	1389.48	1002.25	855.94	14.46	11.52
内蒙古	2899.27	2895.99	1812.94	1647.37	3.03	6.20
辽宁	2776.29	2550.13	1851.39	1684.03	7.44	8.20
吉林	3085.93	2959.14	2464.54	2401.81	13.20	35.28
黑龙江	3300.62	3038.18	2788.74	2502.10	2.91	1.10
上海	1711.05	1265.29	1164.28	823.48	0.01	0.02
江苏	2615.53	2478.14	1331.28	1269.98	28.34	31.98
浙江	3012.61	2712.80	1144.73	1017.75	17.15	13.93
安徽	1976.49	1933.98	1249.74	1240.07	19.85	26.54
福建	2405.21	2409.07	1133.98	1125.83	19.36	34.33
江西	2174.82	2083.36	1138.60	1151.15	27.02	29.99
山东	2698.44	2680.87	1780.76	1711.76	31.17	35.41
河南	2106.66	2070.68	1441.24	1395.54	19.13	20.71
湖北	2391.38	2243.19	1439.87	1326.00	30.74	36.36
湖南	2288.33	2136.30	1049.97	1059.19	22.65	21.82
广东	3160.22	3110.68	1310.53	1274.85	18.68	14.85
广西	2205.14	2213.27	1101.92	1129.30	41.84	37.47
海南	2377.69	2434.68	1130.59	1122.68	98.23	172.86
重庆	1784.57	1701.03	824.28	829.79	10.36	10.47
四川	2167.46	2030.53	1057.25	1006.99	19.55	14.82
贵州	1554.19	1508.65	821.48	828.96	22.03	17.46
云南	1814.99	1880.06	994.40	1056.02	31.63	42.78
西藏	1395.93	1524.57	651.87	648.74	37.25	72.97
陕西	1456.89	1407.61	959.28	858.11	11.34	12.42
甘肃	1585.14	1431.19	1062.21	917.29	18.79	18.41
青海	1713.42	1662.88	972.61	870.24	4.88	7.28
宁夏	2260.12	2224.53	1307.68	1192.80	4.86	9.95
新疆	3231.27	2734.26	2568.76	2046.00	21.67	28.78

4-17 续表 1

单位:元/人

地区	3. 牧业收入		4. 渔业收入		5. 手工业收入	
	1998 年	1999 年	1998 年	1999 年	1998 年	1999 年
全国	**491.30**	**443.39**	**38.68**	**42.36**	**36.38**	**37.96**
北京	162.82	235.81	42.27	42.17	1.09	9.06
天津	584.11	473.77	143.71	135.56	30.19	39.59
河北	337.73	283.06	16.67	15.12	60.20	70.82
山西	237.17	199.25	…		16.34	10.22
内蒙古	924.04	1035.57	…	0.16	16.42	8.51
辽宁	547.76	467.68	28.44	33.45	21.39	16.11
吉林	347.69	288.10	1.81	0.85	34.99	61.56
黑龙江	311.64	303.20	17.94	15.42	7.49	8.60
上海	194.20	147.91	53.50	39.48	84.85	37.78
江苏	540.79	432.85	69.99	69.61	75.01	69.63
浙江	472.74	424.89	76.48	95.11	96.32	112.60
安徽	451.85	381.09	14.75	22.23	25.31	20.55
福建	511.68	474.06	52.64	55.86	85.28	88.85
江西	602.81	502.92	59.58	55.62	43.68	48.00
山东	470.15	453.57	1.06	20.04	58.29	64.80
河南	339.86	297.60	6.06	7.12	22.77	26.25
湖北	504.96	464.44	56.39	63.72	36.33	34.54
湖南	712.05	561.16	44.92	38.68	58.37	45.34
广东	618.03	561.11	285.54	316.85	35.02	35.24
广西	663.56	601.34	25.36	42.61	33.42	31.76
海南	484.25	422.49	186.95	149.18	11.30	12.83
重庆	671.93	592.22	20.14	21.32	19.26	13.84
四川	768.32	657.33	19.91	21.67	21.48	24.23
贵州	488.05	423.75	1.96	1.92	33.08	27.19
云南	518.34	513.06	12.39	11.54	17.81	16.88
西藏	342.30	295.46	…	0.14	24.74	34.14
陕西	227.18	211.56	1.47	1.30	13.79	22.57
甘肃	225.93	196.76	0.02		6.17	8.05
青海	462.48	457.34	5.84	2.86	22.55	33.14
宁夏	615.97	634.17	29.78	46.80	12.39	30.70
新疆	367.29	414.15	0.80		16.15	20.56

单位:元/人

地区	6. 采集、捕猎收入		7. 工业收入		8. 建筑业收入	
	1998年	1999年	1998年	1999年	1998年	1999年
全　国	**27.57**	**22.12**	**44.89**	**44.16**	**58.04**	**66.18**
北　京	0.58	0.03	44.39	48.02	16.06	22.66
天　津	38.05	15.03	18.18	11.12	43.72	81.00
河　北	1.03	0.69	79.73	89.07	27.86	39.00
山　西	5.36	4.87	22.89	17.64	31.07	27.11
内蒙古	36.83	40.92	11.86	12.98	9.99	24.60
辽　宁	15.69	27.04	26.48	26.07	26.66	38.38
吉　林	87.67	44.99	7.66	7.21	8.81	7.53
黑龙江	14.69	22.91	3.77	8.08	12.73	21.54
上　海	0.20	0.33	14.16	30.92	27.77	3.49
江　苏	3.70	2.44	94.11	89.31	119.64	108.62
浙　江	16.58	13.24	277.79	244.53	120.48	154.98
安　徽	25.82	19.65	16.51	15.67	40.20	48.05
福　建	46.10	32.98	36.38	36.42	150.03	166.78
江　西	51.22	20.34	32.70	28.77	36.85	44.29
山　东	7.46	7.24	64.63	46.37	58.82	76.52
河　南	8.41	7.91	29.92	41.57	43.41	48.76
湖　北	72.60	49.29	26.78	26.19	52.23	68.71
湖　南	21.80	23.25	65.89	65.76	98.55	106.44
广　东	32.85	29.48	58.22	53.87	226.55	233.34
广　西	30.06	29.40	38.93	45.51	77.46	85.39
海　南	63.34	60.39	44.89	45.91	16.88	19.47
重　庆	32.11	34.35	12.72	14.11	71.61	65.67
四　川	43.15	43.07	30.90	28.91	40.45	40.37
贵　州	20.86	24.83	26.51	26.55	17.62	22.60
云　南	25.87	24.56	21.38	19.23	30.89	28.87
西　藏	10.27	18.36	11.97	19.69	58.88	90.86
陕　西	18.52	20.26	27.14	29.99	38.81	45.15
甘　肃	20.38	7.14	13.52	12.09	50.21	64.04
青　海	58.87	87.60	20.38	20.61	23.13	29.49
宁　夏	8.15	5.11	23.58	39.67	3.64	8.42
新　疆	17.05	14.78	5.06	5.61	6.59	6.63

4－17 续表 3　　　　单位:元/人

地　区	9. 运输业收入		10. 商业收入		11. 饮食业收入	
	1998 年	1999 年	1998 年	1999 年	1998 年	1999 年
全　国	**72.14**	**80.49**	**70.54**	**73.61**	**11.71**	**14.33**
北　京	288.42	504.80	44.65	68.73	8.55	57.84
天　津	68.25	80.90	75.21	112.68	8.67	25.29
河　北	123.53	137.26	146.11	168.81	21.53	19.39
山　西	157.07	136.20	45.56	41.16	[illegible]	3.93
内蒙古	18.93	30.45	17.27	21.35	1.24	1.45
辽　宁	68.68	67.14	112.70	104.73	3.89	6.35
吉　林	15.74	20.19	9.29	12.41	7.38	3.37
黑龙江	56.49	48.44	15.33	18.99	2.18	5.66
上　海	44.30	32.12	27.26	30.73	4.24	28.03
江　苏	117.62	132.52	95.49	109.46	23.84	32.42
浙　江	174.05	183.16	350.82	225.89	28.43	24.30
安　徽	29.21	33.95	28.05	36.98	4.01	5.07
福　建	97.51	94.29	101.31	117.31	12.62	16.75
江　西	50.68	55.59	50.26	57.55	9.16	8.71
山　东	52.42	62.66	66.75	72.39	15.19	17.99
河　南	52.41	63.66	50.78	55.04	14.41	17.08
湖　北	46.89	54.40	52.00	56.42	9.71	8.30
湖　南	62.75	57.39	69.62	76.08	7.71	7.69
广　东	125.87	133.05	161.76	178.28	45.54	50.36
广　西	53.04	68.89	79.80	81.59	4.21	7.37
海　南	96.36	108.20	72.31	81.40	2.14	2.19
重　庆	32.53	34.74	31.94	28.97	3.95	3.79
四　川	54.70	74.13	40.24	47.57	5.26	7.77
贵　州	26.58	25.74	30.47	39.01	5.20	4.06
云　南	52.17	47.69	16.08	18.01	8.86	10.85
西　藏	78.11	120.54	41.18	60.84		
陕　西	64.66	67.81	30.64	40.64	15.16	35.05
甘　肃	39.13	48.26	26.21	27.69	8.05	8.49
青　海	44.98	50.37	19.74	23.99	4.05	6.47
宁　夏	147.84	151.44	65.82	65.74	5.06	3.57
新　疆	54.53	47.97	32.96	28.24	8.39	7.47

4－17续表4 单位:元/人

地区	12. 服务业收入		13. 其他经营收入	
	1998年	1999年	1998年	1999年
全国	**33.93**	**37.49**	**61.45**	**63.19**
北京	23.33	63.39	66.46	53.87
天津	59.51	86.30	61.13	84.79
河北	34.95	41.58	63.83	64.72
山西	11.49	10.44	54.34	71.18
内蒙古	11.77	19.85	34.95	46.57
辽宁	20.45	21.87	45.33	49.09
吉林	5.75	4.05	81.40	71.78
黑龙江	16.63	19.29	50.09	62.85
上海	65.35	67.51	30.92	23.48
江苏	60.51	53.81	55.23	75.51
浙江	106.84	105.47	130.21	96.95
安徽	20.41	28.89	50.80	55.26
福建	67.97	80.73	90.33	84.89
江西	30.05	38.03	42.19	42.41
山东	32.10	37.68	59.66	74.43
河南	28.21	33.40	50.06	56.06
湖北	28.93	24.73	33.93	30.11
湖南	41.69	46.44	32.35	27.05
广东	84.29	80.42	157.35	148.98
广西	23.55	29.44	32.00	23.19
海南	27.52	54.24	142.93	182.84
重庆	24.38	32.47	29.36	19.28
四川	32.67	29.79	33.57	33.89
贵州	21.91	24.24	38.43	42.33
云南	16.69	21.81	68.47	68.76
西藏	8.40	12.04	130.95	150.80
陕西	17.18	19.57	31.72	43.18
甘肃	32.35	33.20	82.17	89.76
青海	8.22	9.11	65.69	64.39
宁夏	24.29	24.63	11.06	11.53
新疆	29.09	19.74	102.93	94.33

单位：元/人

地　　区	从家庭经营第一产业得到		从家庭经营第二产业得到		从家庭经营第三产业得到	
	1998 年	1999 年	1998 年	1999 年	1998 年	1999 年
全　　国	**1934.09**	**1832.13**	**102.93**	**110.33**	**249.78**	**269.11**
北　　京	1345.38	1289.48	60.45	70.68	431.41	748.63
天　　津	2403.45	2229.68	61.90	92.12	272.77	389.96
河　　北	1846.45	1600.53	107.59	128.07	389.95	431.74
山　　西	1273.87	1081.80	53.96	44.75	273.90	262.91
内 蒙 古	2793.26	2738.73	21.85	37.58	84.16	119.67
辽　　宁	2472.11	2236.51	53.13	64.45	251.05	249.18
吉　　林	2949.90	2832.59	16.47	14.74	119.56	111.80
黑 龙 江	3143.21	2853.33	16.50	29.62	140.71	155.23
上　　海	1497.05	1049.00	41.93	34.41	172.07	181.88
江　　苏	2049.10	1876.49	213.75	197.93	352.69	403.73
浙　　江	1824.00	1677.52	398.27	399.51	790.34	635.77
安　　徽	1787.31	1710.13	56.71	63.72	132.47	160.14
福　　建	1849.05	1811.91	186.41	203.20	369.74	393.97
江　　西	1922.92	1808.02	69.55	73.06	182.35	202.28
山　　东	2348.88	2292.82	123.45	122.89	226.11	265.15
河　　南	1837.46	1755.13	73.33	90.33	195.87	225.23
湖　　北	2140.90	1974.35	79.02	94.90	171.47	173.95
湖　　南	1909.77	1749.44	164.44	172.20	214.12	214.66
广　　东	2300.65	2232.38	284.77	287.21	574.80	591.08
广　　西	1896.16	1871.88	116.39	130.90	192.60	210.49
海　　南	1974.66	1940.43	61.76	65.38	341.26	428.87
重　　庆	1578.08	1501.99	84.33	79.78	122.15	119.25
四　　川	1929.67	1768.11	71.35	69.28	166.44	193.13
贵　　州	1387.46	1324.11	44.13	49.15	122.59	135.38
云　　南	1600.44	1664.84	52.27	48.10	162.28	167.12
西　　藏	1066.44	1069.81	70.86	110.55	258.64	344.22
陕　　西	1231.58	1126.22	65.96	75.14	159.35	206.25
甘　　肃	1333.51	1147.65	63.73	76.13	187.90	207.40
青　　海	1527.22	1458.46	43.51	50.10	142.68	154.34
宁　　夏	1978.84	1919.53	27.22	48.09	254.07	256.91
新　　疆	2991.71	2524.27	11.66	12.24	227.90	197.25

4－18　1999年农村居民现金收入

单位：元/人

地　区	现金收入		一、劳动者报酬收入		二、家庭经营收入	
	1998年	1999年	1998年	1999年	1998年	1999年
全　国	**2528.32**	**2556.35**	**573.69**	**628.43**	**1393.33**	**1380.23**
北　京	5232.12	5772.93	2573.01	2639.39	1377.61	1745.98
天　津	4100.12	3634.39	1635.80	1441.16	1837.31	1805.05
河　北	2598.24	2735.59	786.77	895.63	1438.19	1423.46
山　西	1734.78	1754.92	593.43	680.95	859.54	759.76
内蒙古	2404.44	2614.56	216.43	258.27	1596.73	1777.36
辽　宁	3025.89	3004.69	752.67	809.13	1602.49	1608.16
吉　林	2562.64	2747.45	279.94	282.95	1697.62	1890.74
黑龙江	2898.53	2877.90	235.34	285.25	1879.56	1918.24
上　海	6949.03	6689.16	3869.15	4186.90	1150.61	738.81
江　苏	4014.20	4089.33	1452.04	1608.14	1700.59	1605.58
浙　江	5118.84	4979.03	1583.23	1735.57	2379.16	2167.66
安　徽	2006.26	2012.21	455.66	470.19	1202.86	1176.30
福　建	3338.84	3547.64	899.95	980.83	1737.02	1802.64
江　西	2244.85	2294.15	505.33	614.68	1306.23	1212.35
山　东	2856.92	3171.16	715.51	786.93	1556.79	1728.27
河　南	1796.17	1921.42	342.78	405.95	1132.12	1172.66
湖　北	2225.64	2233.94	395.73	492.65	1264.52	1204.71
湖　南	2631.78	2579.59	612.80	706.16	1346.77	1196.71
广　东	4190.37	4187.76	993.73	1103.54	2313.31	2313.46
广　西	2351.76	2378.49	349.11	395.73	1537.06	1539.88
海　南	2002.80	2159.74	52.64	53.42	1633.27	1754.14
重　庆	1661.20	1603.85	379.58	450.81	770.41	708.07
四　川	1992.61	1971.91	446.35	530.32	1116.08	1018.75
贵　州	1212.37	1295.55	229.81	263.37	688.81	708.87
云　南	1701.06	1614.27	194.47	215.01	1006.56	1023.94
西　藏	884.30	1056.66	93.05	97.99	614.94	755.35
陕　西	1663.37	1822.28	360.16	438.04	772.63	879.23
甘　肃	1205.98	1195.15	234.36	276.42	695.51	654.56
青　海	1206.34	1373.53	218.20	276.95	723.02	796.15
宁　夏	2399.33	2590.89	382.71	460.14	1497.27	1526.79
新　疆	3468.69	2725.63	84.39	109.09	2470.91	1957.80

4－18 续表

单位：元/人

地区	三、转移性收入		四、财产性收入		五、储蓄借贷现金收入	
	1998 年	1999 年	1998 年	1999 年	1998 年	1999 年
全　国	**141.67**	**154.57**	**54.92**	**43.46**	**364.71**	**349.66**
北　京	254.22	298.47	165.08	108.43	862.20	980.65
天　津	121.19	114.82	89.93	49.83	415.89	223.52
河　北	82.10	87.78	60.59	51.52	230.59	277.19
山　西	79.00	97.61	34.50	28.12	168.32	188.49
内蒙古	68.38	84.85	54.96	32.25	467.94	461.83
辽　宁	135.77	129.46	52.94	38.96	482.03	418.98
吉　林	79.75	77.43	51.84	16.49	453.48	479.83
黑龙江	106.72	104.30	76.68	47.03	600.23	523.08
上　海	396.82	457.84	165.89	132.84	1366.56	1172.77
江　苏	198.69	211.77	53.34	57.48	609.55	606.36
浙　江	249.91	333.70	125.91	117.48	780.61	624.62
安　徽	106.45	131.87	30.19	15.00	211.09	218.85
福　建	297.33	362.99	49.66	51.89	354.88	349.28
江　西	128.08	147.26	40.50	38.85	264.71	281.00
山　东	121.87	136.56	65.82	73.72	396.93	445.68
河　南	76.52	89.05	46.52	37.35	198.23	216.41
湖　北	198.93	190.68	28.20	18.82	338.26	327.07
湖　南	168.33	179.00	35.15	39.62	468.74	458.10
广　东	296.59	303.64	89.24	65.82	497.51	401.30
广　西	151.15	152.62	27.93	30.53	286.51	259.73
海　南	157.17	163.01	31.81	22.96	127.92	166.21
重　庆	254.38	228.92	31.05	15.69	225.78	200.37
四　川	140.30	156.24	29.02	28.61	260.85	238.00
贵　州	107.83	127.41	39.67	20.98	146.25	174.93
云　南	140.27	123.10	62.12	42.47	297.64	209.75
西　藏	73.67	71.49	40.03	6.67	62.62	125.16
陕　西	96.29	98.50	71.58	58.31	362.70	348.20
甘　肃	73.94	89.53	29.37	15.05	172.81	159.59
青　海	54.19	75.25	25.61	26.08	185.32	199.10
宁　夏	80.19	117.78	81.51	64.59	357.65	421.59
新　疆	66.20	51.19	122.76	56.23	724.42	551.31

4－19　1999年农村居民劳动者报酬现金收入

单位:元/人

地　区	劳动者报酬现金收入		1.在集体组织中劳动得到		2.在企业劳动得到		①在集体企业劳动得到	
	1998年	1999年	1998年	1999年	1998年	1999年	1998年	1999年
全　国	**573.69**	**628.43**	**126.65**	**138.36**	**350.70**	**382.37**	**136.03**	**143.71**
北　京	2573.01	2639.39	1190.96	1221.02	1319.79	1328.20	675.09	720.27
天　津	1635.80	1441.16	351.73	316.09	1211.35	1017.07	783.26	702.32
河　北	786.77	895.63	168.90	188.67	473.65	519.69	113.65	123.97
山　西	593.43	680.95	85.44	82.46	378.03	443.50	158.99	167.10
内蒙古	216.43	258.27	65.57	76.20	67.85	73.57	14.88	2.02
辽　宁	752.67	809.13	216.59	242.88	321.30	308.77	157.07	155.09
吉　林	279.94	282.95	50.49	59.88	139.20	115.55	30.35	40.92
黑龙江	235.34	285.25	84.10	111.81	53.37	59.08	5.29	6.86
上　海	3869.15	4186.90	1005.38	1092.52	2811.28	3001.06	2092.94	2225.12
江　苏	1452.04	1608.14	229.06	249.72	893.18	938.83	754.77	791.96
浙　江	1583.23	1735.57	269.43	290.33	1087.95	1174.45	520.57	551.58
安　徽	455.66	470.19	125.17	131.31	290.27	277.59	64.06	59.93
福　建	899.95	980.83	168.63	168.99	380.72	399.36	118.51	97.83
江　西	505.33	614.68	90.96	100.79	347.88	431.06	41.61	39.04
山　东	715.51	786.93	260.09	276.93	369.02	397.01	174.51	188.36
河　南	342.78	405.95	74.26	86.45	226.16	264.83	40.68	46.16
湖　北	395.73	492.65	105.18	116.71	203.15	273.11	51.71	63.01
湖　南	612.80	706.16	66.70	65.53	469.36	561.81	60.52	75.85
广　东	993.73	1103.54	235.73	232.92	720.71	831.48	186.21	193.84
广　西	349.11	395.73	49.73	52.17	156.18	186.52	18.87	17.41
海　南	52.64	53.42	24.64	25.86	26.90	23.77	11.46	17.57
重　庆	379.58	450.81	58.20	58.93	151.66	192.51	36.07	30.02
四　川	446.35	530.32	58.59	61.86	276.35	349.34	56.35	56.16
贵　州	229.81	263.37	30.54	36.72	106.47	120.57	15.77	15.24
云　南	194.47	215.01	58.71	64.36	70.03	81.04	25.67	17.42
西　藏	93.05	97.99	43.41	69.69	36.67	27.08	24.71	10.32
陕　西	360.16	438.04	65.35	77.64	164.23	190.39	32.73	39.75
甘　肃	234.36	276.42	37.17	51.00	135.50	144.75	22.57	24.04
青　海	218.20	276.95	39.28	47.69	136.41	164.83	22.37	23.31
宁　夏	382.71	460.14	58.79	74.17	271.75	316.92	64.16	48.15
新　疆	84.39	109.09	45.67	55.65	13.60	15.29	3.98	6.55

4-19 续表 单位:元/人

地区	②在个体企业劳动得到		③在其他企业劳动得到		3. 在其他单位劳动得到	
	1998年	1999年	1998年	1999年	1998年	1999年
全国	**87.75**	**102.72**	**126.92**	**135.94**	**96.34**	**107.70**
北京	161.60	146.78	483.10	461.15	62.26	90.17
天津	233.43	227.05	194.66	87.71	72.72	108.00
河北	186.58	229.91	173.43	165.81	144.22	187.28
山西	111.43	161.51	107.61	111.87	129.96	154.98
内蒙古	26.89	49.68	26.07	21.88	83.02	108.50
辽宁	90.33	86.20	73.90	67.48	214.78	257.49
吉林	62.54	46.17	46.32	28.46	90.26	107.53
黑龙江	20.43	17.26	27.65	34.97	97.87	114.37
上海	69.01	120.18	649.33	655.76	52.48	93.31
江苏	62.34	82.56	76.07	64.32	329.81	419.59
浙江	359.97	420.94	207.41	201.93	225.86	270.79
安徽	68.29	71.91	157.91	145.75	40.22	61.28
福建	130.33	181.45	131.88	120.07	350.60	412.49
江西	80.75	101.13	225.52	290.89	66.50	82.83
山东	94.80	98.53	99.71	110.12	86.39	112.99
河南	77.48	93.04	108.00	125.63	42.36	54.67
湖北	30.04	39.80	121.41	170.3	87.40	102.83
湖南	136.22	157.49	272.62	328.47	76.74	78.82
广东	126.97	149.40	407.53	488.23	37.29	39.15
广西	50.05	65.87	87.25	103.24	143.20	157.04
海南	15.03	6.11	0.42	0.09	1.09	3.79
重庆	66.28	77.86	49.32	84.63	169.72	199.36
四川	116.20	162.54	103.80	130.64	111.41	119.12
贵州	42.85	49.53	47.85	55.81	92.80	106.07
云南	10.23	19.85	34.13	43.77	65.73	69.60
西藏	5.07	8.61	6.89	8.15	12.96	1.22
陕西	49.20	53.47	82.30	97.17	130.58	170.00
甘肃	47.23	61.59	65.70	59.11	61.69	80.68
青海	26.43	35.12	87.61	106.39	42.50	64.43
宁夏	72.27	85.55	135.32	183.22	52.17	69.06
新疆	5.19	5.86	4.43	2.88	25.12	38.15

4－20　1999年农村居民家庭经营现金收入

单位:元/人

地　区	家庭经营现金收入		1. 出售产品收入		#种植业产品		#牧业产品	
	1998年	1999年	1998年	1999年	1998年	1999年	1998年	1999年
全　国	**1393.33**	**1380.23**	**1029.30**	**984.63**	**593.99**	**574.32**	**359.15**	**331.37**
北　京	1377.61	1745.98	886.90	927.00	656.57	641.01	168.93	225.26
天　津	1837.31	1805.05	1473.83	1301.61	752.49	718.10	563.45	451.58
河　北	1438.19	1423.46	885.32	800.75	576.53	528.76	281.48	240.67
山　西	859.54	759.76	521.08	445.82	321.39	273.45	180.05	161.85
内蒙古	1596.73	1777.36	1490.50	1617.20	830.9	914.56	641.74	681.71
辽　宁	1602.49	1608.16	1282.49	1280.78	850.79	885.01	397.61	351.78
吉　林	1697.62	1890.74	1556.78	1759.31	1300.84	1441.94	198.41	216.64
黑龙江	1879.56	1918.24	1719.46	1728.45	1503.64	1520.68	194.70	194.08
上　海	1150.61	738.81	851.75	484.74	659.29	351.71	147.03	104.33
江　苏	1700.59	1605.58	1104.94	981.99	549.82	513.88	428.75	339.59
浙　江	2379.16	2167.66	1238.95	1112.90	583.16	548.95	419.82	385.11
安　徽	1202.86	1176.30	999.39	939.13	643.29	581.80	317.21	306.35
福　建	1737.02	1802.64	1106.50	1125.82	594.39	634.50	430.14	406.04
江　西	1306.23	1212.35	1035.30	908.01	450.82	409.76	488.51	413.82
山　东	1556.79	1728.27	1210.85	1306.26	780.55	846.07	367.03	398.97
河　南	1132.12	1172.66	853.08	846.09	585.45	573.56	243.03	240.82
湖　北	1264.52	1204.71	989.62	913.98	628.51	572.44	292.25	260.82
湖　南	1346.77	1196.71	967.88	816.88	289.36	284.81	567.64	433.90
广　东	2313.31	2313.46	1429.03	1414.76	637.29	616.80	502.93	473.99
广　西	1537.06	1539.88	1226.37	1200.00	545.51	561.16	586.75	529.51
海　南	1633.27	1754.14	1251.29	1268.13	600.24	635.80	363.09	328.41
重　庆	770.41	708.07	557.47	506.80	152.51	162.19	371.22	312.57
四　川	1116.08	1018.75	880.38	751.03	278.97	240.92	536.86	450.51
贵　州	688.81	708.87	530.41	534.82	211.22	228.87	258.97	251.03
云　南	1006.56	1023.94	790.89	808.48	408.3	426.69	318.57	302.87
西　藏	614.94	755.35	298.33	317.19	174.77	159.71	60.57	77.05
陕　西	772.63	879.23	545.45	586.09	351.08	398.38	171.33	164.48
甘　肃	695.51	654.56	441.19	365.36	305.48	250.97	117.44	101.76
青　海	723.02	796.15	545.83	562.19	266.17	261.89	227.44	224.82
宁　夏	1497.27	1526.79	1207.83	1207.27	626.8	581.23	535.85	553.54
新　疆	2470.92	1957.80	2215.91	1727.72	1935.73	1401.79	253.05	301.14

单位:元/人

地　　区	2. 工业加工费		3. 建筑业收入		4. 运输业收入		5. 商业收入	
	1998 年	1999 年	1998 年	1999 年	1998 年	1999 年	1998 年	1999 年
全　　国	**29.77**	**32.92**	**58.04**	**66.18**	**72.14**	**80.49**	**70.54**	**73.61**
北　　京	43.82	41.71	16.06	22.66	288.42	504.80	44.65	68.73
天　　津	18.18	11.12	43.72	81.00	68.25	80.90	75.21	112.68
河　　北	77.65	86.30	27.86	39.00	123.53	137.26	146.11	168.81
山　　西	21.27	16.59	31.07	27.11	157.87	136.20	45.56	41.16
内 蒙 古	11.66	12.32	9.99	24.60	18.93	30.45	17.27	21.35
辽　　宁	22.68	24.40	26.66	38.38	68.68	67.14	112.70	104.73
吉　　林	6.81	7.01	8.81	7.53	15.74	20.19	9.29	12.41
黑 龙 江	3.76	7.73	12.73	21.54	56.49	48.44	15.33	18.99
上　　海	14.16	30.92	27.77	3.49	44.30	32.12	27.26	30.73
江　　苏	57.00	50.30	119.64	108.62	117.62	132.52	95.49	109.46
浙　　江	141.80	160.50	120.48	154.98	174.05	183.16	350.82	225.89
安　　徽	12.04	12.83	40.20	48.05	29.21	33.95	28.05	36.98
福　　建	29.92	31.82	150.03	166.78	97.51	94.29	101.31	117.31
江　　西	22.31	22.45	36.85	44.29	50.68	55.59	50.26	57.55
山　　东	22.68	31.43	53.84	76.52	50.51	62.66	66.75	72.39
河　　南	25.63	38.50	43.41	48.76	52.41	63.66	50.78	55.04
湖　　北	22.30	21.35	52.23	68.71	46.89	54.40	52.00	56.42
湖　　南	23.22	24.29	98.55	106.44	62.75	57.39	69.62	76.08
广　　东	57.42	53.12	226.55	233.34	125.87	133.05	161.76	178.28
广　　西	22.30	24.83	77.46	85.39	53.04	68.89	79.80	81.59
海　　南	27.78	35.46	16.88	19.47	96.36	108.20	72.31	81.40
重　　庆	10.40	13.18	71.61	65.67	32.53	34.74	31.94	28.97
四　　川	17.24	20.14	40.45	40.37	54.70	74.13	40.24	47.57
贵　　州	13.81	13.52	17.62	22.60	26.58	25.74	30.47	39.01
云　　南	16.95	13.93	30.89	28.87	52.17	47.69	16.08	18.01
西　　藏	11.97	19.69	58.88	90.86	78.11	120.54	41.18	60.84
陕　　西	21.23	26.42	38.81	45.15	64.66	67.81	30.64	40.64
甘　　肃	12.97	11.67	50.21	64.04	39.13	48.26	26.21	27.69
青　　海	11.39	18.40	23.13	29.49	44.98	50.37	19.74	23.99
宁　　夏	23.07	39.26	3.64	8.42	147.84	151.44	65.82	65.74
新　　疆	5.02	5.61	6.59	6.63	54.53	47.97	32.96	28.24

4－20 续表 2　　　　单位:元/人

地　区	6. 饮食业收入		7. 服务业收入		8. 其他家庭经营收入	
	1998 年	1999 年	1998 年	1999 年	1998 年	1999 年
全　国	**11.71**	**14.33**	**33.93**	**37.49**	**87.89**	**90.59**
北　京	8.55	57.84	23.33	63.39	65.88	59.85
天　津	8.67	25.29	59.51	86.30	89.95	106.15
河　北	21.53	19.39	34.95	41.58	121.23	130.39
山　西	4.63	3.93	11.49	10.44	66.56	78.52
内蒙古	1.24	1.45	11.77	19.85	35.37	50.14
辽　宁	3.89	6.35	20.45	21.87	64.94	64.51
吉　林	7.38	3.37	5.75	4.05	87.05	76.88
黑龙江	2.18	5.66	16.63	19.29	52.99	68.13
上　海	4.24	28.03	65.35	67.51	115.78	61.26
江　苏	23.84	32.42	60.51	53.81	121.54	136.46
浙　江	28.43	24.30	106.84	105.47	217.80	200.45
安　徽	4.01	5.07	20.41	28.89	69.56	71.41
福　建	12.62	16.75	67.97	80.73	171.16	169.14
江　西	9.16	8.71	30.05	38.03	71.61	77.73
山　东	15.19	17.99	28.06	37.68	108.93	123.34
河　南	14.41	17.08	28.21	33.40	64.18	70.14
湖　北	9.71	8.30	28.93	24.73	62.82	56.83
湖　南	7.71	7.69	41.69	46.44	75.35	61.49
广　东	45.54	50.36	84.29	80.42	182.86	170.13
广　西	4.21	7.37	23.55	29.44	50.33	42.37
海　南	2.14	2.19	27.52	54.24	138.99	185.06
重　庆	3.95	3.79	24.38	32.47	38.13	22.45
四　川	5.26	7.77	32.67	29.79	45.15	47.98
贵　州	5.20	4.06	21.91	24.24	42.81	44.88
云　南	8.86	10.85	16.69	21.81	74.03	74.29
西　藏	0.00		8.40	12.04	118.07	134.19
陕　西	15.16	35.05	17.18	19.57	39.51	58.51
甘　肃	8.05	8.49	32.35	33.20	85.40	95.85
青　海	4.05	6.47	8.22	9.11	65.68	96.12
宁　夏	5.06	3.57	24.29	24.63	19.73	26.46
新　疆	8.39	7.47	29.09	19.74	118.42	114.42

4－20 续表 3

单位:元/人

地　区	从家庭经营第一产业得到		从家庭经营第二产业得到		从家庭经营第三产业得到	
	1998 年	1999 年	1998 年	1999 年	1998 年	1999 年
全　国	**1029.30**	**984.63**	**87.81**	**99.10**	**276.22**	**296.51**
北　京	886.90	927.00	59.89	64.37	430.83	754.61
天　津	1473.83	1301.61	61.90	92.12	301.59	411.32
河　北	885.32	800.75	105.51	125.30	447.36	497.43
山　西	521.08	443.82	52.34	43.70	286.13	270.25
内蒙古	1490.50	1617.20	21.65	36.92	84.58	123.24
辽　宁	1282.49	1280.78	49.34	62.78	270.66	264.60
吉　林	1556.78	1759.31	15.63	14.54	125.21	116.90
黑龙江	1719.46	1728.45	16.49	29.27	143.62	160.51
上　海	851.75	484.74	41.93	34.41	256.93	219.65
江　苏	1104.94	981.99	176.64	158.92	419.00	464.67
浙　江	1238.95	1112.90	262.28	315.48	877.93	739.27
安　徽	999.39	939.13	52.25	60.88	151.23	176.30
福　建	1106.50	1125.82	179.95	198.60	450.57	478.22
江　西	1035.30	908.01	59.16	66.74	211.77	237.61
山　东	1210.85	1306.26	76.52	107.95	269.42	314.06
河　南	853.08	846.09	69.04	87.26	210.00	239.32
湖　北	989.62	913.98	74.54	90.06	200.35	200.68
湖　南	967.88	816.88	121.77	130.73	257.12	249.09
广　东	1429.03	1414.76	283.96	286.46	600.31	612.24
广　西	1226.37	1200.00	99.76	110.22	210.93	229.66
海　南	1251.29	1268.13	44.65	54.93	337.32	431.09
重　庆	557.47	506.80	82.02	78.85	130.92	122.42
四　川	880.38	751.03	57.69	60.51	178.02	207.24
贵　州	530.41	534.82	31.43	36.12	126.97	137.93
云　南	790.89	808.48	47.84	42.80	167.83	172.65
西　藏	298.33	317.19	70.86	110.55	245.75	327.61
陕　西	545.45	586.09	60.05	71.57	167.14	221.58
甘　肃	441.19	365.36	63.18	75.71	191.14	213.49
青　海	545.83	562.19	34.51	47.89	142.67	186.06
宁　夏	1207.83	1207.27	26.71	47.68	262.73	271.84
新　疆	2215.91	1727.72	11.62	12.24	243.39	217.84

4－21 1999年农村居民纯收入

单位:元/人

地区	纯收入		一、基本收入		1.劳动者报酬收入	
	1998年	1999年	1998年	1999年	1998年	1999年
全国	**2161.98**	**2210.34**	**2039.58**	**2078.62**	**573.58**	**630.26**
北京	3952.32	4226.59	3645.01	3912.11	2420.43	2600.60
天津	3395.70	3411.11	3227.68	3271.65	1640.34	1444.73
河北	2405.32	2441.50	2306.91	2328.65	786.79	896.28
山西	1858.60	1772.62	1793.69	1696.10	594.39	682.36
内蒙古	1981.48	2002.93	1934.16	1948.61	216.77	259.38
辽宁	2579.79	2501.04	2482.95	2403.97	753.05	816.38
吉林	2383.60	2260.59	2330.66	2220.59	279.95	283.02
黑龙江	2253.10	2165.93	2172.65	2088.52	235.35	285.32
上海	5406.84	5409.11	5054.24	5048.50	3869.37	4191.80
江苏	3376.78	3495.20	3218.51	3313.23	1464.10	1620.65
浙江	3814.56	3948.39	3575.03	3634.27	1584.95	1737.81
安徽	1863.06	1900.29	1768.88	1790.36	457.17	470.69
福建	2946.37	3091.39	2681.64	2786.16	900.42	981.20
江西	2048.00	2129.45	1941.52	2011.63	505.44	614.98
山东	2452.83	2549.58	2325.74	2390.90	722.66	791.15
河南	1864.05	1948.36	1783.52	1856.56	344.34	408.33
湖北	2172.24	2217.08	2048.66	2092.98	396.18	496.40
湖南	2064.85	2127.46	1996.45	2057.63	613.10	706.75
广东	3527.14	3628.95	3246.95	3340.15	995.49	1104.17
广西	1971.90	2048.33	1848.92	1918.41	349.17	395.75
海南	20.31	2087.46	1831.56	1895.79	52.65	54.23
重庆	1720.46	1736.63	1513.57	1557.09	379.60	451.32
四川	1789.17	1843.47	1677.65	1722.00	446.46	530.40
贵州	1334.46	1363.07	1260.67	1282.62	229.95	263.50
云南	1387.25	1437.63	1249.46	1334.43	194.79	215.26
西藏	1231.50	1309.46	1139.12	1242.87	93.26	98.21
陕西	1405.59	1455.86	1304.36	1358.75	360.23	438.04
甘肃	1393.05	1357.28	1321.29	1277.46	235.87	278.10
青海	1424.79	1466.67	1392.88	1410.49	218.20	277.16
宁夏	1721.17	1754.15	1658.35	1680.97	383.13	460.14
新疆	1600.14	1473.17	1525.13	1408.65	84.78	109.19

地　　区	2. 家庭经营纯收入		二、转移性收入		三、财产性收入	
	1998 年	1999 年	1998 年	1999 年	1998 年	1999 年
全　　国	**1466.00**	**1448.36**	**92.03**	**100.17**	**30.37**	**31.55**
北　　京	1224.58	1311.51	189.09	209.38	118.22	105.11
天　　津	1587.33	1826.92	91.54	89.93	76.48	49.52
河　　北	1520.13	1432.37	56.32	60.30	42.09	52.56
山　　西	1199.30	1013.74	47.93	60.79	16.99	15.73
内 蒙 古	1717.39	1689.23	34.06	41.07	13.26	13.24
辽　　宁	1729.90	1587.59	64.60	70.34	32.24	26.73
吉　　林	2050.71	1937.57	41.09	29.75	11.82	10.25
黑 龙 江	1937.21	1803.20	57.86	57.19	22.70	20.22
上　　海	1184.87	856.69	189.44	233.26	163.15	127.36
江　　苏	1754.42	1692.58	116.03	134.78	42.24	47.19
浙　　江	1990.08	1896.46	156.14	219.51	83.40	94.61
安　　徽	1311.70	1319.67	76.83	92.33	17.35	17.61
福　　建	1781.22	1804.96	225.78	263.74	38.96	41.49
江　　西	1436.08	1396.65	88.02	98.57	18.46	19.25
山　　东	1603.08	1599.75	78.00	89.79	49.09	68.89
河　　南	1439.18	1448.22	57.91	64.62	22.62	27.18
湖　　北	1652.48	1596.58	109.65	107.62	13.93	16.47
湖　　南	1383.34	1350.88	56.27	59.29	12.14	10.55
广　　东	2251.47	2235.98	222.56	229.84	57.63	58.96
广　　西	1499.75	1522.66	112.46	117.33	10.51	12.59
海　　南	1778.91	1841.56	136.60	145.63	50.16	46.04
重　　庆	1133.97	1105.77	190.54	168.33	16.34	11.21
四　　川	1231.19	1191.60	94.16	101.74	17.36	19.74
贵　　州	1030.72	1019.12	67.37	74.65	6.42	5.80
云　　南	1054.67	1119.16	101.46	77.17	36.34	26.03
西　　藏	1045.87	1144.66	63.41	62.10	28.97	4.49
陕　　西	944.12	920.71	68.96	71.06	32.27	26.05
甘　　肃	1085.42	999.36	61.62	72.52	10.14	7.30
青　　海	1174.68	1133.33	29.15	45.57	2.77	10.60
宁　　夏	1275.22	1220.83	33.96	58.03	28.86	15.15
新　　疆	1440.35	1299.46	37.74	29.83	37.27	34.69

4－22 1999年农村居民总支出

单位:元/人

地区	总支出		一、家庭经营费用支出		二、购置生产性固定资产		三、缴纳税金	
	1998年	1999年	1998年	1999年	1998年	1999年	1998年	1999年
全国	**2457.17**	**2390.37**	**652.48**	**599.72**	**54.31**	**57.63**	**37.93**	**36.00**
北京	3667.26	4181.30	471.89	669.05	74.05	178.57	10.44	7.17
天津	3227.86	2800.95	938.48	673.73	50.53	26.58	31.05	34.39
河北	2115.20	2099.27	644.50	560.37	51.45	91.93	24.94	18.21
山西	1468.52	1425.11	304.60	279.47	30.70	25.66	23.75	20.59
内蒙古	2810.33	2798.03	871.86	887.02	123.57	119.56	115.98	124.87
辽宁	2805.77	2669.95	834.18	762.53	43.18	56.86	49.94	36.97
吉林	2550.95	2444.35	779.45	768.88	58.70	93.10	64.08	60.91
黑龙江	2932.13	2703.72	932.82	868.72	113.96	75.89	103.28	89.07
上海	4923.53	4431.01	410.11	304.02	28.57	5.03	35.80	36.37
江苏	3261.75	3153.50	691.76	623.27	44.53	52.84	32.06	29.42
浙江	4011.62	3657.20	845.42	638.36	101.59	47.15	34.70	30.96
安徽	2012.59	1940.82	476.54	431.11	45.69	45.61	39.78	38.25
福建	2740.42	2736.75	542.50	515.51	12.22	23.50	19.74	19.15
江西	2323.03	2328.38	615.17	555.53	34.27	29.91	35.12	39.05
山东	2766.77	2845.88	879.94	849.83	93.23	97.36	28.85	29.63
河南	1933.47	1816.76	503.52	463.88	55.32	61.63	23.16	21.50
湖北	2473.61	2260.42	537.40	459.28	25.63	26.99	47.15	42.44
湖南	2829.87	2723.86	729.93	617.71	47.87	44.43	48.60	46.31
广东	3677.53	3613.48	779.37	745.28	16.23	28.14	41.28	40.10
广西	2147.03	2191.52	630.83	616.03	35.52	53.53	19.06	20.20
海南	1883.38	1903.30	507.05	507.26	8.54	24.47	28.90	20.21
重庆	2015.12	1941.67	551.99	502.30	20.91	13.42	26.78	23.00
四川	2382.31	2258.35	783.67	688.59	34.15	26.48	36.95	39.43
贵州	1642.28	1588.99	446.50	413.86	33.31	32.29	21.95	20.77
云南	2136.83	2045.51	658.48	656.42	61.82	41.68	26.05	24.37
西藏	987.58	1156.60	197.26	244.95	37.03	116.32	5.84	9.30
陕西	1740.78	1706.34	389.75	359.73	49.94	58.18	43.27	48.54
甘肃	1455.76	1354.92	392.15	334.12	43.18	57.22	26.22	25.39
青海	1664.87	1694.45	398.98	396.19	58.28	62.63	34.69	25.14
宁夏	2390.59	2379.68	804.14	823.96	113.79	115.65	35.47	31.80
新疆	3368.04	2818.15	1451.54	1138.61	169.33	156.12	57.46	51.54

4－22 续表　　　　　　　　　　　　　　　　　　　　　　　　　　　　　　　　　　　单位：元/人

地　区	四、上交集体承包任务		五、集体提留和摊派		六、生活消费支出		七、其他非借贷性支出	
	1998 年	1999 年	1998 年	1999 年	1998 年	1999 年	1998 年	1999 年
全　国	**24.33**	**21.27**	**44.44**	**42.71**	**1590.33**	**1577.42**	**53.35**	**55.62**
北　京	36.85	29.21	28.22	12.75	2873.20	3122.13	172.60	162.42
天　津	49.59	51.76	29.58	25.93	1976.70	1905.18	151.94	83.39
河　北	18.67	12.22	47.69	43.35	1298.54	1338.37	29.41	34.82
山　西	9.10	0.00	21.69	21.06	1056.16	1047.10	22.20	22.96
内蒙古	27.87	25.64	55.87	58.88	1577.12	1533.72	38.06	48.34
辽　宁	47.48	44.67	54.55	55.13	1702.68	1617.64	73.75	96.16
吉　林	45.18	40.58	62.24	59.75	1471.46	1347.91	69.85	73.23
黑龙江	87.45	50.55	141.84	128.29	1464.64	1371.61	88.14	119.59
上　海	18.58	11.66	8.28	2.71	4206.89	3866.76	215.31	204.47
江　苏	45.11	37.03	37.18	42.60	2336.78	2293.57	74.32	74.76
浙　江	18.15	18.43	9.31	9.45	2890.65	2806.62	111.80	106.22
安　徽	17.67	17.91	74.34	69.83	1333.05	1302.48	25.52	35.62
福　建	13.99	11.96	12.88	15.31	2025.09	2038.57	114.00	112.75
江　西	14.50	12.90	36.47	41.68	1538.24	1607.43	49.26	41.89
山　东	36.36	36.78	81.25	84.50	1595.09	1679.75	52.05	68.03
河　南	4.16	3.60	74.61	69.77	1240.30	1163.98	32.40	32.40
湖　北	32.29	34.43	80.10	68.98	1699.43	1572.90	51.61	55.40
湖　南	23.33	20.22	59.93	59.35	1889.17	1903.81	31.05	32.04
广　东	43.78	45.47	5.96	5.98	2683.18	2645.86	107.73	102.64
广　西	4.36	4.50	12.44	10.83	1414.76	1457.43	30.06	29.00
海　南	8.18	5.68	4.69	7.56	1246.12	1260.93	79.89	77.19
重　庆	6.87	7.77	30.96	28.66	1343.35	1329.21	34.27	37.29
四　川	13.32	9.44	46.04	43.06	1440.77	1426.07	27.40	25.28
贵　州	2.37	1.75	13.40	14.02	1094.39	1069.81	30.37	36.49
云　南	5.53	6.82	11.35	11.90	1312.31	1269.33	61.30	35.00
西　藏	1.35	0.04	1.34	0.76	710.26	767.14	34.50	18.09
陕　西	6.87	7.50	30.11	26.65	1181.38	1161.10	39.46	44.64
甘　肃	15.32	11.90	19.45	17.02	939.55	880.65	19.88	28.62
青　海	4.56	5.21	16.92	14.16	1117.79	1133.63	33.64	57.50
宁　夏	4.43	3.13	57.13	56.85	1327.63	1269.68	48.00	78.60
新　疆	112.64	88.75	69.61	55.19	1450.29	1282.49	57.17	45.45

4－23　1999年农村居民家庭经营费用支出

单位:元/人

地　　区	家庭经营费用支出		1.种植业支出		2.林业支出	
	1998年	1999年	1998年	1999年	1998年	1999年
全　　国	**652.48**	**599.72**	**311.46**	**298.31**	**1.94**	**2.35**
北　　京	471.89	669.05	234.14	248.49	8.45	5.37
天　　津	938.48	673.73	460.16	277.82	3.19	5.31
河　　北	644.50	560.37	364.41	324.50	0.76	0.89
山　　西	304.60	279.47	176.63	171.11	0.75	0.78
内 蒙 古	871.86	887.02	448.73	460.10	0.37	0.44
辽　　宁	834.18	762.53	449.21	437.14	2.46	0.33
吉　　林	779.45	768.88	480.43	516.78	4.55	13.15
黑 龙 江	932.82	868.72	706.66	685.28	0.67	0.64
上　　海	410.11	304.02	232.50	194.12	0.84	0.52
江　　苏	691.76	623.27	292.76	303.09	2.27	2.45
浙　　江	845.42	638.36	232.74	223.86	4.65	6.85
安　　徽	476.54	431.11	277.51	263.10	1.98	2.28
福　　建	542.50	515.51	194.88	207.92	3.64	3.68
江　　西	615.17	555.53	242.68	245.17	3.23	3.66
山　　东	879.94	849.83	468.42	452.18	3.92	4.66
河　　南	503.52	463.88	293.34	286.51	1.34	0.56
湖　　北	537.40	459.28	256.23	232.65	1.99	2.57
湖　　南	729.93	617.71	211.14	198.74	1.29	1.09
广　　东	779.37	745.28	246.12	235.12	1.00	1.94
广　　西	630.83	616.03	229.90	224.26	2.21	1.99
海　　南	507.05	507.26	203.77	243.82	2.58	3.13
重　　庆	551.99	502.30	143.96	142.12	1.28	1.22
四　　川	783.67	688.59	214.93	203.34	1.64	0.94
贵　　州	446.50	413.86	139.38	142.05	1.07	2.67
云　　南	658.48	656.42	255.78	265.23	0.93	2.60
西　　藏	197.26	244.95	91.10	125.90	0.68	
陕　　西	389.75	359.73	218.94	213.91	1.06	2.31
甘　　肃	392.15	334.12	277.51	246.05	2.17	2.72
青　　海	398.98	396.19	266.27	262.03	0.18	0.64
宁　　夏	804.14	823.96	363.07	346.32	0.87	0.51
新　　疆	1451.54	1138.61	1173.91	903.49	1.73	1.08

4－23 续表 1　　　　　　　　　　　　　　　　　　　　　　　　　　　单位：元/人

地　区	3.牧业支出		4.渔业支出		5.手工业支出	
	1998 年	1999 年	1998 年	1999 年	1998 年	1999 年
全　国	**257.12**	**224.48**	**12.91**	**13.80**	**6.17**	**5.74**
北　京	99.68	126.10	2.77	29.10	2.26	5.85
天　津	370.20	304.68	64.97	42.94	2.95	1.25
河　北	193.89	152.31	8.63	7.59	7.66	8.81
山　西	82.10	74.41	0.00		1.47	0.80
内蒙古	399.66	399.93	0.40	0.19	3.79	1.62
辽　宁	325.92	260.25	6.68	14.65	1.58	1.27
吉　林	240.60	183.84	0.65	0.55	24.37	31.76
黑龙江	180.52	145.41	10.06	6.66	1.55	2.07
上　海	122.62	67.54	8.87	4.15	17.87	1.53
江　苏	267.94	212.07	19.40	16.74	10.39	5.86
浙　江	240.17	222.95	32.74	31.40	7.68	9.46
安　徽	169.10	135.28	2.60	5.11	2.43	2.83
福　建	262.65	237.07	14.27	17.32	3.59	5.27
江　西	301.73	242.88	10.31	10.76	8.16	8.11
山　东	294.53	291.29	0.56	6.76	12.05	10.64
河　南	168.58	136.95	2.04	2.12	3.45	2.58
湖　北	216.03	171.42	12.40	12.23	6.21	5.08
湖　南	420.18	330.29	12.03	11.11	11.40	6.29
广　东	333.18	288.31	115.63	122.54	4.48	6.37
广　西	339.02	319.52	4.28	11.69	5.73	5.38
海　南	176.52	141.89	58.93	42.29	5.63	5.50
重　庆	360.69	316.15	8.78	6.18	6.49	4.89
四　川	498.07	417.85	5.93	5.92	6.24	5.17
贵　州	260.37	235.76	0.47	0.14	6.49	4.60
云　南	337.56	325.79	4.17	2.02	4.25	2.59
西　藏	50.20	36.45	0.01	0.01	5.83	6.59
陕　西	130.57	100.07	0.61	0.06	2.76	2.37
甘　肃	83.73	60.97	0.00		1.37	1.38
青　海	109.84	105.51	0.12		0.71	6.97
宁　夏	356.98	374.73	18.70	36.90	2.18	7.52
新　疆	210.01	189.64	2.21	0.05	7.26	7.59

4－23 续表 2　　单位：元/人

地　区	6.工业支出		7.建筑业支出		8.运输业支出	
	1998年	1999年	1998年	1999年	1998年	1999年
全　国	**13.96**	**11.16**	**4.18**	**3.93**	**17.41**	**18.67**
北　京	20.12	11.72	14.57	9.96	61.80	159.78
天　津	0.75	0.25	4.20	0.83	13.90	12.16
河　北	12.73	12.92	2.39	3.57	28.92	31.76
山　西	1.92	1.54	1.38	1.83	35.29	22.62
内蒙古	4.66	1.12	0.58	0.78	7.14	6.03
辽　宁	4.50	4.84	0.84	3.60	17.98	16.00
吉　林	2.32	1.79	3.38	1.40	6.00	4.25
黑龙江	1.99	1.40	1.32	1.85	16.95	12.72
上　海	0.63	15.01	2.81	2.42	13.31	9.78
江　苏	24.56	19.73	12.09	4.45	22.65	23.61
浙　江	97.13	71.96	14.78	4.38	35.14	39.54
安　徽	4.08	2.52	2.40	2.53	6.25	8.01
福　建	8.95	5.09	7.87	7.22	13.49	13.36
江　西	14.62	8.01	1.46	2.46	13.38	14.78
山　东	37.82	19.81	7.77	7.10	8.13	10.18
河　南	5.65	5.77	2.41	3.46	13.71	14.05
湖　北	5.75	4.90	5.06	3.90	14.55	11.42
湖　南	25.83	23.19	2.24	2.51	19.18	17.74
广　东	9.96	10.41	6.88	14.93	24.39	24.81
广　西	12.22	15.40	2.08	4.21	16.44	18.06
海　南	14.19	22.56	1.22	1.64	15.93	19.80
重　庆	7.00	4.43	3.26	3.34	5.41	7.15
四　川	11.62	10.52	2.85	2.99	20.35	25.66
贵　州	11.03	7.09	2.92	2.38	8.63	5.37
云　南	7.79	7.49	3.94	3.65	16.01	18.40
西　藏	0.52	1.77	8.83	4.50	33.97	50.73
陕　西	7.28	5.97	2.06	2.30	13.55	13.78
甘　肃	1.58	0.86	2.97	5.00	11.58	7.93
青　海	5.37	2.70	1.42	1.83	7.38	7.56
宁　夏	7.91	10.90	0.37		38.94	34.65
新　疆	2.05	1.27	2.22	1.04	15.54	14.49

4-23续表3 单位:元/人

地区	9.商业支出		10.饮食业支出		11.服务业支出		12.其他经营支出	
	1998年	1999年	1998年	1999年	1998年	1999年	1998年	1999年
全国	**12.67**	**7.00**	**3.17**	**3.31**	**3.11**	**2.73**	**8.38**	**8.24**
北京	14.23	21.72	1.33	30.20	1.30	5.17	11.24	15.57
天津	1.50	12.99	3.01	0.02	1.45	1.57	12.20	13.93
河北	13.35	8.74	6.05	3.79	3.00	2.14	2.70	3.35
山西	1.90	2.69	0.22	0.01	0.52	0.07	2.33	2.08
内蒙古	2.25	2.63	0.26	0.12	1.85	1.63	2.17	12.43
辽宁	14.10	13.37	0.44	0.14	2.08	1.69	8.39	9.26
吉林	0.49	1.09	0.97	1.51	0.78	0.63	14.91	12.13
黑龙江	3.43	3.21	0.24	1.40	1.53	0.65	7.90	7.43
上海	3.74	1.07	0.06	1.00	3.41	3.68	3.46	3.21
江苏	17.18	13.53	11.56	12.14	5.24	2.35	5.74	7.25
浙江	158.35	9.40	5.98	3.92	7.02	6.11	9.06	8.53
安徽	1.31	2.82	0.81	0.15	0.86	1.97	6.91	4.51
福建	13.51	2.50	0.26	0.38	3.63	3.19	15.76	12.52
江西	6.21	6.17	3.23	2.93	2.67	2.79	7.50	7.83
山东	23.95	17.66	3.95	3.96	2.55	2.77	16.29	22.82
河南	1.91	2.12	2.80	3.60	2.26	1.99	6.03	4.16
湖北	9.81	8.97	1.07	0.56	2.97	2.56	5.34	3.01
湖南	9.93	12.90	2.76	1.86	6.15	6.10	7.80	5.90
广东	9.03	15.23	14.09	12.03	7.38	6.37	7.22	7.22
广西	8.90	10.21	0.10	0.26	2.12	2.48	7.82	2.58
海南	5.63	3.65	1.42	0.56	0.70	1.02	20.54	21.38
重庆	5.42	1.98	0.34	1.09	0.90	1.75	8.46	11.98
四川	7.69	4.91	2.26	2.61	4.56	3.08	7.54	5.60
贵州	3.91	3.83	1.03	0.51	3.69	3.38	7.49	6.08
云南	2.10	3.22	2.50	3.99	2.52	3.93	20.94	17.50
西藏	1.68	2.09	0.47		0.29	0.46	3.67	16.45
陕西	1.52	3.28	4.00	8.43	1.98	1.24	5.42	6.03
甘肃	0.45	1.44	1.83	1.54	2.00	2.06	6.95	4.17
青海	0.59	0.40	0.08	3.22	1.76	0.29	5.26	5.03
宁夏	6.63	7.37	1.16	0.07	3.95	1.25	3.38	3.74
新疆	8.03	3.49	3.96	1.52	4.70	1.75	19.91	13.20

4－23续表4

单位:元/人

地区	家庭经营第一产业支出		家庭经营第二产业支出		家庭经营第三产业支出	
	1998年	1999年	1998年	1999年	1998年	1999年
全国	**589.59**	**544.68**	**18.15**	**15.09**	**44.74**	**39.95**
北京	347.30	414.91	34.69	21.68	89.90	232.44
天津	901.47	632	4.95	1.08	32.05	40.67
河北	575.35	494.1	15.12	16.49	54.03	49.78
山西	260.95	247.23	3.30	3.37	40.35	28.87
内蒙古	852.95	862.28	5.24	1.9	13.68	22.84
辽宁	785.85	713.64	5.34	8.44	42.99	40.46
吉林	750.61	746.08	5.69	3.19	23.15	19.61
黑龙江	899.46	840.06	3.31	3.25	30.05	25.41
上海	382.70	267.86	3.43	17.43	23.98	18.74
江苏	592.76	540.21	36.65	24.18	62.36	58.88
浙江	517.97	494.52	111.91	76.34	215.54	67.5
安徽	453.93	408.6	6.48	5.05	16.13	17.46
福建	479.02	471.26	16.82	12.31	46.66	31.95
江西	566.11	510.58	16.08	10.47	32.98	34.5
山东	779.48	765.53	45.59	26.91	54.87	57.39
河南	468.75	428.72	8.06	9.23	26.70	25.92
湖北	492.85	423.95	10.81	8.8	33.74	26.52
湖南	656.04	547.52	28.07	25.7	45.82	44.5
广东	700.42	654.28	16.84	25.34	62.11	65.66
广西	581.14	562.84	14.30	19.61	35.39	33.59
海南	447.42	436.63	15.41	24.2	44.22	46.41
重庆	521.20	470.56	10.25	7.77	20.53	23.95
四川	726.81	633.22	14.47	13.51	42.40	41.86
贵州	407.78	385.22	13.95	9.47	24.76	19.17
云南	602.69	598.23	11.73	11.14	44.06	47.04
西藏	147.84	168.95	9.35	6.27	40.08	69.73
陕西	353.95	318.72	9.34	8.27	26.47	32.76
甘肃	364.78	311.12	4.55	5.86	22.82	17.14
青海	377.12	375.15	6.80	4.53	15.07	16.5
宁夏	741.80	765.98	8.27	10.9	54.07	47.08
新疆	1395.12	1101.85	4.28	2.31	52.14	34.45

4-24 1999年农村居民生活消费支出

单位:元/人

地区	生活消费支出		一、食品支出		二、衣着支出	
	1998年	1999年	1998年	1999年	1998年	1999年
全国	**1590.33**	**1577.42**	**849.64**	**829.02**	**98.06**	**92.04**
北京	2873.20	3122.13	1215.08	1232.96	231.51	228.35
天津	1976.70	1905.18	911.39	908.59	172.62	167.67
河北	1298.54	1338.37	616.90	584.66	111.72	106.22
山西	1056.45	1047.18	592.19	539.83	114.35	108.27
内蒙古	1577.12	1533.72	867.38	774.75	112.17	108.14
辽宁	1702.68	1617.64	898.87	817.89	157.63	144.89
吉林	1471.46	1347.91	799.69	719.27	114.00	111.27
黑龙江	1464.64	1371.61	805.33	724.49	120.58	100.36
上海	4206.89	3866.76	1775.04	1668.54	238.58	202.44
江苏	2336.78	2293.57	1117.01	1025.32	135.09	121.68
浙江	2890.65	2806.62	1361.80	1292.99	164.07	152.20
安徽	1333.05	1302.48	732.14	708.27	72.30	69.43
福建	2025.09	2038.57	1101.64	1059.75	111.42	111.76
江西	1538.24	1607.43	899.37	922.17	67.08	68.47
山东	1595.09	1679.75	804.64	820.76	116.37	113.77
河南	1240.30	1163.98	700.78	617.46	85.03	74.26
湖北	1699.43	1572.90	918.95	863.47	88.88	74.39
湖南	1889.17	1903.81	1107.23	1124.10	91.45	79.06
广东	2683.18	2645.86	1370.70	1340.72	100.97	99.16
广西	1414.76	1457.43	808.82	849.38	51.84	52.46
海南	1246.12	1260.93	767.42	756.72	51.23	54.36
重庆	1343.35	1329.21	831.08	819.51	63.07	62.67
四川	1440.77	1426.07	871.83	841.47	78.22	72.89
贵州	1094.39	1069.81	757.55	722.17	51.00	48.58
云南	1312.31	1269.33	801.99	815.67	60.23	56.59
西藏	710.26	767.14	497.41	531.13	85.68	99.27
陕西	1181.38	1161.10	590.90	552.68	79.29	77.95
甘肃	939.55	880.65	556.85	498.75	53.42	45.88
青海	1117.79	1133.63	694.62	699.44	93.06	97.97
宁夏	1327.63	1269.68	706.56	671.01	104.39	98.87
新疆	1450.29	1282.49	713.34	686.37	148.06	119.81

4－24 续表 1 单位:元/人

地区	三、居住支出		四、家庭设备用品及服务		五、医疗保健支出	
	1998 年	1999 年	1998 年	1999 年	1998 年	1999 年
全国	**239.62**	**232.69**	**81.92**	**82.27**	**68.13**	**70.02**
北京	439.63	425.82	213.53	249.40	170.96	228.91
天津	333.52	244.31	114.24	101.13	107.19	118.69
河北	212.10	261.70	76.95	81.18	64.46	68.72
山西	96.38	102.47	54.31	51.98	47.43	58.30
内蒙古	197.16	229.13	65.12	64.54	73.91	95.19
辽宁	230.42	210.40	77.36	71.76	72.74	81.12
吉林	233.28	159.15	60.27	62.24	66.69	66.49
黑龙江	225.75	226.15	53.72	50.89	75.96	71.50
上海	876.39	681.19	369.05	388.68	169.85	160.00
江苏	399.23	450.61	153.79	153.95	99.54	107.78
浙江	532.51	448.71	157.62	167.17	157.92	160.84
安徽	205.63	193.85	65.45	64.73	52.11	51.65
福建	265.25	294.02	100.04	102.74	65.46	61.30
江西	221.48	229.73	66.98	69.04	55.17	61.14
山东	241.08	252.34	92.05	106.76	84.64	89.64
河南	177.59	197.35	55.07	54.68	50.06	50.24
湖北	274.61	198.00	84.07	74.96	57.91	55.38
湖南	251.73	263.42	85.69	76.43	61.69	61.90
广东	423.33	415.21	158.82	153.57	101.06	98.68
广西	202.17	199.95	66.02	66.94	48.10	41.53
海南	110.56	172.68	61.71	64.83	35.71	29.34
重庆	178.00	173.56	64.52	62.08	47.41	47.82
四川	182.27	192.96	63.49	63.15	53.21	57.13
贵州	104.95	106.56	45.81	45.08	26.67	23.62
云南	191.78	128.13	57.42	53.43	53.07	58.40
西藏	40.30	37.47	49.03	52.54	13.42	17.02
陕西	179.56	174.59	59.71	58.81	64.88	64.93
甘肃	116.45	114.15	41.09	39.86	43.36	41.22
青海	146.97	124.18	38.16	46.04	57.01	56.94
宁夏	203.65	179.26	69.82	72.50	79.35	69.75
新疆	200.13	147.52	66.73	50.84	99.69	72.84

4－24 续表 2 单位:元/人

地　　区	六、交通和通讯支出		七、文教娱乐用品及服务		八、其他商品及服务支出	
	1998 年	1999 年	1998 年	1999 年	1998 年	1999 年
全　　国	**60.68**	**68.73**	**159.41**	**168.33**	**32.87**	**34.33**
北　　京	152.11	215.58	374.81	467.89	75.57	73.21
天　　津	82.43	80.12	202.49	203.80	52.81	80.86
河　　北	60.43	72.37	130.45	136.10	25.53	27.43
山　　西	31.88	46.27	100.70	120.60	19.17	19.47
内 蒙 古	72.52	68.03	163.98	170.35	24.88	23.60
辽　　宁	68.96	81.23	158.79	172.65	37.92	37.71
吉　　林	42.53	62.46	131.84	138.67	23.17	28.35
黑 龙 江	50.30	58.68	109.84	114.49	23.15	25.04
上　　海	226.50	196.98	462.59	474.46	88.89	94.47
江　　苏	132.15	130.34	240.03	252.69	59.94	51.21
浙　　江	168.98	198.34	251.19	288.49	96.56	97.87
安　　徽	34.54	38.10	139.92	146.33	30.95	30.12
福　　建	115.72	128.29	214.17	217.51	51.39	63.21
江　　西	40.39	55.17	160.88	171.70	26.90	30.02
山　　东	78.64	90.33	156.34	182.09	21.33	24.06
河　　南	29.72	34.10	113.79	105.61	28.26	30.27
湖　　北	46.57	69.10	205.91	212.88	22.53	24.71
湖　　南	45.90	57.87	206.60	204.66	38.88	36.37
广　　东	143.27	147.58	318.17	317.29	66.86	73.65
广　　西	39.49	46.29	174.11	172.71	24.20	28.17
海　　南	24.02	25.66	156.80	131.32	38.67	26.02
重　　庆	34.56	37.16	110.16	111.05	14.55	15.37
四　　川	36.20	37.74	137.29	140.92	18.26	19.82
贵　　州	19.98	24.69	74.24	83.81	14.18	15.31
云　　南	26.66	27.96	95.66	102.86	25.50	26.27
西　　藏	7.93	10.24	8.22	7.78	8.27	11.70
陕　　西	29.32	36.18	152.82	171.04	24.90	24.93
甘　　肃	23.05	25.69	90.19	97.83	15.16	17.27
青　　海	25.79	35.38	43.44	50.17	18.74	23.50
宁　　夏	49.43	37.37	95.81	118.10	18.62	22.83
新　　疆	74.82	59.03	102.16	107.75	45.35	38.33

4－25　1999年农村居民现金支出

单位：元/人

地　区	现金支出		一、家庭经营费用现金支出		二、购置生产性固定资产	
	1998年	1999年	1998年	1999年	1998年	1999年
全　国	**2316.35**	**2338.08**	**511.66**	**470.73**	**54.31**	**57.63**
北　京	4749.81	5384.74	471.05	666.92	74.05	178.57
天　津	3618.49	3477.10	878.44	633.21	50.53	26.58
河　北	2193.40	2343.78	528.09	468.74	51.45	91.93
山　西	1472.07	1521.46	251.61	232.64	30.70	25.66
内蒙古	2223.90	2409.50	557.50	612.93	123.57	119.56
辽　宁	2743.91	2754.85	663.09	613.90	43.18	56.86
吉　林	2261.27	2560.08	595.70	637.68	58.70	93.10
黑龙江	2881.94	2708.30	787.53	720.31	113.96	75.89
上　海	6652.96	6383.72	407.53	302.18	28.57	5.03
江　苏	3562.71	3581.13	609.77	545.56	44.53	52.84
浙　江	4531.09	4408.34	779.17	597.83	101.59	47.15
安　徽	1760.97	1814.18	395.09	363.40	45.69	45.61
福　建	3043.49	3001.02	483.42	462.55	12.22	23.50
江　西	2084.27	2014.38	472.49	427.39	34.27	29.91
山　东	2706.81	2870.88	604.83	600.39	93.23	97.36
河　南	1615.13	1578.63	384.33	360.35	55.32	61.63
湖　北	2020.92	2041.83	419.71	367.62	25.63	26.99
湖　南	2566.44	2484.28	536.50	441.85	47.87	44.43
广　东	3680.26	3631.93	707.52	683.17	16.23	28.14
广　西	2103.73	2217.62	529.10	511.42	35.52	53.53
海　南	1704.21	2016.84	406.90	415.14	8.54	24.47
重　庆	1545.09	1430.28	331.94	293.07	20.91	13.42
四　川	1869.74	1847.90	515.18	450.94	34.15	26.48
贵　州	1087.29	1108.79	266.78	235.91	33.31	32.29
云　南	1567.67	1516.31	375.34	389.73	61.82	41.68
西　藏	690.51	867.24	106.26	145.99	37.03	116.32
陕　西	1533.26	1602.47	294.11	285.25	49.94	58.18
甘　肃	1061.74	1058.95	282.66	241.23	43.18	57.22
青　海	1113.10	1165.66	264.60	259.50	58.28	62.63
宁　夏	2199.86	2296.64	581.25	658.11	113.79	115.65
新　疆	3346.33	2686.20	1337.93	1021.32	169.33	156.12

4－25 续表 1　　　　单位:元/人

地　区	三、缴纳税金		四、上交集体承包任务		五、集体提留和摊派	
	1998 年	1999 年	1998 年	1999 年	1998 年	1999 年
全　国	**32.50**	**31.42**	**21.07**	**18.93**	**44.43**	**42.71**
北　京	10.44	7.17	33.93	26.56	28.22	12.75
天　津	28.36	31.89	48.66	49.67	29.58	25.93
河　北	23.73	18.00	12.26	8.58	47.69	43.35
山　西	22.17	20.10	5.81	4.76	21.69	21.05
内蒙古	115.30	124.26	27.81	25.63	55.87	58.88
辽　宁	49.94	36.97	47.15	44.67	54.55	55.13
吉　林	64.08	60.87	45.18	40.58	62.24	59.75
黑龙江	99.76	89.07	79.99	50.55	141.84	128.29
上　海	35.79	36.37	18.58	11.46	8.28	2.71
江　苏	25.93	24.97	39.51	35.43	37.18	42.60
浙　江	28.48	26.42	18.09	18.35	9.31	9.45
安　徽	39.59	38.03	16.40	17.09	74.34	69.83
福　建	15.08	16.11	11.65	10.67	12.88	15.31
江　西	29.50	33.99	12.87	11.45	36.47	41.68
山　东	17.04	17.65	20.56	24.44	81.25	84.50
河　南	21.27	20.98	4.16	2.63	74.61	69.77
湖　北	45.82	41.51	32.26	33.85	80.10	68.98
湖　南	47.84	43.58	22.56	19.43	59.93	59.35
广　东	16.06	14.52	32.31	35.72	5.96	5.98
广　西	10.62	11.15	1.15	1.00	12.44	10.83
海　南	12.32	10.92	0.99	2.31	4.69	7.56
重　庆	26.42	22.37	6.73	7.70	30.96	28.66
四　川	27.33	32.33	10.76	7.94	46.04	43.06
贵　州	19.50	19.06	1.76	1.57	13.40	14.02
云　南	6.93	8.13	1.68	3.43	11.35	11.90
西　藏	5.84	9.30	1.35	0.04	1.34	0.76
陕　西	41.59	46.65	6.45	5.98	30.11	26.65
甘　肃	17.67	19.72	12.07	10.67	19.45	17.02
青　海	34.51	24.95	4.56	5.00	16.92	14.16
宁　夏	30.91	31.80	4.04	3.13	57.13	56.85
新　疆	57.46	51.54	112.64	88.67	69.61	55.19

4－25续表2 单位:元/人

地区	六、生活消费支出		七、其他非借贷性支出		八、储蓄借贷现金支出	
	1998年	1999年	1998年	1999年	1998年	1999年
全国	**1128.16**	**1144.61**	**138.85**	**151.19**	**385.37**	**420.85**
北京	2676.38	2937.05	279.30	320.63	1176.45	1235.08
天津	1712.22	1634.16	182.30	205.64	688.41	870.02
河北	1022.34	1078.27	76.73	81.79	431.11	553.11
山西	741.21	769.98	99.70	102.76	299.18	344.51
内蒙古	971.58	1011.92	103.85	110.36	268.43	345.97
辽宁	1246.33	1208.62	266.22	276.61	373.46	462.10
吉林	977.22	1004.43	165.07	203.06	293.08	460.60
黑龙江	1027.41	977.87	195.30	212.10	436.16	454.22
上海	3762.53	3486.04	692.78	747.61	1698.89	1792.31
江苏	1831.32	1841.91	249.46	276.68	725.01	761.14
浙江	2448.73	2429.61	306.44	343.95	839.27	935.58
安徽	898.95	893.96	106.84	125.47	184.06	260.80
福建	1607.26	1678.66	260.99	291.12	639.98	503.10
江西	991.07	1093.26	132.84	141.58	374.76	235.12
山东	1220.19	1286.87	125.70	141.47	544.00	618.21
河南	764.48	745.17	72.60	81.84	238.36	236.26
湖北	989.87	998.31	172.56	179.75	254.97	324.82
湖南	1265.12	1295.41	205.33	208.57	381.30	371.67
广东	2171.31	2139.31	180.84	178.60	550.04	546.48
广西	981.98	1012.72	72.98	82.51	459.95	534.46
海南	814.14	847.02	78.71	80.07	377.92	629.33
重庆	744.41	752.80	128.48	133.92	255.25	178.34
四川	887.31	909.09	89.26	95.23	259.71	282.83
贵州	545.87	547.39	88.96	104.37	117.72	154.19
云南	805.86	753.24	92.41	88.81	212.26	219.40
西藏	472.35	536.76	7.04	14.58	59.31	43.48
陕西	839.26	864.53	62.60	69.39	209.19	245.83
甘肃	506.64	501.19	46.59	56.76	133.48	155.13
青海	567.02	606.41	69.69	77.12	97.53	115.89
宁夏	885.16	866.27	126.76	173.91	400.82	390.92
新疆	1027.80	874.52	113.45	95.87	458.11	342.97

4-26 1999年农村居民家庭经营费用现金支出

单位:元/人

地区	家庭经营费用现金支出		1.种植业支出		2.林业支出	
	1998年	1999年	1998年	1999年	1998年	1999年
全国	**511.66**	**470.73**	**271.30**	**263.38**	**1.83**	**2.28**
北京	471.05	666.92	233.94	248.26	8.45	5.37
天津	878.44	633.21	442.54	270.68	3.19	5.31
河北	328.09	468.74	313.24	292.82	0.76	0.88
山西	251.61	232.64	146.80	149.21	0.75	0.78
内蒙古	557.50	612.93	328.49	364.57	0.37	0.44
辽宁	663.09	613.90	400.16	395.68	2.40	0.33
吉林	595.70	637.68	435.36	485,97	4.39	13.15
黑龙江	787.53	720.31	624.22	600.05	0.67	0.64
上海	407.53	302.18	229.95	192.28	0.84	0.52
江苏	609.77	545.56	276.04	284.01	2.23	2.45
浙江	779.17	597.83	228.25	220.82	4.64	6,83
安徽	395.09	363.40	254.20	246.71	1.96	2.25
福建	483.42	462.55	189.64	203.77	3.64	3.67
江西	472.49	427.39	221.14	224.56	2.95	3.61
山东	604.83	600.39	365.34	372.35	3.86	4.66
河南	384.33	360.35	242.23	244.45	1.22	0.54
湖北	419.71	367.62	210.86	202.09	1.46	2.10
湖南	536.50	441.85	192.06	183.76	1.24	1.08
广东	707.52	683.17	232.82	223.24	0.64	1.72
广西	529.10	511.42	224.58	218.81	2.21	1.99
海南	406.90	415.14	189.27	219.53	2.58	2.98
重庆	331.94	293.07	123.11	126.40	1.28	1.22
四川	515.18	450.94	172.37	167.95	1.48	0.88
贵州	266.70	235.91	109.38	113.27	0.84	2.61
云南	375.34	389.73	181.85	197.67	0.65	1.80
西藏	106.26	145.99	45.11	57.59	0.67	
陕西	294.11	285.25	184.33	187.27	1.06	2.28
甘肃	282.66	241.23	207.29	191.72	2.01	2.72
青海	264.60	259.50	190.18	179.98	0.18	0.64
宁夏	581.25	658.11	259.77	265.49	0.87	0.51
新疆	1337.93	1021.32	1122.06	852.83	1.73	1.08

4－26 续表 1　　　　单位:元/人

地　　区	3.牧业支出		4.渔业支出		5.手工业支出	
	1998 年	1999 年	1998 年	1999 年	1998 年	1999 年
全　　国	**159.82**	**132.81**	**12.50**	**13.45**	**6.12**	**5.69**
北　　京	99.04	124.20	2.77	29.10	2.26	5.85
天　　津	327.82	271.30	64.97	42.94	2.95	1.25
河　　北	128.90	92.43	8.63	7.59	7.66	8.81
山　　西	59.08	49.66	0.00		1.47	0.86
内 蒙 古	206.05	223.12	0.10	0.05	3.79	1.44
辽　　宁	206.40	155.15	6.00	14.34	1.46	1.14
吉　　林	113.50	88.72	0.58	0.48	24.37	31.76
黑 龙 江	119.10	84.33	9.97	5.98	1.55	2.07
上　　海	122.59	67.54	8.87	4.15	17.87	1.53
江　　苏	206.07	154.80	18.49	15.69	10.31	5.83
浙　　江	180.43	185.90	31.10	31.04	7.68	9.46
安　　徽	111.3	84.23	2.58	5.08	2.45	2.79
福　　建	213.35	192.10	14.19	17.03	3.59	5.27
江　　西	183.18	138.75	9.59	9.88	8.14	8.08
山　　东	148.19	137.14	0.31	6.46	12.05	10.64
河　　南	101.33	75.85	2.00	2.09	3.45	2.58
湖　　北	145.45	111.80	11.95	12.09	6.19	5.06
湖　　南	247.65	171.07	11.57	9.71	11.39	6.29
广　　东	277.31	240.35	113.66	120.69	4.31	6.26
广　　西	243.33	220.62	4.15	11.60	5.71	5.38
海　　南	101.90	82.29	58.82	42.04	5.63	5.50
重　　庆	162.84	123.18	8.22	5.97	5.71	4.89
四　　川	273.60	216.56	5.50	5.56	6.18	5.00
贵　　州	113.44	86.89	0.47	0.13	6.42	4.60
云　　南	139.45	133.47	2.58	1.93	3.98	2.58
西　　藏	5.21	5.79	0.01	0.01	5.83	6.59
陕　　西	70.01	53.00	0.61	0.06	2.76	1.75
甘　　肃	45.47	23.41	0.00	0.00	1.36	1.38
青　　海	51.54	50.87	0.12		0.71	6.97
宁　　夏	237.39	289.72	18.70	36.90	2.18	7.52
新　　疆	152.55	127.05	2.07	0.04	7.26	7.59

4－26 续表 2

单位:元/人

地　　区	6.工业支出		7.建筑业支出		8.运输业支出	
	1998 年	1999 年	1998 年	1999 年	1998 年	1999 年
全　　国	**13.35**	**11.12**	**4.14**	**3.88**	**17.37**	**18.65**
北　　京	20.12	11.72	14.57	9.96	61.80	159.78
天　　津	0.75	0.25	4.20	0.83	13.90	12.16
河　　北	12.73	12.92	2.39	3.57	28.92	31.76
山　　西	1.91	1.54	1.38	1.83	35.17	22.52
内 蒙 古	4.61	1.12	0.58	0.78	7.14	6.03
辽　　宁	4.50	4.84	0.84	3.60	17.98	16.00
吉　　林	2.32	1.79	3.38	1.40	6.00	4.25
黑 龙 江	1.99	1.40	1.32	1.85	16.95	12.72
上　　海	0.63	15.01	2.81	2.42	13.31	9.78
江　　苏	23.17	19.73	12.09	4.45	22.49	23.60
浙　　江	97.13	71.96	14.44	4.36	35.14	39.54
安　　徽	4.08	2.51	2.40	2.51	6.25	7.95
福　　建	8.95	5.09	7.83	7.22	13.49	13.36
江　　西	14.62	8.01	1.46	2.41	13.38	14.76
山　　东	29.41	19.48	7.77	7.10	8.13	10.18
河　　南	5.61	5.77	2.41	3.46	13.71	14.05
湖　　北	5.61	4.75	4.96	3.81	14.52	11.39
湖　　南	25.59	23.03	2.24	2.51	19.16	17.69
广　　东	9.93	10.36	6.80	14.93	24.38	24.78
广　　西	12.02	15.34	2.08	4.21	16.44	18.06
海　　南	14.11	22.56	1.21	1.64	15.93	19.80
重　　庆	7.00	4.43	3.26	3.34	5.41	7.15
四　　川	10.98	10.52	2.82	2.99	20.34	25.66
贵　　州	10.84	7.09	2.92	2.38	8.45	5.35
云　　南	7.43	7.43	3.61	3.43	15.42	18.25
西　　藏	0.52	1.77	8.83	4.50	33.97	50.73
陕　　西	7.28	5.97	2.06	2.30	13.55	13.78
甘　　肃	1.50	0.86	2.84	4.09	11.58	7.93
青　　海	5.37	2.70	1.42	1.83	7.38	7.56
宁　　夏	7.91	10.90	0.37		38.94	34.65
新　　疆	2.05	1.27	2.22	1.04	15.54	14.49

4-26续表3 单位:元/人

地区	9.商业支出		10.饮食业支出		11.服务业支出		12.其他经营支出	
	1998年	1999年	1998年	1999年	1998年	1999年	1998年	1999年
全　国	**12.63**	**6.96**	**3.15**	**3.29**	**3.05**	**2.72**	**6.42**	**6.50**
北　京	14.23	21.72	1.33	30.20	1.30	5.17	11.24	15.57
天　津	1.50	12.99	3.01	0.02	1.45	1.57	12.17	13.93
河　北	13.12	8.69	6.05	3.79	3.00	2.14	2.69	3.35
山　西	1.98	2.69	0.22	0.01	0.52	0.87	2.33	2.68
内蒙古	2.25	2.63	0.26	0.12	1.85	1.63	2.01	11.00
辽　宁	14.10	13.37	0.44	0.14	2.08	1.69	6.72	7.63
吉　林	0.49	1.09	0.97	1.51	0.78	0.63	3.56	6.93
黑龙江	3.43	3.21	0.24	1.40	1.53	0.65	6.57	6.01
上　海	3.74	1.07	0.06	1.00	3.41	3.68	3.46	3.21
江　苏	17.14	13.53	11.45	12.14	4.56	2.35	5.73	6.96
浙　江	158.35	9.40	5.98	3.92	7.01	6.11	9.02	8.49
安　徽	1.31	2.82	0.81	0.11	0.86	1.95	6.91	4.48
福　建	13.51	2.50	0.26	0.38	3.63	3.19	11.33	8.98
江　西	6.21	5.91	3.23	2.91	2.67	2.56	5.94	5.96
山　东	20.77	17.66	3.95	3.96	2.55	2.77	2.51	8.00
河　南	1.90	2.12	2.80	3.60	2.26	1.99	5.41	3.85
湖　北	9.58	8.80	1.07	0.55	2.95	2.54	5.10	2.64
湖　南	9.91	12.90	2.76	1.86	6.15	6.10	6.79	5.86
广　东	9.02	15.22	14.09	12.03	7.37	6.37	7.19	7.22
广　西	8.90	10.21	0.10	0.26	2.12	2.48	7.44	2.48
海　南	5.63	3.65	1.42	0.56	0.70	1.02	9.71	13.56
重　庆	5.42	1.98	0.34	1.09	0.90	1.75	8.46	11.66
四　川	7.62	4.90	2.26	2.61	4.56	3.08	7.47	5.22
贵　州	3.79	3.83	0.58	0.51	2.91	3.38	6.74	5.87
云　南	1.95	2.69	2.50	3.72	2.46	3.93	13.46	12.83
西　藏	1.68	2.09	0.47		0.29	0.46	3.67	16.45
陕　西	1.52	3.28	4.00	8.43	1.98	1.22	4.93	5.91
甘　肃	0.45	1.44	1.83	1.54	1.98	2.06	6.27	4.08
青　海	0.59	0.40	0.08	3.22	1.76	0.29	5.26	5.03
宁　夏	6.63	7.37	1.16	0.07	3.95	1.25	3.38	3.74
新　疆	8.03	3.49	3.96	1.52	4.70	1.75	15.74	9.17

4－26 续表 4　　　　单位：元/人

地　　区	家庭经营第一产业支出		家庭经营第二产业支出		家庭经营第三产业支出	
	1998 年	1999 年	1998 年	1999 年	1998 年	1999 年
全　　国	**451.56**	**417.61**	**17.49**	**15.00**	**42.61**	**38.12**
北　　京	346.46	412.78	34.69	21.68	89.90	232.44
天　　津	841.46	591.48	4.95	1.08	32.02	40.67
河　　北	459.19	402.53	15.12	16.49	53.79	49.73
山　　西	208.10	200.51	3.29	3.37	40.22	28.77
内 蒙 古	538.80	589.62	5.19	1.90	13.51	21.41
辽　　宁	616.42	566.64	5.34	8.44	41.33	38.83
吉　　林	578.21	620.08	5.69	3.19	11.80	14.41
黑 龙 江	755.51	693.07	3.31	3.25	28.72	23.99
上　　海	380.12	266.02	3.43	17.43	23.98	18.74
江　　苏	513.14	462.78	35.26	24.18	61.37	58.58
浙　　江	452.10	454.05	111.56	76.32	215.51	67.46
安　　徽	372.49	341.06	6.40	5.02	16.12	17.31
福　　建	424.41	421.84	16.78	12.31	42.23	28.41
江　　西	424.99	384.88	16.08	10.42	31.42	32.10
山　　东	529.74	531.25	37.17	26.58	37.91	42.57
河　　南	350.23	325.51	8.03	9.23	26.08	25.61
湖　　北	375.92	333.14	10.57	8.56	33.23	25.92
湖　　南	463.91	371.91	27.83	25.54	44.77	44.41
广　　东	628.73	592.26	16.73	25.29	62.05	65.62
广　　西	479.99	458.40	14.10	19.55	35.01	33.49
海　　南	358.20	352.34	15.32	24.20	33.38	38.59
重　　庆	301.16	261.66	10.25	7.77	20.53	23.63
四　　川	459.13	395.95	13.81	13.51	42.24	41.47
贵　　州	230.55	207.50	13.76	9.47	22.47	18.94
云　　南	328.51	337.45	11.04	10.86	35.79	41.42
西　　藏	56.84	69.98	9.35	6.27	40.08	69.73
陕　　西	258.78	244.36	9.34	8.27	25.98	32.62
甘　　肃	256.13	219.23	4.42	4.95	22.11	17.05
青　　海	242.73	238.46	6.80	4.53	15.67	16.50
宁　　夏	518.91	600.14	8.27	10.90	54.07	47.08
新　　疆	1285.68	988.59	4.28	2.31	47.97	30.42

4－27　1999年农村居民生活消费现金支出

单位:元/人

地区	生活消费现金支出		一、食品支出		二、衣着支出	
	1998年	1999年	1998年	1999年	1998年	1999年
全　国	**1128.16**	**1144.61**	**428.90**	**425.98**	**97.04**	**91.48**
北　京	2676.38	2937.05	1018.48	1048.05	231.51	228.33
天　津	1712.22	1634.16	659.95	653.76	172.06	167.35
河　北	1022.34	1078.27	341.08	325.34	111.44	105.44
山　西	741.21	769.98	280.78	268.87	113.98	107.97
内蒙古	971.58	1011.92	318.28	320.29	111.93	108.10
辽　宁	1246.33	1208.62	488.44	450.50	157.00	144.87
吉　林	977.22	1004.43	435.97	424.19	114.00	111.27
黑龙江	1027.41	977.87	436.74	408.47	120.58	100.36
上　海	3762.53	3486.04	1332.46	1294.85	238.58	202.44
江　苏	1831.32	1841.91	638.71	601.40	132.41	119.43
浙　江	2448.73	2429.61	933.58	928.75	164.00	151.98
安　徽	898.95	893.96	363.86	350.10	71.63	69.15
福　建	1607.26	1678.66	721.65	726.40	111.41	111.76
江　西	991.07	1093.26	396.42	422.81	66.35	68.28
山　东	1220.19	1286.87	442.23	439.23	112.15	111.92
河　南	764.48	745.17	271.23	254.32	83.86	73.57
湖　北	989.87	998.31	349.76	338.84	87.26	72.83
湖　南	1265.12	1295.41	501.88	532.17	91.13	78.75
广　东	2171.31	2139.31	887.12	860.42	100.24	98.70
广　西	981.98	1012.72	395.28	424.03	51.84	52.46
海　南	814.14	847.02	386.02	388.64	51.23	54.26
重　庆	744.41	752.80	286.69	282.83	62.99	62.61
四　川	887.31	909.09	357.22	359.74	77.83	72.59
贵　州	545.87	547.39	218.42	211.06	50.83	48.55
云　南	805.86	753.24	316.08	313.01	60.16	56.57
西　藏	472.35	536.76	272.16	311.76	85.68	99.27
陕　西	839.26	864.53	272.33	278.96	79.05	77.84
甘　肃	506.64	501.19	167.87	150.53	53.02	45.82
青　海	567.02	606.41	195.70	214.86	92.46	97.63
宁　夏	885.16	866.27	278.58	278.00	104.39	98.87
新　疆	1027.80	874.52	315.92	290.65	135.35	116.66

4－27 续表 1 单位：元/人

地区	三、居住支出		四、家庭设备用品及服务		五、医疗保健支出	
	1998 年	1999 年	1998 年	1999 年	1998 年	1999 年
全国	**199.35**	**203.60**	**81.77**	**82.14**	**68.13**	**70.02**
北京	439.42	425.74	213.50	249.35	170.96	228.91
天津	321.04	228.45	114.24	101.13	107.19	118.69
河北	212.08	261.70	76.88	81.17	64.46	68.72
山西	93.28	96.62	50.96	51.89	47.43	58.30
内蒙古	140.96	161.83	65.12	64.54	73.91	95.19
辽宁	185.12	168.79	77.36	71.76	72.74	81.12
吉林	102.76	110.76	60.27	62.24	66.69	66.49
黑龙江	157.11	148.43	53.72	50.89	75.96	71.50
上海	874.62	674.21	369.05	388.64	169.85	160.00
江苏	375.54	425.99	152.99	153.07	99.54	107.78
浙江	519.01	436.35	157.50	166.98	157.92	160.84
安徽	140.65	143.79	65.28	61.72	52.11	51.65
福建	227.43	267.49	100.03	102.71	65.46	61.30
江西	178.03	215.18	66.93	68.97	55.17	61.14
山东	232.85	242.90	92.02	106.71	84.64	89.64
河南	132.87	142.36	54.69	54.68	50.06	50.24
湖北	136.04	149.81	83.87	74.76	57.91	55.38
湖南	233.35	247.44	85.69	76.26	61.69	61.90
广东	396.17	389.89	158.41	153.10	101.06	98.68
广西	183.06	180.71	65.90	66.83	48.10	41.53
海南	59.98	126.95	61.71	64.83	35.71	29.34
重庆	123.70	134.42	64.34	61.54	47.41	47.82
四川	144.14	158.28	63.15	62.87	53.21	57.13
贵州	95.72	95.37	45.81	44.97	26.67	23.62
云南	171.33	114.74	57.40	53.43	53.07	58.40
西藏	27.63	26.47	49.03	52.54	13.42	17.02
陕西	156.25	151.85	59.71	58.81	64.88	64.93
甘肃	72.93	82.98	41.07	39.85	43.36	41.22
青海	95.77	81.93	38.11	46.01	57.01	56.94
宁夏	189.17	168.85	69.82	72.50	79.35	69.75
新疆	187.78	138.42	66.73	50.84	99.69	72.84

4－27 续表 2　　　　单位:元/人

地　区	六、交通和通讯支出		七、文教娱乐用品及服务		八、其他商品及服务支出	
	1998 年	1999 年	1998 年	1999 年	1998 年	1999 年
全　国	**60.68**	**68.73**	**159.41**	**168.33**	**32.88**	**34.33**
北　京	152.11	215.58	374.81	467.89	75.60	73.21
天　津	82.43	80.12	202.49	203.80	52.81	80.86
河　北	60.43	72.37	130.45	136.10	25.53	27.43
山　西	31.88	46.27	100.73	120.60	19.17	19.47
内蒙古	72.52	68.03	163.98	170.35	24.88	23.60
辽　宁	68.96	81.23	158.79	172.65	37.92	37.71
吉　林	42.53	62.46	131.84	138.67	23.17	28.35
黑龙江	50.30	58.68	109.84	114.49	23.15	25.04
上　海	226.50	196.98	462.59	474.46	88.89	94.47
江　苏	132.15	130.34	240.03	252.69	59.94	51.21
浙　江	168.98	198.34	251.19	288.49	96.56	97.87
安　徽	34.54	38.10	139.92	146.33	30.95	30.12
福　建	115.72	128.29	214.17	217.51	51.39	63.21
江　西	40.39	55.17	160.88	171.70	26.90	30.02
山　东	78.64	90.33	156.34	182.09	21.33	24.06
河　南	29.72	34.10	113.79	105.61	28.26	30.27
湖　北	46.57	69.10	205.91	212.88	22.53	24.71
湖　南	45.90	57.87	206.60	204.66	38.88	36.37
广　东	143.27	147.58	318.17	317.29	66.86	73.65
广　西	39.49	46.29	174.11	172.71	24.20	28.17
海　南	24.02	25.66	156.80	131.32	38.67	26.02
重　庆	34.56	37.16	110.16	111.05	14.55	15.37
四　川	36.20	37.74	137.29	140.92	18.26	19.82
贵　州	19.98	24.69	74.24	83.81	14.18	15.31
云　南	26.66	27.96	95.66	102.86	25.50	26.27
西　藏	7.93	10.24	8.22	7.78	8.27	11.70
陕　西	29.32	36.18	152.82	171.04	24.90	24.93
甘　肃	23.05	25.69	90.19	97.83	15.16	17.27
青　海	25.79	35.38	43.44	50.17	18.74	23.50
宁　夏	49.43	37.37	95.81	118.10	18.62	22.83
新　疆	74.82	59.03	102.16	107.75	45.35	38.33

第五部分

近年农村住户调查

专 文 分 析

农村居民摆脱贫穷，生活质量明显改善

建国50年来，我国农村居民生活发生了翻天覆地的变化，农村居民生活从食不裹腹，衣不蔽体到今天的物质生活相对丰裕，消费质量明显提高，生活环境显著改善。

一、翻天覆地：农村居民生活发生巨大变化

经过50年的奋进，特别是党的十一届三中全会后，我国农村居民生活发生了翻天覆地的变化，主要表现在：

1. 收入快速增加，为生活提高奠定了坚实的基础。收入是消费的基础。中华人民共和国的建立，结束了近代以来我国农村经济长期停滞乃至倒退的颓局，农业生产迅速增长，农民收入快速提高。1949－1998年，农村居民人均纯收入由44元提高到2162元，提高48倍。尤其是1978年党的十一届三中全会后，农村率先推行的以家庭联产承包责任制为主要内容的经济体制改革，更为农村居民收入持续快速增长带来新的契机，到1998年短短20年收入翻了4番，比1978年的134元增加2028元。收入增加额是1949－1978年增加额的22.5倍。1978－1998年期间，农村居民名义纯收入增长了15倍，年平均增长14.9%；扣除物价后的实际纯收入增长3.4倍，年平均增长6.3%。

2. 消费水平全面提高，消费结构日趋合理。1949年前，饱受封建主义和帝国主义剥削和压榨的中国农村居民普遍处于极度贫困境地，到1949年时，农村居民人均全部生活消费支出仅40元左右，1949－1998年50年来，农村居民生活整体水平显著提高，过去那种食不裹腹、衣不蔽体的贫困景象已一去不再复返。在收入快速增加的基础上，如今农村居民整体生活已彻底摆脱贫困，消费水平全面提高，消费领域不断扩大，消费结构日趋合理。到1998年，全国平均每个农村居民生活消费支出达到1590元，比1949年提高37.8倍，年均增长7.8%。其中，1978年农村经济体制改革后农村居民生活消费变化更为明显，农村居民人均生活消费支出在1978－1998年的20年间增加1474元，增长12.7倍，年平均增加74元，年递增14%；扣除物价因素，实际增长也达3倍以上，每年实际递增达到6%，高于前29年年均消费增长3.7%的速度。

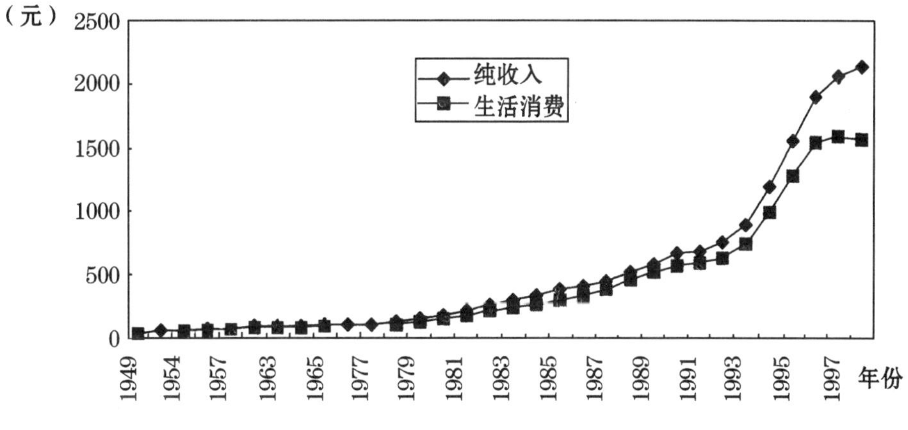

50年农村居民收入消费增长图

作为农村居民生活水平改善标致的生活消费结构序列则由满足基本生存需要的“一吃二穿三住”变化为其他更高层次的享受性支出大幅度提高。消费结构也明显表现出生存资料比重减少，发展和享受资料比重提高趋势。1954年，生活消费结构序列为基本生存型的吃、穿、住、用品及其他。其中吃的比重高达69%；穿占13%；居住占9%；用品及其他占9%。到1984年，以农村居民的恩格尔系数降到60%以下为标志，消费结构序列越过了一个质的界线，农村居民整体生活跨入温饱阶段。吃、穿比重较大幅度下

降，居住、文化娱乐用品、服务性支出及其他比重有较多增加。这期间，农村居民生活消费支出中吃的比重虽然仍位居第一，但所占份额已下降到 59.1%；居住为第二位，占 17.4%；文化娱乐用品、服务性及其他支出为第三位，占 13.1%；穿着位次后移占 10.4%。1998 年，随着农村居民整体生活水平的进一步提高，农村居民消费构成中满足基本生活需要的吃、穿、住份额继续下降，生活消费结构序列进一步升级优化为吃占 53.4%；文化娱乐用品、服务性支出及其他支出提高为 25.3%；居住占 15.1%，穿为 6.2%。如今，全国已有 95%以上的农村居民过上了温饱有余生活，有 25%左右的农户已经过上了小康生活。

重要年份农村居民生活消费构成（%）

	1954 年	1978 年	1984 年	1990 年	1998 年	1998 比 1954 年
生活消费	100.0	100.0	100.0	100.0	100.0	-
#食品	68.6	67.7	59.1	58.8	53.4	-15.2
衣着	13.1	12.7	10.4	7.8	6.2	- 6.9
居住	8.6	10.3	17.4	17.3	15.1	+ 6.5
其他	9.7	9.3	13.1	16.1	25.3	+15.6

3. 生产的商品化进程加快，农村居民货币收入率提高。改革 50 年来，随着农村社会化，商品化进程的逐步加快，改变了过去较长时期我国农村经济的自给、半自给状况及以农为主的单一生产结构，农村居民的实物收入为主状况逐步被货币收入的迅速提高所替代。1978 年，农村居民出售农副产品收入人均仅为 27 元，占总收入的 17.6%；人均全部货币纯收入为 56 元，在全年纯收入中，货币收入只占 41.9%。到 1998 年，随着农村商品经济在广度和深度上、以及数量和质量上的不断拓展和提高，农村居民的商品生产和商品交换活动增加，收入形态逐渐货币化。一方面 1998 年农民全年出售产品收入提高到 1029 元，比 1978 年增长 38 倍，占总收入的比重提高到 34%，提高了 16.4 个百分点；另方面纯收入中，货币纯收入额达到 1400 多元，增长 24 倍，货币收入率提高到了 67%以上，这种变化不仅标志着我国农村居民生产已经走出了传统的自给自足经济的圈子，步入了商品经济发展的轨道。而且农村居民货币收入率的提高，也使广大农村居民有可能较大程度的改善生活，进而直接导致农村居民消费行为的变化。据统计，1978－1998 年，全国每一农村居民的货币性生活消费支出额由 48 元达到 1128 元，增长了 23.5 倍，货币性生活消费支出占生活消费支出总额的比重由 1978 年的 41%提高到 1998 年的 70.7%，提高了近 30 个百分点。

4. 生存环境极大改善。生存环境或社区环境对一个地区经济的发展和农民生活的改善具有重要影响。旧中国的农村，农村社会发育程度普遍低下，社区环境落后，建国以后，党和国家政府除了领导农村居民大力发展生产，增加收入外，还采取各种措施大力兴办各种集体福利事业，逐步改善农村居民落后的社区环境，尤其是 1978 年后，随着国家和地区对各种基础设施投入力度的加大，更为农村居民生活质量的提高起到了重要的作用。广大农村居民在自身生活质量提高的同时，生活条件，生存环境也逐步改善。到 1998 年，全国农村有 95%以上的行政村通了公路，70%左右的行政村通了电话，70%以上的行政村用上了安全卫生水，95%以上的行政村通了电。农村交通，邮电，电力事业的发展，改善了农村生活，生产条件，加快了落后地区的脱贫步伐，更方便了城乡经济、文化交流，为农村经济的持续稳定发展奠定了坚实的基础。

二、改革开放：农村居民生活质量显著提高

如果说，建国后的前 30 年，我国农村居民生活曾有过曲折的发展过程，则后 20 年以党的十一届三中全会为标志，农村居民生活质量已显著提高，尤其是改革开放所带来的市场物质日渐充裕，带来了农村居民消费观念和消费水平的历史性变化，具体地说生活质量有 5 大提高：

1. 食品质量明显提高。农村居民食物消费质量普遍提高主要表现在，彻底摆脱了过去较长一段时期的消费品不足而转变为讲究吃好，档次提高，营养丰富三大变化上。一是食物消费在吃饱的基础上转化为吃好。人均主食支出占食品支出的比重由 1978 年高达 65.3% 下降到 1998 年的 35.5%，下降了 29.8 个百分点。同期，人均副食支出占食品支出的份额则由 1978 年的 31.4%上升到 1998 年的 42.9%；二是食物消费细粮增加，粗粮减少。1998 年与 1978 年比较，农村居民人均粮食消费总量虽然仅增加了 1.6 公斤，但其中细粮消费数量由 123 公斤增加到 209 公斤，细粮消费比重由 49.4%提高到 83.9%；粗粮消费则由 125 公斤减少到 40.5 公斤，减少了 67.6%。三是营养状况显著改善，营养丰富的油脂类和享受性食

物成倍增长。1998年,农村居民人均消费的油脂类食物比1978年增长了2.1倍;肉禽类食物增长了1.6倍;蛋类增长了4倍;水产品增长了3.3倍。热量摄入达到了营养部门要求标准;同时热量中,来源于淀粉类食物的比重下降,来源于水产品、禽蛋产品等高蛋白食物及其他精制食品的比重上升。

2. 穿着更加舒适高档。衣着是人们对物质生活和精神生活的共同需要。十一届三中全会后,随着农村居民温饱问题的解决,衣着消费观念逐步更新,昔日不能讲究穿戴的普通农民,如今也注重衣着打扮,其突出的变化是对原布的购买量逐步下降,对成衣的购买量逐步增加,并越来越讲究穿着的款式、花色、质量、舒适和装饰,且趋于高档化。1998年农村居民人均衣着支出达到98元,比1978年增长5.6倍;人均购买各种布料1.97米,比1978年减少64.1%;人均购买成衣服装1件,比1983年增长了1.2倍。

3. 居住状况极大变化。较长一段时间,农村居民住房条件较差,房屋比较简陋,土坯墙的草顶、瓦顶房居多,如今,排排砖瓦房甚至一幢幢新颖、别致的楼房拔地而起,成为改革后农村最直观、最明显的变化。1998年,农村居民人均居住支出240元,比1978年高出19.1倍。平均每户年末使用住房面积由1978年的8.1平方米增加到1998年的23.7平方米,增长1.9倍。人均住房面积中,砖木结构和钢筋混泥土结构住房面积1998年达到17.9平方米,占75.4%,比1981年的48.6%提高了26.8个百分点;新建房屋每平方米价值,1985年只40元,1998年提高到227元,提高了4.7倍。目前,较为富裕地区的相当农民家庭的住房及内部装饰正向着现代化生活方式发展。

4. 家庭耐用品成倍增加。农村居民购买耐用品数量成倍增加,是这些年农村居民生活水平显著提高的又一重要标志。1965年平均每百户农民家庭拥有自行车7.6辆,收音机2台,钟表10只,缝纫机2.6架。到1998年,这些过去农村居民家庭渴望的老四大件(自行车、缝纫机、钟表、收音机)等耐用品的拥有已基本饱合,并稳中趋降,而其他新型家用电器则迅速增长。1998年末,平均每百个农村住户年末拥有电视机96台,其中彩色电视机33台,拥有收录机32台,电风扇112台,洗衣机23台,一些农户还购买了录像机、照像机、电冰箱,甚至空调、电脑也已进入部分富裕农户家庭。

5. 精神生活日益充实。建国以来,随着农村社会经济的逐步繁荣,农村居民在物质生活丰富的同时,享受性的精神生活也日益丰富多彩。如今,不仅电视机获得了相当的普及,很多农户也意识到知识和信息的重要性,对文化教育的投入增多,到1998年,农村居民人均文教娱乐用品及服务支出159元,占生活消费的10%;同时,由于农村基础设施的改善及社会经济生活的逐步一体化,农村居民交通通讯支出增加,1998年人均该项支出达到61元,占生活消费的3.8%;随着收入的提高,农村居民亦开始更多的关注自己的身心健康,过去大病小治,小病不治的现象有了较大改变,1998年,农村居民人均医疗保健支出达到68元,占4.3%。

三、共同富裕:农村居民生活的新追求

50年来,农村居民生活虽然提高,但发展不平衡,因此,追求共同富裕,寻求发展前景的新突破,成为各个地区、每个农村居民生活的新追求。

1. 农村居民收入普遍增长,但存在差距。1978－1998年,各省区农村居民年均收入均保持了10%以上的增长速度。从按地理位置划分的东中西地带纵向分析,不仅经济实力较为雄厚的东部地区保持了较高的增长速度,就是基础力量较为薄弱的中西部省区收入也成倍增长。东、中、西部地区农村居民收入增长分别达到19.5倍、14.6倍和11.7倍。由于地区经济发展不平衡等诸多因素的影响,各地区农村居民在追求共富的进程中也存在较为明显的差距。其中,收入最高的上海市郊农民在短短的20年中收入增加多达5117元,而至今收入仍居次低名次的甘肃省农村居民收入增加仅为1295元,收入增额差距2.95倍。东、中、西地区收入增长也由改革初期的差距不大变为较为明显的东高西低的趋势,1978年东、中、西地区农村居民收入差距系数分别为1.20∶1.09∶1(以西部地区为1,下同),1998年则提高到1.94∶1.35∶1。

2. 农村居民生活提高不平衡。区域经济发展的不平衡,使东、中、西地区农村居民生活消费水平的提高与收入增长呈现东高西低的趋势一致,也是不平衡的。东、中、西部农民家庭人均生活消费比值(以西部地区为1),1980年为1.36∶1.16∶1,绝对值分别为184元、157元和136元;1998年则达到1.61∶1.18∶1,绝对值分别为1995元、1461元和1240元。这期间消费支出最高省与最低省之间的消费差距比(以消费支出最低省为1,下同)1980年为1∶2.58,1998扩大为1∶4.43;消费水平差距由197元扩大到近3500元。此外,从整体上看,1998年,我国东部地区农村居民

生活消费的恩格尔系数为49.8%，达到小康生活标准值；同期，中部地区农村居民生活消费的恩格尔系数为54.8%，消费质量与东部地区农民家庭比较存在明显差距；而西部地区则相差较远，食品支出占生活消费支出的比重即恩格尔系数，1998年仍达59.2%。

3. 贫困人口大幅度下降，但要达到本世纪末的国家反贫目标尚需努力。建国50年，我国农村居民生活从普遍贫困到整体解决了温饱，尤其是1978年改革开放以后，我国在缓解贫困方面取得了很大进展，到1998年，全国农村贫困人口仅余4210万人，比1978年的2.5亿人减少2亿多人。年均脱贫1000多万人；1998年，农村贫困发生率为4.6%，比1978年的30.7%减少26.1个百分点。尽管我国农村反贫工作已取得巨大成效，但要达到在本世纪末基本解决农村贫困人口的国家目标，任务仍很艰巨。统计数据显示，今明2年，要使尚存的4210万农村贫困人口基本解决温饱，平均每年的脱贫规模必须在1000万人以上；而要大幅度减少西部地区特别是西部贫困山区的贫困人口，还须下大力气，继续坚持不懈地抓紧抓好扶贫攻坚工作才能解决问题。

4. 近年农村居民收入缓慢增长对其生活质量提高带来一定局限。不容否认，50年来，农村居民生活取得了举世瞩目的成就，但在回顾农村居民生活取得辉煌成就的同时，也应看到近年来农村居民收入的缓慢增长对其生活质量提高带来的一定局限。

(1)收入低速增长制约了消费增加。近几年，由于国内外各种因素的综合作用，农村居民纯收入增长速度放慢，受其影响，农民生活消费支出增加额在1997年只相当于1996年的17%的基础上，1998年继续下滑，全年生活消费支出低于上年，为1590元，尽管1998年由于农村生活消费指数的负指现象，拉动了农村居民生活消费的实际支出于1997年基本持平，但其直接导致的农民消费能力弱化是显见的，以至1998年，农村居民需求消费倾向下降了4个百分点，需求乏力、需求不足的矛盾更为突出，进而制约经济的进一步发展。

(2)市场购买欲望近年持续缩减。主要表现在农村居民的市场消费需求增长逐年下降。农村居民对工业品的购买总额增速1996年同比上年低13.8个百分点，1997年同比上年低17.1个百分点。1998年，同比上年再次下降6.2个百分点。究其原因：

一是收入增长速度放慢，储蓄动机增强。1998年，农产品价格的普遍低走，农村居民增收困难，与此同时，教育，医疗等改革措施的陆续出台，使农民收入消费预期变化，一定程度上促使其消费倾向下降，储蓄动机增强。1998年末，农村居民人均拥有手存现金和存款合计1644元，同比上年增长23%，远高于同期农村居民纯收入增幅。

二是购买力分布差距较大。从不同收入层次分析，购买力更多的集中在较高收入农户手中。1998年，全国农村居民整体人均拥有可购买商品额3204元，其中，人均年收入在2000元以下的农户占总农户的一半以上，达53%，拥有的购买力份额只占1/3，为32.7%；年收入在4000元以上的农户占总农户的比重仅1/10，为10.6%，拥有的购买力份额则占全部农户拥有购买力的1/4，为25%。从不同地带分析，1998年，东部地区农村居民人均拥有可购买商品额4600多元，占全部购买力份额的53.5%；中部地区农村居民人均拥有可购买商品额近2600多元，占全部购买力份额的28.6%；西部地区农村居民人均拥有可购买商品额近2000元余，占全部购买力份额的17.9%。

(3)整体生活消费尚未完全摆脱生存性为主的消费模式。以农村居民用于满足基本生存需要的食品支出占生活消费支出的比重即恩格尔系数为例，进入90年代后一直没有明显的下降趋势，尽管1998年，由于市场供给充足，农村生活消费价格指数尤其是食物价格的回落，使农村居民总体生活消费的恩格尔系数下降到0.5343。但整体看温饱型生活特征极为明显，特别是西部地区尚属低水平的温饱型消费，其恩格尔系数仍高达0.5916。

(4)农村消费环境至今仍较薄弱。这主要表现在：一方面市场规模较小，网点分散，商品结构不尽合理，既难以满足广大农民经济实惠的消费需求，也无法满足部分富裕农民向名、优、新发展的消费欲望；另一方面售后服务往往跟不上，加上社区环境及基础设施落后的制约，如交通、供电、供水不足等因素，也直接影响了消费水平的提高。

总之，50年来农村居民生活已稳定提高，尽管目前农村居民生活质量的进一步改善面临着一些不利的因素，但日渐优化的消费发展也显示出美好的前景。我们坚信，随着今后经济的适度快速增长，必将为农村居民生活的改善和提高奠定更加坚实的基础，农村居民生活必将在下一个世纪步入更加富裕的新阶段。

1995年农村居民收入增长较快

1995年，农村经济保持了稳定发展的势头，农业生产丰收，农村二、三产业持续快速发展，农民收入也随之增长较快。据对全国30个省、区、市近7万农户抽样调查，1995年我国农村居民人均纯收入达1578元，比上年增加357元，增长29%，扣除物价上涨因素后，实际增长5.3%。

一、收入增长主要特点

1. 家庭经营收入稳定增长，二、三产业收入增长快于第一产业。1995年，作为农民收入主体的家庭经营收入人均达1124元，比上年增加242元，增长27.3%，其增加额占纯收入增加额的比重为67.8%。农民人均从第一产业得到的收入是949元，增加了168元，增长21.5%；从二、三产业得到的收入是531元，增加了167元，增长45.9%，其增加额占农民纯收入增加额的46.8%，比上年提高了16.3个百分点。

2. 劳动报酬收入增长快。1995年农民从各种企业和单位得到的报酬收入人均达356元，比上年增加93元，增长35.4%。其增加额占纯收入增加额的比重为26.1%。在报酬性收入中，农民在各类企业中劳动得到的报酬人均达257元，比上年增加58元，增长29.1%。

3. 农村居民非生产性收入有所提高，财产性收入增长较快。1995年农民因存款利息、股息、租金及其它财物等财产性收入为40.5元，比上年增长42%，人均转移性收入57元，比上年增长19.7%，这两项非生产性纯收入增加额占纯收入增加额的比重是6%。

4. 各地区收入增长不平衡，收入差距再度扩大。1995年农民人均纯收入东部地区为2127元，比中部地区高724元，比西部地区高1066元，东、中、西部地区分别比上年增长31.5%、28.9%和23.6%。三个地区农民收入之比为2:1.32:1，与1994年相比，东部与西部差距扩大12%，与中部扩大3%，中部与西部差距扩大5%。按照国际上通常采用的衡量收入差异水平的方法来看，基尼系数由1994年的0.32提高到0.33，这表明农民集团内部的收入差异有所扩大。

二、收入增加的主要因素

1. 农业丰收。1995年，由于各级政府进一步加强了对农业的重视，增加了农业生产投入，主要农产品获得创纪录的好收成。农业丰收奠定了农民增加收入的物质基础。1995年，在农民人均纯收入中，来自第一产业的收入占60%，农业收入依然是农民收入的主要来源。

2. 农产品价格提高。1994年国家大幅度提高粮食等农副产品收购价格，加之市场供求影响，使得农副产品售价增长较快。据住户调查资料，1995年农民出售粮食的综合平均价格比上年上涨了36%，棉花上涨了32%，蔬菜上涨了25%，仅出售粮食、棉花、蔬菜、油料四项农产品，就使农民人均增加收入95元。农副产品价格的上升，使农民从中得到实惠，是农民增收的一个有利条件。

3. 农民非农产业劳动收入增长较快。农村集体经济实力增强和非农产业的发展，在吸收农村剩余劳动力的同时，拓宽了农民的收入渠道。逐渐成为农民收入新的增长点。1995年，农民劳动报酬收入的增长幅度比家庭经营的增长速度快8个百分点，其增加额占农民纯收入增加额的25%。而在农民家庭经营中，二、三产业收入的增长也远快于第一产业，其占农民家庭经营纯收入的比重由上年的12.7%提高到19.4%。

尽管1995年农民收入出现了“八五”时期以来少有的增长幅度，实际增长速度达5.3%，与2000年达到小康水平(1100元)所需的5.4%的增长速度基本接近，但农民实现小康目标的难度仍然突出，特别是中、西部地区更是收入增长的难点和重点。故应采取多种措施，加快中、西部地区农村居民实际收入的提高，以保证全国农民小康目标的实现。

1995年农村居民生活消费支出实际增长6.2%

对全国6.7万户农村住户的抽样调查表明，1995年，我国农村居民人均生活消费支出达到1310元，比上年增长294元，增长28.9%，扣除物价上涨因素，实际增长6.2%。消费结构也发生了较大的变化，主要情况如下：

一、食品支出增长28.4%

1995年，农村居民人均食品支出为768元，比上年增长170元，增长了28.4%。扣除物价因素比上年实际增长5%。食物消费支出份额在生活消费支出中的比重从上年的58.82%下降到58.63%。其中主食支出为317元，比上年增长31.2%，副食支出为316元，增长23.5%。主食支出比重上升是由于粮食价格上涨过快引起的。

从主要食物消费量看，食物消费品种更加多样，膳食结构更为合理。除人均粮食和蔬菜消费量与上年基本持平外，其他主要副食消费量均有不同程度的增长，其中食用油增长2.5%，肉禽及制品增长4.3%，干鲜果品增长3.4%，蛋类和水产品的消费量分别增长6.9%和13.5%。

食物消费的一个新特点是，成品与半成品食品正在迅速进入农家。1995年，人均粮食制品消费量比上年增长26.3%，豆制品增长17.3%，肉禽制品增长23.7%。另外，农民在外饮食支出也有明显增长，1995年农民人均在外饮食支出为24.9元，扣除物价因素后，实际增长8.8%。

二、衣着消费成衣化倾向明显

1995年农村居民人均衣着支出为90元，比上年增加20元，增长27.7%，扣除物价因素后实际增长11.3%。农民衣着支出以购买成衣为主，人均购买服装支出达45元，增长30.8%，增加额占全部衣着支出增加额的一半。另外，衣着材料和鞋帽类支出分别为15元和26元，增长12.3%和37.3%。

三、居住支出迅猛增加

居住支出主要包括住房、电费和燃料支出。1995年，农村居民人均居住支出为182元，比上年增加了40元，增长28%，扣除物价因素后实际增速度仍高达13.4%，其中住房支出为110元，比上年增长40%，住房支出中的购买建材支出为90元，增长34.7%，农村建材市场继续保持活跃兴旺势头。

农村居民的住房面积又有所扩大，年内人均新建住房0.78平方米，增长7.9%，年末人均住房面积为21平方米，增长了3.9%，其中砖木结构住房面积为11.9平方米，增长3.3%，钢筋混凝土结构住房为3.1平方米，增长16%，这说明住房质量也有提高。

四、家庭设备、用品及服务增加23.5%

1995年，农村居民人均家庭设备、用品及服务支出68元，比上年增加13元，增长23.5%，扣除物价因素实际增长16.8%。其中人均耐用消费品支出23元，增长26.7%，日用杂品支出34.7元，增长23.1%。年末耐用消费品拥有量特别是高档耐用消费品拥有量比上年增加较多，平均每百户拥有电风扇88台，增长11.5%，洗衣机17台，增长12%，电冰箱5台，增长30.4%，大型组合家具23套，增长45.2%，抽油烟机、吸尘器空调等高档商品拥有量虽然微乎其微(抽油烟机每百户只有一台，吸尘器和空调每百户不足0.5台)，但其增幅也都在60%以上，代表农民消费结构变化的新趋势。

五、交通通讯支出增幅高达40%

1995年，农村居民人均交通通讯支出34元，比上年增加10元，增长40%，在生活消费增长中高居首位。其中购买交通工具支出17.8元，增加5元，增加额占全部交通通讯支出增加额的一半。每百户拥有自行车148辆，增长11.3%，摩托车5辆，增长56%。

农民购买通讯工具及邮电服务方面的支出在低水平上迅猛增长，1995年农民人均购买通讯工具支出和邮电费分别是1.9元和1.6元，比1994年翻了一番多，这说明随着农村人口流动、经济发展和社会交往的增加，农民对交通通讯的需求正在迅速扩大。

六、文教娱乐服务支出增加显著

1995年，农村居民人均文教娱乐支出102元，比上年增加27元，增长36.3%，增长速度位居第二。其中文教用品支出27元，增长17.9%，文教服务支出75元，增长44.5%，增长最快的是学杂费，人均达68元，增长47.2%。年未平均每百户拥有电视机80台，增长5.3%，其中彩电17台，增长26.9%，收录机28台，增长9.8%，录像机和照相机分别增长21.3%和24.5%。

七、西部农村居民和东、中部农村居民的生活消费差距继续扩大

1995年东部地区农民人均生活消费支出1671元，中部1187元，西部982元，分别比上年增长29.8%、29.5%和25.8%。以东部为1，则人均生活消费支出的东中西之比从上年1:0.71:0.61变化为1:0.71:0.59，西部地区和东中部地区的差距又有所扩大。分消费方面看，除了食品消费支出增长以西部最快、东部次之、中部最慢外，其他各项消费方面的支出增长速度均以中部最高、东部次之，西部最低。不同地区生活消费的差异趋势和收入差异趋势基本上是一致的，因此，要提高各地区农村居民的消费水平必须首先提高其收入水平。

1995年我国农户生产投入有较大幅度增长

据对全国30个省、自治区、直辖市近7万户农村住户的抽样调查,1995年,由于国家和各级政府切实加强了对农业生产的组织领导,较大幅度地提高农副产品收购价格,并采取了一系列其他有利于发展农业生产的措施,促进了农村居民生产积极性的提高,农户生产投入有较大幅度增长。

一、农户生产投入全面增长

1. 投入总额增加较多,占总支出的比重提高。1995年,由于国家发展农业的各种有效政策,调动了广大农村居民种田的积极性,农户生产投入总额有较大幅度增加,农户人均生产投入总额达到684元,比上年同期增加179元,增长35.5%,扣除价格因素,实际增长6.4%。与此同时,农户生产投入总额占总支出的比重提高,由上年的30.9%提高到32%,并成为“八五”以来农户生产投入总额占总支出额比重最高的一年。

2. 生产性投入和固定资产投入同步增长。1995年,农户人均用于家庭经营的生产性费用支出622元,比上年增加163元,增长35.6%,农户人均购置生产性固定资产额62元,比上年增加16元,增长35.1%。与上年比较,在家庭经营生产性费用支出中,用于一产业的投入费用比重有所提高,增长速度更快。家庭经营一产业的投入费用增长为35.9%,占家庭经营费用支出的比重为92.6%,比上年提高0.2个百分点,二、三产业的投入费用增长为32%,占家庭经营费用比重为7.4%,比上年下降0.2个百分点。

3. 主要生产资料购买数量比上年普遍增加。1995年,农户不仅生产投入额有较大幅度增加,生产资料的投入数量亦全面提高。平均每户购买化肥566公斤,比上年增长6.5%;购买饼肥4.2公斤,增长19.9%;购买农药7.2公斤,增长62.9%;购买农用薄膜2.5公斤,增长22.5%;购买生产用柴油22.2公斤,增长1%;购买生产用汽油比上年增长48.1%。

二、农户生产投入差距扩大

1. 不同收入等级组农村居民的生产投入差距扩大。从按人口5等分法分组的不同收入等级农户的生产投入分析,不同等级组农户的年度生产投入额除20%人口的中等收入组外,其他等级组农户1995年的生产投入均比上年有较多的提高,但农村居民对生产投入的差距比亦普遍扩大。若以20%人口最低收入组为1比较,1994年为2.20∶1.50∶1.32∶1.10∶1,1995年扩大为2.20∶1.60∶1.26∶1.11∶1。详见下表。

不同收入等级组农户的生产投入情况

	1994年(元/人)	1995年(元/人)	1995比1994年增长百分比(%)
1. 最低收入组	354.73	477.50	34.6
2. 次低收入组	388.71	527.76	35.8
3. 中等收入组	466.72	600.84	28.7
4. 次高收入组	533.22	761.62	42.8
5. 最高收入组	779.41	1050.37	34.8

2. 东中西部地区农户生产投入差距扩大。分地区看,1995年,东中西地区农户生产投入额同步增多,但投入差距扩大。从投入水平看,东部地区农村居民人均生产投入737元,比1994年增加192元,增长35.2%;中部地区农户生产投入额为683元,比1994年增加188元,增长38.0%;西部地区农户人均生产投入额613元,比1994年增加151元,增长32.7%。若以西部地区农户生产投入为1,东、中、西部地区的投入差距比1994年为1.08∶1.07∶1,1995年扩大为1.20∶1.12∶1。

3. 不同省区农户生产投入差距扩大。1995年,省际间农户生产投入差距较大。若按投入水平分析,投入额最高省与投入额最低省的投入水平差额达885元,高出3倍;若按投入增长速度分析,全国有7个省区的农户人均生产投入的增幅超过50%,4个省区农户生产投入增幅低于20%;生产投入增幅高于50%的7个省区分别是吉林省85.2%,宁夏区75.1%,天津市68.9%,北京市60.3%,黑龙江省59.8%,河北省51.9%,内蒙古51.2%。

1996年农村居民实际收入增长9%

1996年是国家实施“九五”计划的第一年，回顾过去的一年，在各级政府认真贯彻党中央、国务院关于加强农业，采取多种措施、增加农村居民收入的精神指导下，农村经济保持了持续发展势头，农村居民实际收入增长达到“八五”以来最高纪录，为实现本世纪末国家的宏伟计划以及2010年的远景目标开了一个好头。

一、农村居民收入现状及特征

1．农村居民实际收入增长快。据对全国30个省(区、市)、67610个农村住户的抽样调查，1996年，在国家再次提高农副产品收购价格的同时，对工业品和其他生活消费服务价格进行宏观调控，使通货膨胀得到明显抑制，农村居民由此获得较多实惠，农村居民人均纯收入达到1926元，比上年增加348元，增长22%，扣除物价因素，实际纯收入增长9%，增长速度创“八五”以来的最高纪录。

2．家庭经营收入仍居主导地位。1996年农村居民全部收入来源中：基本收入(包括工资性劳动报酬收入和家庭经营纯收入)人均1813元，比上年增加334元，增长22.6%，占全部纯收入的比重为94.1%；其中，家庭经营收入依然是农村居民收入的主体，人均家庭经营纯收入1362元，增加237元，增长21%，占全部纯收入的比重为70.7%；工资性劳动报酬收入人均451元，增加97元，占23.4%。此外转移性和财产性收入人均113元，增加15元，占5.9%。

3．总量来源构成及增加额变化较小。和上年比较，1996年，农村居民收入的来源的总量结构和总的收入增额结构均变化不大。其中，收入来源的总量结构在1个百分点内变动，总的收入增额结构则在2个百分点内变化，主要是工资性劳动报酬收入比重提高。在1996年农村居民全部纯收入增加额中，基本收入对纯收入的贡献为95.8%，较上年提高了2个百分点，转移性和财产性收入为4.2%，下降2个百分点。在基本收入中，工资性劳动报酬收入对全部纯收入的贡献为27.9%，比上年提高2.4个百分点，家庭经营纯收入为67.9%，下降0.4个百分点。

4．中西部地区发展速度加快，收入增长超过东部。1996年，国家加大了对中西部地区的政策支持力度，推动了中西部地区农村经济的较快发展。同时，农业的丰收，也促进了以第一产业为主的中西部地区农村居民收入的较多增长。1996年，尽管东中西部地区农村居民收入仍存在较大差距，农村居民人均纯收入分别为2549元、1763元和1288元，但比较上年，中西部农村经济发展速度加快，收入增长均超过东部。其中中部地区达到25.7%，西部地区增长21.5%，东部地区增长19.8%。值得提出的是，西部地区农村居民收入接近全国平均速度、且超过东部地区的较快增长，是自90年代后首次出现的现象。

二、农村居民收入增长的主要因素

1．粮食丰收，为农村居民收入增加夯实了基础。1996年，农村居民人均实际纯收入增长较快，其主要原因是国家进一步强化农业基础地位、发展粮食生产的政策环境改善，加之有利的气候条件和粮食定购价格的提高，再次激发了农村居民发展生产的积极性，带来了我国农业生产获得较大丰收，粮食生产获得历史最好收成，奠定了农村居民收入增加的物质基础。农村居民抽样调查资料反映出，1996年，农村居民人均纯收入增加总额348元中，家庭经营纯收入增加额为237元，占67.9%，家庭经营纯收入中的一产业收入增加额又为199元，占57%。其中，一产业收入中的粮食纯收入增加额人均有77元，对全部纯收入增加的贡献超过五分之一。

2．从事非农产业人员增多，非农产业收入稳定增加。1996年，广大农村居民在发展农业生产的同时，积极拓宽致富门路以增加收入。一方面，尽管在国家的紧约束政策调控下，农村居民从事乡镇企业工作的人员减少，但由于有更多的农村居民充分利用农闲时间，走出农村或就地寻找收入门路，外出从事非农产业工作的人员总量仍然增多，平均每个农村居民从劳动工资性方面获得的报酬收入增加97元，增长27.5%；另方面，农村居民家庭经营二、三产业收入比上年增加38元，增长22.5%，比家庭经营第一产业收入增长幅度高1.7个百分点。上述两项收入合计为全部纯收入增加额提供了38.8%的增加量。

3. 农民负担有所减轻，对农村居民收入的有效增长产生积极影响。1996年，国家在通过各种政策及大量宣传强调调整农村居民利益关系，保护农村居民切身利益不受侵犯、规范农村居民负担经济内容等方面所作的努力，对减轻农村居民不合理负担，增加农村居民实际收入起到了良好作用。和上年比较，农民负担有所减轻。主要表现在：一是负担增幅低于纯收入。1996年全国农村居民人均纯收入1926元，比上年增长22.1%，同期农村居民上交集体提留和各项集资摊派额合计69元，比上年增长14.4%，负担增幅低于纯收入7.7个百分点；二是负担比重有所下降。按农村居民负担管理条例规定的计算口径分析，1996年农村居民上交集体提留和各项集资摊派额两项支出额占上年农村居民生产性纯收入的比重比上年下降了0.2个百分点；三是各省(区、市)农村居民的不合理负担均有不同程度减少。

4. 农产品产量增加的收入，减少了农村居民收入的价格损益。1996年，国家在继续提高部分农副产品收购价格的同时，对工业品和其他生活消费服务价格进行了宏观抑制调控，减少了农村居民收入的价格损益，确保了农村居民丰收之年收入的相应提高。资料分析表明，由于粮食、畜禽产品及其他经济作物产品价格的提高，农村居民人均可多增加收入100余元，由于粮食、畜禽产品及其他经济作物产品产量的增加，农村居民人均又可多增收入100余元，合计可多增收入200余元，与此同时，因农村生活消费及农业生产资料价格指数的上涨，农村居民人均多支出170余元，收支相抵，人均仍可获益30余元。

三、正确评价农村居民人均纯收入

1996年，农村居民收入形势比预料的要好，主要得益于如下几个方面：

一是近年来中央、国务院对农村工作的高度重视及制定的一系列有利于农村经济发展的政策，对农村居民收入的增长提供了制度保障。二是国家对农业生产的物质投入在近年相应加大，使这期间农村经济和农业生产的发展有了较坚实的物质依托。三是农业实用科学技术的逐步广泛应用，对农村居民发展生产起到良好的稳定作用。所有这些，均对促进农村内外环境的持续改善，提高农村居民生产积极性产生了积极影响。

但是对农村居民收入的较多提高，也应有一个正确评价。一是农村居民实际购买能力的提高低于收入增长。1996年，由于农村居民人均实物收入增加更多，影响到农村居民购买能力以及购买工业品支出增长不多，人均购买能力由1995年高于收入增长变化为1996年低于收入增长；对工业品的购买总额增速也只有15.8%，比1995年低10.1个百分点。

二是收入更趋集中。若按调查人口5等分比较，呈现出20%调查人口最高收入组的农村居民，拥有40.4%的纯收入份额；而20%调查人口最低收入组的农村居民，只拥有7.5%的纯收入份额。

三是中西部地区农村居民纯收入中实物纯收入高达45%。1996年，在我国农业生产稳步发展，粮食作物增产的大好形势下，中西部省份农村居民收入的动态增长高于东部地区，其中中部地区农村居民纯收入增长比东部地区高5.9个百分点，西部地区农村居民纯收入增长比东部地区高1.7个百分点，但比较来看，中西部省份主要是依靠种植业尤其是粮食生产获得收入，纯收入中的农业份额中部地区占69.9%，西部地区占69.3%；因此，从纯收入的构成性质分析，中西部地区农村居民纯收入中以实物形式表现的收入份额更多，均达到45%，而东部地区实物收入份额只占28%。

注释：

(1)农村居民购买力＝全年现金收入－缴纳税款－上交集体承包任务－集体提留和摊派－其他非生产性支出－储蓄借贷现金支出＋年初存款余额＋年初手存现金。

(2)农村居民工业品需求＝生产费用支出现金＋生活消费品支出现金－食品支出现金。

1996年农村居民生活消费增长较快

据对全国30个省、自治区、直辖市6.7万个农村住户的抽样调查，1996年农村居民人均生活消费支出1582元，比1995年增加271元，增长20.7%，扣除物价上涨因素影响，实际增长10.5%，比上年同期快4.3个百分点。

一、食品消费质量明显改善

1996年，农村居民人均食品支出895元，比上年增加127元，增长16.5%，扣除物价上涨因素，实际增长8.4%。食物消费支出份额在生活消费支出中的比重（即恩格尔系数）由上年的58.63%下降到56.58%。主食支出人均361元，副食支出人均369元，主食、副食分别比上年增长13.9%和16.5%。另外，食品支出中在外饮食部分增长很快，人均支出35.2元，增长速度高达37.3%。随着农村居民收入的增加，主食、副食结构发生了质的变化，在外饮食迅速增加，这表明农村居民的食品消费质量有了明显的改善。

从主要食物的消费量来看，除粮食略有下降外，其它食物均有所增加。其中，食用油增长4.7%，蔬菜增长3.9%，家禽增长5.5%，蛋类增长4%，特别是猪肉和水产品分别增长了12%和20.3%。

二、衣着成衣化消费势头强劲

1996年农村居民人均衣着支出为89.8元，比上年增加24元，增长26.7%；扣除物价上涨因素，实际增长18.2%，比上年同期快7个百分点。其中，成衣服装支出增幅最大，人均44.9元，增长30.5%，其增加额占全部衣着支出增加额的57%；鞋帽袜类和衣着材料支出分别为32.5元和16.5元，分别比上年增长26.5%和16.7%。

三、农村居民居住条件追求质量提高

居住支出主要包括住房支出、电费、燃料等，是农村居民各项生活消费中第二大开支。1996年农村居民居住支出人均219元，比上年增加36.9元，增长20.2%；扣除物价上涨因素，实际增长12.3%。其中住房支出为135元，比上年增长23%，住房支出中购买建材支出为107元，增长18.9%。

年内农村居民人均新建生活用房面积0.81平方米，比上年增长3.8%，年末人均住房面积为21.7平方米，增长3.3%。其中，钢筋混凝土结构面积为4.4平方米，比上年增长43.2%。这表明，农村居民不仅在量上改善居住条件，而且更注重居住质量的提高。

四、家庭设备及日常用品购置趋热

农村居民家庭设备及日常用品消费人均支出84.2元，增长23%，扣除物价上涨因素，实际增长17.5%。其中，耐用消费品支出为27.4元，增长21.6%。年末耐用消费品拥有量比上年同期增长较多，平均每百户拥有电风扇100台，增长13.6%，洗衣机21台，增长23.5%，电冰箱7台，增长40%。在去年大部分耐用消费品拥有量增幅超过10%的基础上，1996年又出现了持续增长、且增长幅度更快的局面。

五、文化娱乐投资增加

随着物质生活的改善，农村居民对精神生活的要求提高，因而这方面消费支出增长较快。1996年农村居民用于文化教育用品及服务的人均支出为132.5元，比上年增加30.1元，增长29.4%，扣除物价上涨因素，实际增长17.1%。其中文娱机电消费品支出18.1元，增长11.7%；购买书报杂志支出7.7元，增长35.1%；学杂费91.8元，增长34.6%。年末平均每百户拥有电视机88台，增长9%，收录机31台，增长9.7%。

六、医疗保健用品及服务支出增长快

1996年农村居民人均用于医疗保健的支出为58.3元，比上年增长37.1%。其中医药卫生保健用品费用33.7元，增长29.4%，医疗保健服务费23.8元，增长48.3%。

另外，农民用于交通和通讯方面的支出增幅也较大。

1996年，随着中西部地区农村经济发展速度的加快，中西部地区农村居民在收入增长较快的同时，生活消费的增长速度也超过东部地区。东部地区农村居民人均生活消费支出1974元，中部1451元，西部1216元，东部地区比上年增长18.1%，中部地区增长22.2%，西部地区增长23.8%，中西部地区的增长幅度超过东部地区及全国平均水平。尽管东中西部地区农村居民生活消费水平仍存在较大差距，但与上年比较，东、中、西部地区生活消费比由1∶0.71∶0.59变化为1∶0.74∶0.62，中西部地区与东部地区的差距有所缩小。

1996年农户生产投入增长5.6%

据对全国30个省、自治区、直辖市近7万个农村住户的抽样调查，由于各级政府认真执行国务院关于加强农业基础地位的指示，加大对生产投入的引导和管理力度，农民的生产积极性保持了一定的势头，1996年农户的生产投入有较大幅度增长。

一、农户生产投入总量增长较多

1996年，在国家一系列利农、益农政策的带动下，农民的生产投入积极性持续保持。调查表明，农户人均全年生产投入总额为773.2元，比上年同期增加89.2元，增长13%；扣除物价因素，实际增长5.6%。与去年相比，虽然增长幅度有一定程度的下降，但仍为近年来农户投入增长比较多的一年。

二、短期投入快于长期投入

一般来说，农户经常购买的生产资料为短期投入，而固定资产为长期投入。1996年，农户人均用于家庭经营的生产费用支出为709.5元，比上年增加87.8元，增长14.1%；农户人均购置生产性固定资产支出63.8元，比上年增加1.5元，增长2.3%。长期投入力度不够。

三、非农产业投入快于农业投入

在家庭经营的生产费用支出中，第一产业人均支出650.1元，比上年增加74.5元，增长12.9%。其中，种植业投入增长17%，林业投入略有减少，牧业投入增长6.4%，渔业投入增加25.4%；第二产业人均支出18.5元，比上年增加4.2元，增长29.4%。其中，工业投入增长25.5%，建筑业投入增长42.5%；第三产业人均支出40.9元，比上年增加9.1元，增长28.6%。其中，运输业投入增长26.4%，商业投入增长30.9%，服务业投入增长30.2%。比较而言，农户更热衷于对非农产业的投入。

四、主要生产资料购买数量有增有减

1996年，农户户均购买化肥590公斤，比上年增长4.2%；购买饼肥5.3公斤，比上年增长26.2%；购买农药8.2公斤，比上年增长13.9%；购买农用薄膜3.1公斤，比上年增长24%；购买生产用汽油和柴油34.2公斤，比上年增长30.5%。在生产性固定资产方面，汽车、役畜、水泵、脱粒机的购买量均有不同程度的增长，而拖拉机、胶轮大车、手推车、抽水机和产品畜等的购买量则有所下降。

五、区域间投入不平衡

分地区来看，东部地区农户人均投入832.6元，比上年增长13%，接近全国平均增长水平；中部地区农户人均投入760元，比上年增长11.2%，比全国平均增长水平低1.8个百分点；西部地区农户人均投入710元，比上年增长15.8%，比全国平均增长水平高2.8个百分点。很明显，以农业为主的中西部地区，生产投入势头比较弱。值得注意的是，辽宁、吉林、黑龙江、浙江、安徽等主要农区的农户投入都是下降的。

总的来看，1996年农户生产投入的形势还是不错的，其实际增长幅度比“七五”和“八五”期间的平均增长水平高。但是，也应该看到可能出现的问题。与上年相比较，1996年的农户投入增长幅度有所下降，特别是长期投入不足，农业投入呈现出弱化的势头。这个苗头应该引起我们的高度重视。农业丰收，农产品价格下跌，导致来年生产后劲乏力。这个问题已经困扰我们多年。各级政府应该及早采取措施，保持农民的投入积极性，防止今后可能出现的农业生产滑坡走势。

1997年农民人均纯收入增长4.6%

1997年，对我国的农民来说是一个比较特殊的年份。在党中央、国务院关于致富奔小康的战略决策指引下，经过各级干部群众的共同努力，广大农民经受住了农业生产增长不多、市场风险加大的形势考验，使得农民收入仍然保持了一定的增长速度。

一、农民收入增长速度减缓

根据对全国31个省、区、市6.7万个农村住户的抽样调查，1997年农民人均纯收入达到2090元，比上年增加164元，增长8.5%；扣除价格因素影响，实际增长4.6%。

与往年相比，今年农民的收入增长速度出现了减缓的势头。1995年，我国农民人均纯收入实际增长5.3%，1996年实际增长9%。与上年比较，1997年的农民收入增长速度下滑了4.5个百分点，给“九五”期间实现计划目标增加了难度。

农民收入增长速度下滑的原因，主要归结为以下两个方面：

1. 由于去年农业大丰收，非农产业发展也比较平稳，使得农民纯收入人均达到1926元，已经达到了比较高的水平。在这种情况下，如果农村经济的发展不能及时找到新的增长点，收入要持续高速增长是难以实现的。

2. 农业收入增长遇到了考验。总的来看，今年的农业生产没有明显起色。大宗农产品中，粮食减产，油料减产，棉花略增，畜牧业增产，糖料增产，平均起来，农业总量增长不多。同时，农民真正经受了市场经济风险的考验。由于去年农业丰产，结果导致农产品价格下跌，从而给农产品的价值实现打了折扣，削弱了农民收入的增长势头。资料表明，占农民纯收入来源将近一半的种植业收入在1997年名义上只增长了2%，比通货膨胀速度还低。

二、农民收入增长主要得益于产业结构调整

1997年，农民收入增长速度下降，但速度仍然保持了一定水平，主要是由于产业结构调整的结果。产业结构调整主要表现在两个方面：

1. 林、牧、渔业发展有较大突破。从农业的范畴来看，农民响应政府号召，以市场需求为导向，从传统的土地资源束缚中解放出来，积极向经济效益好的非种植业生产领域进军。1997年，农民人均林业和渔业纯收入分别为19元和21元，均比去年增长了20%。特别引人注目的是，牧业纯收入达到185元，比上年增加44元，增长31%；其增加额占全部纯收入增加额的27%，占家庭经营纯收入的40%。牧业对农民纯收入增长的贡献能达到如此大的比重，在近几年来还是不多见的。根据各地反应的情况来看，由于粮食供应充足，价格下跌，导致畜牧业生产成本下降，经济效益提高，给畜牧业的发展提供了很好的契机。比较种植业和林、牧、渔业的增长速度可以看出，目前农民的市场经济意识已经有了明显的增强，能积极主动地根据市场的供求来调整生产经营结构。

2. 非农产业增长势头仍然强劲。资料表明，1997年农民人均从家庭经营的第二产业中获得的纯收入为78元，比上年增长了21%；从第三产业获得的纯收入为175元，比上年增长了16%。虽然今年家庭经营中二、三产业的增长速度与去年相比有了相当程度的下降，但与今年的第一产业增长速度相比，仍然分别高出了15和10个百分点。这说明，农民自主经营的非农产业活动有了一定的基础，并保持着比较旺盛的势头。按照这种趋势发展下去，以家庭经营为主体的非农产业必然会摆脱小农经济的束缚，进一步推动农村非农化的进程；另一方面，农村非农产业的发展还表现为劳动者报酬的增长。就农民而言，劳动者报酬收入绝大部分是从二、三产业获得的，主要包括乡镇企业工资收入和外出打工收入。1997年，农民人均得到的劳动者报酬收入为515元，比上年增加64元，增长14%。虽然比上年的增长速度降低了一半，但同当年其它收入来源比较，增长幅度还是比较大的。

三、农民收入差异略有扩大

在农民收入增长的同时，收入差异略有扩大。根据资料计算，1997年全国农民收入的基尼系数达到0.3285，比1996年的0.3229略有提高。也就是说，

从全国总体上来看，农民收入差异在缓慢扩大，但仍处于合理的区间，离 0.4 的警戒线尚有相当的距离。

总体上农民收入差异的扩大，主要是由于各地区内部农民个体之间的收入差异扩大引起的，而地区之间的差异呈缩小的趋势。按三个经济地带来划分，东部、中部、西部农民人均纯收入的比例由 1996 年的 1.97∶1.37∶1 缩小到 1997 年的 1.95∶1.37∶1 的水平。很明显，中部和西部的差异处于稳定状态，而东部发达地区和中西部欠发达地区之间的差异在缩小。自 1996 年实施“九五”计划以来，用农民纯收入来衡量的地区差异缩小的趋势已持续了两年，说明我国的中西部地区发展政策得到了落实，起到了成效。

农村居民生活消费进入以提高质量为主的新阶段

随着我国农村经济体制改革的深化和农村经济的发展，农村居民收入不断增长，近五年来，农村居民人均纯收入由1992年的784元增加到1997年的2090元，年平均增加261元，年均递增21.7%，扣除物价因素影响，平均每年实际递增5.4%。在收入增加的基础上，农村居民生活消费的各个方面都发生了显著的变化，整体生活质量提高，农村居民生活消费进入到一个以提高质量为核心的新阶段。

一、消费水平显著提高，各项消费支出成倍增长

1992－1997年，农村居民人均生活消费由659元增加到1622元，增加963元，增长1.5倍，年平均增加193元，年递增19.7%；扣除物价因素，每年实际递增6.5%。

在农村居民生活消费支出中，1997年农村居民人均食品支出895元，比1992年增长1.4倍；衣着支出109元，增长1.1倍；居住支出233元，增长1.2倍；设备用品及服务支出85元，增长1.3倍；医疗保健支出62元，增长1.6倍；交通及通讯支出54元，增长3.4倍；文教娱乐用品及服务支出148元，增长2.4倍；其他商品及服务支出34元，增长5.2倍。

二、恩格尔系数下降，消费结构继续优化

在消费水平提高的同时，消费结构也在不断优化。农村居民食品支出占生活消费支出的比重，即恩格尔系数由1992年的57.6%下降到55.2%。1992年，农村居民生活消费八大项的结构序列为吃、住、穿、文教娱乐用品及服务、设备用品及服务、医疗保健、交通通讯、其他非商品性支出；1997年农村居民生活消费结构序列变化为吃、住、文教娱乐用品及服务、穿、设备用品及服务、医疗保健、交通通讯和其他非商品性支出。消费层次较高的项目，如文教娱乐用品及服务支出等在消费结构中的位次及比重的提高，表明了消费结构序列在优化。

农村居民生活消费结构增减比较

	1992年(%)	1997年(%)	1997年比1992年增减百分点
生活消费支出	100	100	
1. 食品	57.5	55.2	-2.3
2. 衣着	8.0	6.7	-1.3
3. 居住	15.9	14.4	-1.5
4. 家庭设备用品及服务	5.6	5.3	-0.3
5. 医疗保健	3.7	3.8	0.1
6. 交通通讯	1.9	3.3	1.4
7. 文教娱乐	6.6	9.2	2.6
8. 其他	0.8	2.1	1.3

三、消费的社会化、商品化程度提高

在农村居民货币收入增多和购买力提高的基础上，农村居民生活消费支出额的社会化、商品化程度提高。1997年，农村居民的商品性生活消费支出额达到1126元，比1992年的431元增长1.6倍，年平均递增21.2%；商品性生活消费支出额占全部生活消费支出总额的比重由1992年的65.4%提高到1997年的69.4%，提高了4个百分点。其中，食品的现金支出额由175.7元增加到435.7元，其商品性支出额比重由

1992 年的 46.3% 提高到 1997 年的 48.7%；其他穿、住、用等项的商品化程度也有不同程度的提高。

四、消费质量明显改善

1. 食物消费质量提高，营养状况改善。在主食消费量基本饱和的基础上，营养丰富的副食类食物消费量有较多增长。1997 年农村居民食物消费支出为 895 元，比 1992 年增加 516 元。从食物消费量来看，1992－1997 年，油脂类增长 5.1%，肉类增长 18.2%，禽蛋类增长 86.7%；水产品增长 66.6%，瓜果类增长 1.4 倍。人均每日摄入的热量由 1992 年的 2476 千卡增加到 1997 年的 2504 千卡；蛋白质由 1992 年的 59.6 克增加到 1997 年的 67.1 克。在摄入的蛋白质中，来源于植物性的比重由 91.1% 下降到 88.8%，而来源于肉类、水产品、禽蛋产品等动物性蛋白的比重上升。

2. 住房质量普遍提高。近几年来，农村最直观、最明显的变化是广大农村居民的居住条件得到了明显改善。1997 年，农村居民人均居住支出 233 元，比 1992 年的 105 元增长 1.2 倍。农民平均每户年末使用住房面积由 1992 年的 18.8 平方米增加到 1997 年的 22.5 平方米。其中，反映建房质量的砖木结构和钢筋混凝土结构住房面积达到 17 平方米，占人均住房面积的 75.6%，比 1992 年提高 9.1 个百分点。

3. 衣着消费向成衣化、高档化发展。近几年来，农村居民对衣着的变化主要表现在对原料的购买逐步下降，对成衣的购买量逐步增加；另外，越来越讲究穿着的款式、花色的质量。1997 年农民人均衣着支出 109 元，比 1992 年增加 56.6 元，增长 1.1 倍。人均购买成衣服装达 1.6 件，比 1992 年增长 80.7%。

4. 家庭设备、用品和文教用品等显著增加。近几年来，农村居民生活消费物品中高档耐用消费品增长较快，已成为农村居民生活质量提高的又一重要标志。作为老四件的自行车、缝纫机、钟表、收音机已基本饱和，成为农村居民生活中平常的东西。1997 年平均每百户农村居民家庭拥有电视机 93 台，比 1992 年增长 53.7%；收录机 32 台，增长 52.7%；电风扇 106 台，增长 76.4%；洗衣机 22 台，增长 79.9%。一些农户还购买了录像机、照相机、电冰箱等高档耐用物品。

五、不同经济地区农村居民生活普遍改善

1997 年，我国东部地区居民的人均生活消费额达到 2009 元，比 1992 年增长 1.4 倍，年递增 19.4%；中部地区为 1498 元，增长 1.6 倍，年递增 20.6%；西部地区为 1257 元，增长 1.4 倍，年递增 19.2%。数据表明中部地区增长速度略快于东、西部地区。尽管东、中、西部地区农村居民生活消费水平仍存在较大差距，但与 1992 年比较，东、中、西部地区生活消费比由 1992 年的 1:0.71:0.63 变化为 1:0.75:0.63，表明中西部地区与东部地区的差距有所缩小。

1997 年，我国农村居民整体生活水平的小康综合评分已达到 81.5 分，标志着我国农村居民整体在向小康生活的迈进过程中，已走了五分之四的路程。今后几年，农村居民总体生活消费将在现有基础上稳步向小康目标迈进，农村居民的生活消费将在以提高质量为核心的基础上向更高层次的消费形态转化。

1997年农户生产投入规模基本不变 投资结构有所调整

据对全国31个省、自治区、直辖市近7万个农户的抽样调查，1997年农村居民人均生产投入规模基本保持不变，在市场导向下，农户投资结构调整，资本投入效益有所提高。

一、全年农户生产投入情况

1. 农户生产投入总量变化不大。1997年，农户人均生产投入766.3元，比1996年减少7元。在农业生产资料价格几乎保持零增长的局面下，农民实际人均生产投入与上年基本持平，降幅不到一个百分点。农户生产投入占总支出的比例为30.2%，与去年相比也没有太大变化。

农户人均用于家庭经营的生产费用支出为706.3元，比上年减少3.2元，下降0.4%。家庭经营费用支出的减少主要表现为对农业投入的下降。第一产业人均支出646.3元，比上年减少3.7元，其中，农民人均用于种植业的支出为340.4元，比上年减少27.6元，下降了7.5%；人均牧业的支出为284.4元，比上年增加26.6元，增幅为10.3%；林业、渔业、手工业支出分别下降14.2%、5.5%、17%。第二、三产业人均合计支出60元，比上年略有增加，其中，建筑业、商业、饮食业投入分别增长9.2%、29.2%、22.1%，运输业和服务业投入分别下降7.2%、10%。

农户人均购置生产性固定资产支出60元，比上年减少3.8元，下降6%。用于购置大中型铁木农具、工业机械和役畜、产品畜支出三项降幅较大，分别为13.6%、11.9%和10.3%。用于农林牧渔业机械和运输机械的支出略有下降。

2. 主要生产资料购买数量有增有减。1997年，农民平均每户购买化肥566.4公斤，比上年下降4.2%购买饼肥4公斤，比上年下降23.2%；购买生产用煤75.7公斤，比上年下降12.3%。农民户均生产用汽油购买量为5.4公斤，比上年增长10%；户均农药、农用薄膜、生产用柴油购买量与去年基本持平。

3. 农户投资结构调整。今年农户投资结构有所调整，其中一个主要特点在于农民减少了对种植业的投入，转而增加了对牧业的投入，两项增减额正好相抵。由于种植业受耕地资源等条件制约较强，个体经营缺乏规模效应，靠增加资本投入来提高边际效益已经非常困难，短期内农民减少对种植业的投入而增加对牧业的投入有助于提高农民人均纯收入。

受益于投资结构的调整，今年农户的生产投入规模虽然停滞不前，资本投入效益却有所提高。1997年农户每投入100元，可以得到259元生产性纯收入，比上年增加27元，增长了11.7%，增幅比上年上升了4.6个百分点，资本投入产出率达到近几年的高峰值。

4. 分区域农民生产投入量变化不大。分地区看，1997年东部地区农户人均投入824.27元，比上年减少8.3元，下降1个百分点；中部地区农户人均投入747.9元，比上年减少11.8元，下降1.6%；西部地区农户人均投入711.3元，比上年增加1.4元，增长0.2个百分点。三个地带的投入规模变化都不是很大。

二、存在的问题

1. 农户生产投入下降趋势值得注意。总的来看，1997年农户投入降幅虽然还不到一个百分点，但这是90年代以来出现的第一次负增长，近几年已经表现出的农户生产投入弱化势头特别是生产性固定资产投入不足的现象进一步明显，应引起有关部门的高度重视。

2. 几年来农户资本投入效率呈现明显的短期周期性波动趋势。1991年农户投资效益较之1990年下降，91年到93年回升，93年到95年下降，随后的两个年份又开始回升。也就是说，90年到97年间农户资本投入效益的增加非常不稳定。

3. 农户虽然有了一定的市场意识，但其个体生产投入行为仍然具有相当的盲目性。今年农产品价格下降，牧业产品价格稳中有升。农户的生产投入量相应表现出此伏彼涨的态势，明显从种植向牧业和其他行业转移，加上几年来农户自产自用比例的稳步下降，这说明过惯了自给自足生活的中国农民，在改革开放的十几年里已逐渐确立了市场意识，农户生产经营以市场为导向已不再是一句空话。但是，从农户个体经济行为看，其经济活动还具有相当的盲目性。从猪、渔、鸡生产的几起几落、到今年柑桔等果品生产的大撞车，都说明了农户生产投入的盲目程度。要成为成熟的市场经营者，我国农户还有很长的路要走。

1998年农村居民收入增长4.3%

一、农村居民收入增长的主要特点

根据对全国31个省、区、市6.7万个农户的抽样调查,1998年农民人均纯收入达到2162元,比上年增加72元,增长3.4%,扣除价格因素的影响,实际增长4.3%,略低于上年4.6%的增长速度,继续保持缓慢增长。其中:工资性和经营性收入为2039.5元,比上年增加52.4元,增长2.6%;转移性和财产性收入122.4元,比上年增加19.5元,增长19%。农村居民收入增长主要有以下特点:

1. 农民受雇于集体、个人等单位而得到的工资性收入(包括外出打工收入)成为纯收入增长的主要来源。1998年农村居民的工资性收入573.6元,比上年增长11.5%,增加59元,占当年农村居民收入增加额的82%。

2. 家庭经营农业纯收入减少。虽然1998年农业获得了较好收成,但农民从农业中获得的纯收入比上年减少了27.6元,减少2.3%。其中:种植业减少了15.8元,减少1.7%;林业减少0.7元,减少3.6%;牧业减少16.9元,减少9.1%。

3. 家庭经营非农产业收入保持快速增长。1998年农民人均从家庭经营非农产业得到的纯收入为273.6元,比上年增加21.6元,增长8.2%,保持了快速增长的势头。

4. 农民现金收入增长明显减缓。1998年农民人均现金收入为2551.4元,比上年增长1.4%,低于上年增长幅度7.6个百分点,是近年来增长最慢的一年。其中:人均出售产品的现金收入1029.3元,比上年下降7.2%,特别是出售牧业产品的现金收入大幅下降,下降幅度为12.5%。

1998年农村居民收入得以继续保持缓慢增长,靠的是农民工资性收入的大幅度增长和家庭经营非农产业收入的增加。这主要得益于国家加大基础建设和农田基本建设的投资,特别是年底追加1000亿元建设资金的政策,经测算,由于国家投资的加强,拉动农民纯收入增长约1个百分点。国家投资加强拉动农民收入增长主要表现在两方面:

1. 国家投资吸纳了大量农村劳动力。由于国家加大了基础建设和农田基本建设投资,吸纳了大量农村劳动力。调查资料表明,农民在集体组织中劳动得到的工资收入和外出打工的收入达到了222.3元,比上年增加了63.7元,增长了40.1%,它对农民纯收入增长的贡献达88.7%。

2. 带动了农民家庭经营非农产业的发展。1998年农民家庭经营非农产业虽然继续保持快速增长,但增长格局发生了变化,占非农产业最大比重的建筑业收入出现了负增长,比上年减少了1.3%。而以运输业为主的服务性行业却保持了快速增长,家庭经营第三产业的纯收入达193.5元,比上年增加19.5元,增长11.2%。这主要是由于国家投资的加强给农民家庭自主经营的服务性行业提供了机遇。

另外,1998年农民的转移性和财产性收入也对农民纯收入的增长作出了贡献,特别是遭受特大洪涝灾害的灾区,由于政府和全国各地的大力支援,灾区农民获得的转移性收入明显增加。据江西省农调队反映,今年全省农民人均获得的转移性收入达88元,比上年增加49.4%。

二、增产不增收是1998年农村经济中的主要矛盾

1998年农业获得了较好收成,粮食产量超过9800亿斤,油料、糖料产量增加,畜牧、水产保持稳定快速增长,而农民从农业生产中获得的纯收入却是负增长,增产不增收的矛盾尤为突出。影响农民收入增长的主要原因:

1. 农产品价格持续低迷。调查资料表明,农民出售农产品的价格在上年下跌的基础上,1998年继续全面大幅度下跌。从品种数量上看,价格下跌已从少数品种向多数品种发展。在粮食、棉花、油料、蔬菜、水果、果用瓜、肉类、家禽、禽蛋、水产品、糖料、烟叶、茶叶等15个主要品种中,1998年综合平均出售价比上年下降的品种已达12个,占80%,与上年相比,价格下降的品种增加了6个品种,跌价品种所占的比例上升了40个百分点。其中:粮食下跌了3.1%,棉花下跌了7.1%,水果下跌了7.5%,肉类下跌了12.7%。

2. 农产品销售不畅。1998 年虽然农产品产量普遍增加，但是农民出售农产品的数量仍然维持上年水平，农产品的商品率下降。调查资料表明，1998 年农民家庭生产的粮食商品率为 32.6%，比上年下降 2 个百分点；棉花商品率为 80.3%，比上年下降 5.3 个百分点；油料商品率为 42.3%，比上年下降 1.7 个百分点；水果商品率为 66.8%，比上年下降 1.8 个百分点，其他大宗农产品的商品率都有所下降。产量增加，价格下跌，商品率下降，致使农民家庭出售农产品的现金收入比上年减少了 80 元，减幅为 7.2%。

由于农产品价格下跌、商品率下降，农民家庭从农业中获得的纯收入减少，导致了农民家庭经营纯收入的减少，1998 年农民家庭经营纯收入为 1466 元，比上年减少 6.8 元，减少 0.5%。

3. 乡镇企业发展趋缓、效益下滑。农民在乡镇企业中获得的工资收入是农民收入的重要组成部分，是多年来支撑农民收入快速增长的重要因素。乡镇企业发展趋缓、效益下滑，吸纳农业劳动力的能力减弱，在乡镇企业中就业的劳动力的工资收入也难以快速增长。1998 年农民从乡村企业中得到的工资性收入为 351.4 元，比上年减少 4.7 元，减少 1.3%。

4. 特大洪涝灾害造成人民财产重大损失。由于特大洪涝灾害，致使农田被毁，农产品绝收，农民收入受到巨大损失。据湖南省农调队反映，在所调查的 8 个受灾湖区调查县中，农民人均纯收入比上年减少 125 元。另据湖北省农调队对沿江 8 个县市的调查，农民人均纯收入水平普遍下降，人均减收最多的达 412 元。

三、农村居民收入差异略有扩大

总体上看，1998 年全国农村居民收入的差异比 1997 年略有扩大。根据资料计算，1998 年全国农民人均纯收入的基尼系数为 0.3369，比上年的 0.3285 略为增大，但仍处于合理区间。从对东、中、西部农村居民收入增长情况的分析来看，1998 年农村居民收入差异的扩大主要是由于中部与东部地区农村居民收入差异扩大所造成。

1998 年东、中、西部三个经济地带农村居民收入增长幅度比上年明显减缓，由于影响各经济地带的主要因素不同，三大经济地带农村居民收入增长略有差异。东部地区农民人均纯收入为 2854 元，比上年增长 3.9%，增长幅度降低了 3.8 个百分点；中部地区农村居民为 1986 元，比上年增长 2.8%，增长幅度降低了 6.7 个百分点；西部地区农村居民为 1474 元，比上年增长 4.9%，增长幅度降低了 4.1 个百分点。增长幅度降得最大的是中部地区，其次是西部地区，这主要是由于中、西部地区农村居民收入的增长主要依赖于农业，1998 年农产品市场的不利形势对这些地区农村居民收入的影响也就最大，而 1998 年发生的特大洪涝灾害集中发生在中部地区，因此造成了中部地区农村居民收入的大幅下降；东部地区农村居民收入的增长已越来越大地依赖于非农产业的发展，亚洲金融危机对外向型企业的影响是造成东部地区农村居民收入增长幅度明显下降的主要原因。

由于三大经济地带农村居民收入增长的差异，东、中、西部农民人均纯收入的比例由上年的 1.95:1.37:1缩小到 1998 年的 1.94:1.35:1 的水平，东部、中部与西部的差异缩小，而东部与中部间的差异明显扩大。

1998年农村居民生活消费情况

据对全国31个省(自治区、直辖市)6.7万个农村住户抽样调查,1998年,农村居民整体生活消费支出有增有减,消费质量继续提高。

一、现状及特征

1. 吃穿用支出下降,其他支出增加。1998年,农村居民人均生活消费支出1590元,比上年减少27元,减少1.7%,考虑物价因素后基本持平。其中,食品支出850元,减少4.6%;衣着98元,减少10.4%;家庭设备用品及服务82元,减少4.1%;其他商品及服务33元,减少4%。而居住240元,增长2.7%;医疗保健68元,增长9.1%;交通及通讯61元,增长12.5%;文教娱乐用品及服务159元,增长7.6%,其中主要是学杂费增加较多,人均增加额占该项支出的73%。

2. 食品份额降低,结构序列未变。由于市场粮价等食物价格的持续回落,恩格尔系数由1997年的55.1%进一步下降到1998年的53.4%,但八大生活消费结构序列未变,即为:吃、住、文教娱乐用品及服务、穿、家庭设备用品及服务、医疗保健、交通通讯、其他。其中:吃为53.4%;居住15.1%;文教娱乐用品及服务10%;穿6.2%;家庭设备用品及服务5.1%;医疗保健4.3%;交通通讯3.8%;其他非商品性支出2.1%。

3. 货币消费略增,食品商品率提高。1998年,农村居民人均生活消费现金总支出1128元,增加2元,商品消费率提高1.1个百分点。其中,主要是食物价格下降,影响占较大份额的自产自用食物消费比重下降,商品率提高,而其他消费支出的货币消费率则基本同于上年。

4. 较高质量的消费数量增加,消费相对优化。尽管1998年农村居民受收入增加不多的影响,消费支出缩减,但从消费结构分析,消费质量相对优化。主要表现在:

食物消费:吃好吃精并更注意营养丰富较为明显。如粮食消费量中,主要减少了粗粮消费,细粮消费量则平于上年。其他副食消费中,猪牛羊肉、家禽及食糖消费量分别比上年增长4.4%、5.9%和3.7%。

居住环境:居住质量又有提高。人均年末使用住房面积比上年增加了1.3平方米,增长5.6%。其中,钢筋混泥土结构面积增长了11.9%,砖木结构面积增长了2.5%;新建房屋每平方米价值也有所提高。

主要耐用品拥有:除自行车、钟、表外,其他耐用品拥有数量均有不同程度增加。这在农户普遍缩减其他消费数量下尤为突出。其中,每百个农户年末拥有电视机96台,净增4台,主要是黑白电视机淘汰减少,彩色电视机购买增加。百户拥有彩色电视机33台,增加5.3台,增长19.3%;百户购买摩托车13.5辆,增加近3辆,增长24.2%;此外,收录机、电风扇、洗衣机、电冰箱、照相机等家庭耐用消费品拥有量均有不同程度增加。

5. 东、西消费差距比率稳定。1998年,东部地区人均生活消费支出1995元,中部地区1461元,西部地区1222元,比上年分别下降0.7%,2.5%和1.4%,其中,中部地区主要源于自然灾害而影响农村居民生活消费的降幅较多。从消费水平比率比较看变化不大,东、中、西部地区生活消费差距比(若以东部地区为1比较),1997年为1:0.75:0.63,1998年为1:0.73:0.61。

二、影响生活消费需求下滑的因素

1998年,农村居民收入增长的进一步放慢,已对生活消费产生了较大影响,究其原因,有如下主要因素:

1. 收入低速增长制约了消费需求增加。由于近年国内外各种因素综合作用,农村居民纯收入增长速度放慢,影响生活消费增加额持续下滑,尽管1998年由于农村消费价格指数下降,拉动了农村居民生活消费实际支出接近上年,但其直接导致的农民消费能力弱化是显见的,以至1998年,农村居民需求消费倾向下降了4个百分点。

2. 购买力分布差距较大。一是反映农村居民内部收入分配的基尼系数由上年的0.3285扩大为0.3369。二从不同收入组分析,购买力更多的集中在较高收入农户手中。其中,占总农户53%的2000元以下收入的农户，只拥有32.7%的购买力份额；而占总农户仅10.6%的4000元以上收入的农户，拥有的购买力份额则占25%。三从东中西部地带看，购买力分布为：东部地区占53.5%；中部地区占28.6%；西部地区占17.9%。

3. 农村消费环境仍较薄弱也是消费需求不足的重要因素。如：市场规模较小，网点分散，商品结构不尽合理，加之售后服务往往跟不上，社区环境及基础设施改善滞后，也直接制约了农民消费水平的提高。

1998年农户生产投入实际减少2.4%

据对全国31个省、自治区、直辖市6.7万个农户的抽样调查，1998年农村居民人均生产投入继续下降，是近年来农户人均生产投入减少最多的一年。全年农户生产投入有如下特点：

一、农户生产投入持续减少

1998年，农户人均生产投入706.8元，比1997年减少59.5元，降幅达7.8%。扣除农资价格下跌因素，实际减少了2.4%。这是继1997年生产投入的小幅下调后的又一次下降，且下降的幅度明显增大。其中，人均家庭经营生产费用支出652.5元，比上年减少53.8元，下降7.6%。1998年农户人均购置生产性固定资产支出54.3元，比上年减少5.7元，下降9.5%。用于购置大中型铁木农具、役畜及产品畜支出两项降幅较大，分别为16.9%和17.4%。用于运输机械的支出下降1.7%，用于农林牧渔业机械和工业机械的支出与上年相比基本持平。

二、农牧业支出减少是家庭经营费用下降的主要原因

1998年家庭经营种植业和牧业的生产费用支出共同下降，不同于上年此伏彼涨、增减相抵的局面。其中，农民人均种植业支出为311.5元，比上年减少29元，下降了8.5%；人均牧业支出为257.1元，比上年减少27.3元，降幅为9.6%。另外，人均林业支出1.9元，比上年下降6.7%；渔业12.9元，增加17.8%；手工业6.2元，下降27.2%。第一产业合计人均支出589.6元，比上年减少56.7元，下降8.8%。

第二、三产业人均合计支出62.9元，比上年增加2.9元，增长4.9%。其中，工业支出有2%的小幅增长，建筑业和运输业支出分别下降19%和9.7%；人均商业、饮食业、服务业投入分别增长23.9%、38.4%、3%。由于二、三产业投入绝对额较小，对整体投入的增长尚缺乏拉动力。

三、主要生产资料购买数量普遍下降

1998年，农民主要生产资料购买量比上年有所减少。其中，平均每户购买化肥552公斤，比上年下降2.5%；购买饼肥3.9公斤，比上年下降2.7%；购买农药6.4公斤，下降2.1%；生产用柴油28.4公斤，下降5%；生产用煤49.6公斤，下降35%。户均农用薄膜及生产用汽油用量比上年略有增加。

四、西部地区农户投入缩减较少，地区间投入比缩小

分地区看，1998年，西部地区农户生产投入减少较少，中部由于特大洪灾对生产带来的影响，减少额较多。西部农户人均生产投入686元，比1997年减少25.4元，减少3.6%；中部农户人均生产投入670.2元，比1997年减少77.7元，减少10.4%；东部农户人均生产投入757.8元，比1997年减少66.5元，减少8.1%。比较三个地区的投入比，差距缩小。若以西部地区农户人均生产投入为1，东、中、西部地区的投入差距比1997年为1.16∶1.05∶1，1998年缩小为1.10∶0.98∶1。

1998年农户生产投入下降受农资购买量减少及综合购买价下跌双重因素的影响。1998年农户对化肥、饼肥、农药、柴油、煤、农用薄膜及汽油等主要生产资料购买额合计为户均790.5元，比上年减少77.4元，其中数量下降因素影响为23.9元，价格下降因素影响53.5元，后者对购买额减少的影响更为明显。其中，农资投入数量下降的原因之一是秋季农牧业大省气候条件较好，所需农资量相应减少；原因之二是在受洪灾严重影响的地区，由于错过了农业生产季节或农业生产条件遭到严重破坏而当年不能恢复生产，农户放弃了对下半年的生产投入；原因之三是1998年农产品销售不畅，价格回落，农业收入减少，农民一方面缺乏足够的流动生产资金，另一方面对未来收入预期信心不足而缺乏投资积极性。

1999年农民收入继续缓慢增长

1999年由于部分地区遭受了较严重的自然灾害,农产品市场价格继续大幅下跌,农业生产的效益继续下降,农民收入得以继续缓慢增长,靠的是国家采取的积极财政政策促进了农民非农产业收入的增加。

一、农民纯收入实际增长3.8%

根据全国31个省(市、区)6.7万个农户的抽样调查,1999年农民人均纯收入为2210.3元,比上年增加48.4元,增长2.2%,增幅比上年下降1.2个百分点,考虑价格下降的因素,实际增长3.8%。主要特点是:

1.工资性收入是农民收入增长的主要来源。从农民纯收入的来源看,工资性收入630.3元,比上年增加56.7元,增长9.9%,其中:从集体组织中得到138.9元,从企业得到383.5元,外出务工得到107.9元;家庭经营收入1448.4元,比上年减少17.6元,下降1.2%;转移性收入100.1元,比上年增加8.1元,增长8.8%;财产性收入31.5元,比上年增加1.2元,增长3.9%。

2.家庭经营纯收入继续下降。1999年农民家庭经营纯收入1448.4元,比上年减少17.6元,下降1.2%。其中:种植业纯收入882.1元,比上年减少45.2元,下降4.9%;牧业纯收入157.7元,比上年减少10.1元,下降6%;家庭经营二三产业纯收入256.7元,比上年增加34元,增长15.3%。

3.现金纯收入增加。在农民纯收入中,现金纯收入1538.2元,比上年增加95.9元,增长6.6%,占纯收入的比重为69.6%,比上年提高2.9个百分点;实物纯收入672.1元,比上年减少47.6元,下降6.6%,占纯收入的比重为30.6%。

4.农村内部收入差异稳定,但城乡居民收入差距扩大。1999年农民人均纯收入的基尼系数为0.3361,与上年基本持平。而当年农民人均纯收入仅相当于城市居民的37.8%,比上年下降2.1个百分点,城乡居民收入差距扩大。

5.减收的省份增加,减收幅度大。1999年农民收入出现负增长的省由上年的2个增加到5个,分别是:山西人均减收86元,比上年下降4.6%;辽宁人均减收79元,比上年下降3.1%;吉林人均减收123元,比上年下降5.2%;黑龙江人均减收87元,比上年下降3.9%;新疆人均减收127元,比上年下降7.9%。其中黑龙江是连续两年下降。

二、非农产业收入增加是农民收入增长的主要原因

1999年农民收入得以继续增长,靠的是农民从非农产业获得的收入大幅度增加。1999年农民人均从非农产业中获得的收入为898.6元,比上年增加96.5元,增长12 %,从农业中获得的纯收入为1180元,比上年减少57.4元,下降4.6%。农民从非农产业中获得的收入得以大幅增长,主要得益于:

1.国家采取的积极财政政策。国家采取的积极财政政策对增加农民收入的贡献表现在三方面:

一是增加了农民外出务工的机会。虽然从总体上看,近几年乡镇企业从业人员逐年减少,农民外出务工的单位劳动报酬下降,但是,由于国家采取了积极的财政政策,加大了基础建设投资,农田水利建设、道路建设、农村电网改造等一些投资项目的启动,增加了农民外出务工的机会。根据住户调查,1999年农民外出务工的人数比上年增加了15.8%,单位劳动报酬下降了3%以上,农民外出务工的收入增加了11.7%。

二是带动了农民家庭经营二三产业的发展。1999年农民家庭经营二三产业的收入人均达到256.7元,比上年增加34元,增长15.3%。1999年农民家庭经营二三产业的一大特点是,有条件的农民纷纷购买运输机械跑运输,1999年农民购买运输机械支出增加了26.9%,农民家庭经营运输业的纯收入人均达56.7元,比上年增加12.9%。

三是增加了农民的转移性收入。由于建设项目的增加,大量征用土地,农民从征用土地中获得的转移性收入也大量增加,1999年农民的土地征用补偿收入比上年增加了46.9%。

2.沿海发达地区乡镇企业发展回升。通过企业改制和亚洲金融危机的影响减弱,沿海地区的乡镇企

业逐步摆脱了困境,发展明显好于上年。由于当年乡镇企业经营状况好转,农民从企业获得的收入增加,上年拖欠的工人工资也得到兑现。从各省农民收入增长的情况看,农民人均纯收入增加超过100元的5个省都集中在沿海乡镇企业发达的地区,如:江苏省增加118元,增长3.5%;浙江省增加134元,增长3.5%;福建省增加144元,增长4.9%;广东省增加102元,增长2.9%。

三、农业生产效益下降是影响农民收入稳定增长的主要矛盾

在我国广大农村,3/4的农户是纯农业户或以农业为主的兼业户,农业生产效益下降成为影响其收入稳定增长的主要矛盾。根据对吉林省的调查,1999年种一亩玉米物质投入需250元左右,如加上人工投入,农民种一亩玉米需投入310元左右,以玉米平均亩产量500公斤计算,农民种一亩玉米纯收入仅10元左右。1999年东北三省农民收入大幅减收,主要原因就是农业生产效益下降,特别是种粮效益下降。

农业生产效益下降的主要原因是农产品市场价格持续下降,农民受损严重。1999年农民出售大宗农产品的价格比上年都有较大幅度下降,根据住户调查资料计算,农民出售小麦的价格比上年下降7.8%、稻谷下降7.9%、玉米下降11.3%、棉花下降26.7%、油料下降1.7%、糖料下降16.3%、蔬菜下降1.2%、生猪下降31.9%、家禽下降7.7%、蛋类下降7.7%、水产品下降23.1%;出售价格上升的只有麻类、烟叶、水果、菜牛、菜羊。

受农产品出售价格变动的影响,农民出售农产品的收入人均比上年减少108.5元,其中:粮食减少30元、棉花减少15.2元、生猪减少58.3元。虽然农业生产资料也大幅度下降,但是农业生产资料价格下降远不能抵消农产品价格下降对农业生产效益下降的影响。1999年农业生产资料价格指数为95.4%,由于生产资料价格的下降,农民家庭经营节约生产成本人均约30元。

1999年农村居民生活消费变化特点

据对全国31个省(自治区、直辖市)6.7万个农村住户抽样调查,1999年农村居民人均生活消费支出1577元,比上年减少13元,下降0.8%,考虑价格下降因素的影响,实际消费支出略增0.7%,消费结构调整加快,生活质量有所提高。

一、基本生活消费支出下降

1999年农村居民人均生活消费支出中,食品支出829元,比上年下降2.5%;衣着支出92元,下降6.1%;居住支出233元,下降2.9%,食品、衣着、居住三项基本生活消费支出同时下降,是近20年来首次出现。主要是由于基本生活消费品价格下降所致,近年来农副产品价格下降,而服装鞋帽等衣着用品供大于求,物美价廉,农村居民衣食消费支出自然减少;农村建材价格大幅回落,住房造价降低,故住房支出也呈下降趋势。

二、交通、通讯与服务消费增加,消费结构向合理化方向调整

随着农民生活水平从温饱型向小康的转变,新的消费热点正在形成,农民从处于“吃、穿、住”等基本生活消费向注重“文教娱乐、交通通讯、医疗保健”发展。随着农村交通通讯事业的快速发展及外出人员的增加,农村居民在这方面的支出增长较快,1998年农村居民人均用于交通及通讯方面的支出61元,比1997年增长12.5%,1999年农民用于此项的支出又比上年增长13.1%;此外,随着农民对文化教育的重视,对文教娱乐需求日益增加,1999年农村居民人均文教娱乐用品及服务支出168元,比上年增长5.7%;其他商品及服务支出主要包括化妆品、首饰、旅游费、住宿费等文化生活服务支出,农民用于这方面的支出人均34元,比上年增长3%。

由于上述变化,使消费结构向合理化方向调整。1999年农村居民食品支出份额由1998年的53.4%进一步下降到52.6%,居住支出份额下降0.3个百分点,穿着比重也下降了0.4个百分点,而其它各项生活消费支出比重则有所上升。分项看:吃52.6%;居住14.8%;文教娱乐用品及服务10.7%;穿5.8%;家庭设备用品及服务5.2%;医疗保健4.4%;交通通讯4.4%;其他商品及服务支出2.2%。

三、消费质量有所提高

尽管1999年农村居民受收入增加不多的影响,生活消费总额也没有明显的增加,但从消费结构及实物消费量来看,农村居民消费冷中有热,不仅表现在消费量的增加,更表现在质的提高。

1. 营养丰富的副食品增加较为明显。主食粮食消费量减少,而营养丰富的各类副食消费量增加,其中,各类肉禽及制品比上年增长5.4%,奶类增长3.2%,蛋类增长4.1%,水产品比上年增长4.4%。

2. 住房质量进一步提高。1999年,人均年末使用住房面积24.4平方米,比上年增加了0.64平方米,增长2.7%。其中,钢筋混泥土结构面积增长了11.9%,砖木结构面积增长了2.5%,新建房屋每平方米价值也有所提高。

3. 主要耐用品拥有数量增加。1999年,平均每百个农户年末拥有电视机100台,增加4台,主要是彩色电视机购买增加。百户拥有彩色电视机38台,增加5台,增长15.2%,每百房拥有摩托车16辆,增加近3辆,增长18.5%;此外,收录机、电风扇、洗衣机、电冰箱、照相机等家庭耐用消费品拥有量均有不同程度增加,另据1999年末对农村居民的购买意向调查显示,未来两三年内,农村居民对耐用消费品的需求热点将集中在购买彩电、冰箱、洗衣机、影碟机等新型家用电器上。

附　录

农村住户调查简介

中国农村住户调查简介

一、农村住户调查及其历史发展沿革

农村住户调查是以农村居民家庭为对象，以生产、分配、交换、消费为主要内容的一项综合性社会经济调查。中国农村住户调查始于1954年。农村经济体制改革以前，调查内容主要是农民家庭收支情况，因此，该调查曾被称为“农民家庭收支调查”，或“农民家计调查”。该调查1954－1977年期间曾两次中断，第一次是在1958－1961年，由于“人民公社化”运动而中止；第二次是在1966－1976年，由于“文化大革命”运动而被迫中断。1977年，在党和政府的关怀下该调查再次恢复，1979年，随着我国的对外开放和国际交往的增加，该调查开始吸收国际上通行的抽样调查方案，改革原来的调查方案和方法，调查名称也由“农民家庭收支调查”改为“农村住户调查”。特别是1984年国家农村社会经济调查队系统成立以后，中国农村住户调查获得了长足发展，调查方法、调查内容逐渐与国际接轨，走上了科学化、现代化和规范化道路。

二、中国农村住户调查的基本内容及调查组织方式

中国现行的农村住户调查的基本框架是按照《联合国国家住户能力调查方案》的要求设计的，其调查内容涉及农村居民家庭的要素、生产、流通、收入、消费、积累和社区环境等各个方面的情况，有近两千个调查指标，调查规模包括全国31个省(区、市)的857个县67000户，是至今为止世界上最大规模的常年记帐式抽样调查。

1．基本内容

农村住户调查指标体系包括7个大类、30个分组标志和1500个指标：(1)农村住户基本情况；(2)农户农业生产和出售情况；(3)农村住户收入、支出和消费情况；(4)农村住户购买商品及对主要商品需求量情况；(5)农村住户食品消费和营养调查指标；(6)住户价格调查指标；(7)农村住户外出劳动力情况指标。

2．现行农村住户抽样调查方法

现行农村住户调查网点的抽选，采用多阶段、随机起点、对称等距抽样方法。这种方法要求样本单位的分布以总体的中心为中心对称，各对称样本与其相近的下限或上限的距离相等，即等于随机起点值。抽样时一般分为省抽县、县抽村、村抽农户几个阶段。各省、自治区、直辖市共抽中857个调查县，占全国总县数的35％。

省抽县、县抽乡的抽样框编制方法是：以总体各单位近三年人均纯收入作为有关标识，按高低顺序排队，再以近三年平均人口为辅助资料逐单位进行累计，计算抽样距离，采用随机起点、对称等距抽样方法，抽选调查村。

村抽调查户的抽样框编制方法是：利用全村各户上年人均纯收入作为有关标志，按高低顺序排队。村抽调查户时，不用人口辅助资料计算组距，而用规定调查户数除全村(组、队)户数计算出组距，采用随机起点、对称等距抽样方法，抽选确定调查户。

3．现行农村住户调查的抽样误差

现行农村住户调查抽样误差的确定采用多阶段计算抽样误差的方法。

(1)按收入水平排队、分层(分户数按样本单位数)计算层方差、层误差。其计算公式为：

$$\sigma_i^2 = \frac{\sum(\chi - \bar{\chi})^2 f}{\sum f} \qquad \mu_i^2 = \frac{\sigma_i^2}{n_i}(1 - \frac{n_i}{N_i})$$

(2)利用分层误差计算各阶段误差：

一阶段误差公式：

$$\mu_1^2 = \frac{1}{N_1^2}\sum N_{1i}^2 \mu_i^2$$

二阶段误差 μ_2、三阶段误差 μ_3 的公式同于 μ_1。

(3)计算多阶段误差的公式：

$$\mu_0^2 = \mu_1^2 + \frac{\mu_2^2}{n} + \frac{\mu_3^2}{n \cdot m} + \frac{\mu_4^2}{n \cdot m \cdot k} + \cdots\cdots$$

其中：n 为第一阶段抽出的第一阶段样本单位数；m 为第二阶段，平均每个第一阶段样本单位抽出的第二阶段样本单位数；k 为第三阶段，平均每个第二阶段样本单位抽出的第三阶段样本单位数。

在实际中可以看到，第三阶段以后，虽然还有误差，但由于数量很少，影响已经不大，所以往往省略不算，因而计算全省抽样误差可以只计算省抽县、县抽

乡、乡抽村三级。要求误差系数控制为3% 以内。

(4) 计算抽样误差系数

$$2 \times \frac{\sqrt{\mu_0^2}}{\bar{\chi}}$$

在调查网点抽选出来以后，应进行代表性检查，以抽中单位的平均标识与总体相应标识值进行比较，收入水平不超过3%的为有代表性。代表性性检验所用的资料，应为同一口径的全面统计资料。

4. 样本轮换

为了解决调查户的厌倦情绪及样本老化问题，增强抽样调查网点的代表性，更加准确、及时地反映农村社会经济发展变化情况，国家统计局农村社会经济调查总队对农村住户调查网点实行样本轮换制度，每四年为一个周期。

5. 数据采集

农村住户调查设置了现金和实物收支两本帐。现金收支和实物收支情况通过农村住户日记帐取得资料，其他统计指标内容采用年底一次性入户访问调查取得资料。其中，日记帐是指农村住户随时把出售、购买以及其他现金收支记入日记帐，并对生产、消费等实物收支定时进行登记，每一调查村聘请一名辅助调查员定期对住户记帐进行督促，并帮助文化低的住户记帐。住户日记帐每月一次由县级调查人员审核后，以帐页形式录入微机，经过计算机审核处理后逐月汇总，并按制度规定要求报送数据。

6. 数据处理

农村住户数据的处理是：按照国家统计局农调总队统一研制的程序进行数据录入和数据处理。各调查县按制度要求如期将调查表收齐审核无误后，以帐页形式录入微机，经过计算机审核和处理后，逐月汇总，并按制度要求规定将有关数据报省(区、市)农调队；省(区、市)农调队对各调查县上报的调查数据经过再次复查审核无误后，在制度规定的时间内将有关数据上报国家农调总队；国家农调总队对调查年报数据实行国家超级汇总。

7. 质量控制

农村住户调查通过科学的抽样和问卷设计、严密的调查组织和管理来尽量减少农村住户调查的抽样和非抽样误差。质量控制落实到调查设计、组织和管理的各个环节。每年农调总队和各省农调队需要对住户数据质量进行综合评估，主要包括调查制度的落实情况、现场调查和录入差错率、住户调查数据与相关专业以及宏观经济情况是否衔接等等。

8. 报告周期

报告期分为季报和年报两种。季报主要包括农户的现金收支部分，年报包括全部住户调查指标。

农村住户调查主要指标解释

一、农村居民家庭基本情况

1．农村住户人口状况

（1）常住人口：是指全年经常在家或在家居住六个月以上，而且经济生活和本户连成一体的人口。在外劳动的合同工、临时工和其他副业工，他们在外劳动虽然超过6个月，但其收入主要带回家中，仍要计算在内。在家居住，生活和本户连成一体的国家职工、退休人员也要计算在内。但是参军、在外居住的职工等，则不应计入。

（2）常住人口中整半劳动力：整劳动力是指男子18周岁到50周岁，女子18周岁到45周岁；半劳动力是指男子16周岁到17周岁，51周岁到60周岁；女子16周岁到17周岁，46周岁到55周岁，同时具有劳动能力的人。虽然在劳动年龄之内，但已丧失劳动能力的人，不应算为劳动力；在劳动年龄以外，但能经常参加劳动，能顶上一个整劳动力或半劳动力的人，应计入劳动力数内。常住人口中的职工，若这些职工为劳动力，就包括在本户的整半劳动力中。

2．农村居民家庭经营耕地情况

（1）经营耕地面积：是指农村住户年末经营的全部耕地面积，包括承包集体生产的耕地面积和家庭自营地面积（自留地、饲料地和零星开荒地），经营耕地面积中，应包括因各种原因休闲和抛荒的耕地面积、改种植为养殖的耕地面积。还包括经营他人的转包耕地面积，但不包括代为他人临时耕种的承包地面积。

（2）经营山地面积：是指农村住户年末经营的全部山地面积，包括承包集体的山地面积和家庭自留山面积。还包括经营他人的转包山地面积，但不包括代为他人临时经营承包的山地面积。

（3）经营山地面积中植树造林面积：是按当年造林面积计算。当年造林面积按年末实际成活率达到80%以上的面积，有一亩算一亩。

（4）经营水面面积：是指农村住户年末经营的全部水面面积，包括承包集体的水面和家庭自营水面面积。经营水面面积，包括原水面面积、新挖塘养殖面积，未挖深但已停止种植粮食作物的蓄水养殖面积。

3．农村居民家庭生产性固定资产原值

（1）生产性固定资产：是指农村居民家庭在生产过程中多次使用并保持原有物质形态、单位价值在50元以上，重复使用在两年以上的生产资料。包括役畜（耕牛等）、产品畜（奶牛、母猪、种公猪等）、大中型铁木农具（犁、耙、耖等）、农、林、牧、渔业机械（农田水利用排灌机械、拖拉机及机引农具、机耕船、脱粒机、剪毛机、采割机等）、工业机械（磨面机、碾米机、轧花机、榨油机等）、运输工具（汽车、挂车、胶轮大车等）、生产用房（库房、牲畜用房等）以及其他生产用固定资产。

（2）生产用固定资产原值：是以购入该项固定资产的原始价值量，反映农村住户拥有的生产规模和能力。各类固定资产的原值，也可按开始占有这项固定资产的重新估计的价值计算。其中：

役畜及产品畜：役畜指以使役为重要用途的大牲畜，包括从事农业生产的耕畜，专门用于工业生产、从事运输的牲畜等，未成年的大牲畜和菜牛不包括在役畜中。产品畜指生产各种畜产品为主要目的的牲畜，如母猪、种公猪等种畜，乳牛、羊等取乳品的牲畜，产毛、鬃等畜产品的牲畜等。

大中型铁木农具：是指大中型铁木制作的农具，如犁、耙、耧、耖、水车、拌桶等铁木农具。

农林牧渔业机械：是指用于农、林、牧、渔业的机械，如大中型和小型拖拉机（包括手扶拖拉机）、机引农具（犁、把等）、机动船、机动插秧机、机动收割机、机动拖拉机、机动扬场机、挖坑机、植树机、饲料粉碎机、机动剪毛机、机动挤奶器、渔用机动船、抽水机、农用泵等。

工业机械：是指专门用于工业生产的机械设备。

运输机械：是指用于客货运输的运输机械和工具，如汽车、挂车、胶轮大车以及主要用于生产性运输的拖车等。

其它固定资产：指除上述内容以外的其他生产用固定资产。

4．农村居民家庭房屋使用情况

（1）房屋：是指有顶有墙，能遮风避雨，可用于住人放物从事生产等用的房屋。包括住房、仓库、牧区的蒙古包、帐棚,但不包括船屋。

(2)新建房屋:是指全年从无到有“平地起家”的新建筑房屋。包括新址上新建和旧址上新建的房屋。在原来的房屋基础上按原有规模对房屋进行翻修或一般维修的不包括在内。新建房屋仅包括年内建成的新建房屋,未完工的在建房屋不要统计在内。

(3)房屋面积:是指室内面积,从房屋的内墙线算起的面积,不包括房屋结构(如墙、柱)占用的面积。多层建筑,按各层面积总和计算。其中:砖(石)木结构:是指房屋的梁、柱、承重墙等主要部分是用砖、石、木料建造的,如木房架、砖、石墙、木柱、砖柱建造的房屋。钢筋混泥土结构:是指房屋的梁、柱、承重墙等主要部分是用钢筋混泥土建造的。

(4)房屋的价值:购买房屋按购买价格计算。新建房屋价值,可按实际消耗的建筑材料和人工的报酬计算,有的地方,人工不要报酬,只管吃喝,可将吃喝的费用,当作报酬,计入房价内。原有房屋,按房屋质量和新旧程度,根据当地实际情况进行估价。对原有房屋进行大翻修的,也应考虑在内。

(5)生活用房屋面积:指实际住人或可以用来住人的房屋面积。与住房连成一体的起居室或放置灶具的地方、专用厨房,均应包括在内。但不包括专用仓库等生产用房面积。其中的楼房面积:是指二层和二层以上的多层建筑的房屋面积,楼房面积按各层面积总和计算。

二、农村住户生产、出售基本情况

1. 主要农、牧产品生产量:

农村住户经营的主要农、牧产品产量,是以实物量形态表现的产品总量,用来反映一定时期(如一年)内的农业生产和多种经营的开展情况。其中:

粮食总产量:是指谷类(主要包括稻谷、小麦、大麦、玉米、高粱、谷子、稞大麦、荞麦等)、薯类(包括甘薯、马铃薯等)和食用豆类(包括大豆、蚕豆、豌豆、绿豆、小豆等)的总称。粮食除薯类以块根重量按五斤折粮一斤计算外,其余一律按脱粒后的原粮计算(玉米按脱粒后的粒子计算),这里不得折成贸易粮统计。豆类按去豆荚后的干豆计算。

棉花产量:计算产量时按去籽后的皮棉计算。不包括木棉。

油料作物产量:包括花生、芝麻、油菜籽、向日葵、胡麻子、线麻子、蓖麻子、苏子等油料,但不包括木本油料(如油桐籽、油茶籽等)在内。花生按带壳干花生计算。

糖料作物产量:包括甘蔗和甜菜等。甘蔗(包括糖蔗和果蔗)均以蔗杆计算,甜菜以块根计算。

烟叶产量:包括烤烟和晒烟,均以干烟叶计算。

蔬菜产量:是指人工栽培的各种蔬菜,产量以鲜菜计算。鲜菜包括根茎块花、菜瓜、茄果、白菜、绿叶菜、其他鲜菜等类。不包括果用瓜。

水果产量:是指本年度内从人工栽培的果树上收获的各种水果产量,应按鲜果计算,干枣、葡萄干、柿饼、桔饼等应统一折成鲜果重量计算。水果不包括果用瓜和主要作蔬菜用的藕、西红柿等,也不包括采集的野生水果。

茶叶产量:是指本年度内生产的全部茶叶产量,包括从成片茶园和零星种植的茶树上采摘的全部产量。产量按经过初步加工后的干毛茶的重量计算。

出售的猪、羊、兔、大牲畜、禽和禽蛋:是指农村住户全年的出售数量,包括交售给国家的、集体的和在集市上出售的。这里出售的大牲畜,只包括专门为出售而饲养的大牲畜,如将使用的役畜出售,不应包括在内。但包括淘汰的役畜。

自宰猪、羊、兔、禽:是指农村住户自宰的数量,不论宰后所得的畜禽肉的去向如何,都要计算在内。

肉猪、菜羊、肉牛的肉产量:是指当年出售和自宰的肉猪、肉牛、菜羊的净肉产量(已屠宰的按扣除头、蹄、下水以后的带骨肉重量,即按胴体重量计算。未屠宰的按毛重折算成胴体重量计算)。

出售、自家宰禽数量:是指出售、自宰可供食用的鸡、鸭、鹅数量。不包括雉幼家禽。

禽蛋产量:是指鸡、鸭、鹅的产蛋数量。

鱼虾产量:是指本年度内捕捞的人工养殖和天然水生的全部鱼虾产量。鱼类包括海水鱼(如大黄花、小黄花、带鱼等)、淡水鱼(如鲤鱼、鲫鱼、草鱼、鲢鱼、鳙鱼等);虾包括对虾、龙虾、毛虾和各种淡水虾。按鲜鱼虾的重量计算。

2. 主要农产品出售量

出售产品:是指农村住户全年出售农、林、牧、渔业产品的数量,包括售给国家的、集体的和在集市上出售的。出售的产品金额都按出售时当年的实际价格计算。

三、农村居民家庭总收入和纯收入

1. 总收入:是指农村住户全年从各种来源得到的全部实际收入(包括现金收入和实物收入,但不包括储蓄借贷性收入)。由基本收入,转移性收入和财产性收入三部分组成。

基本收入:包括劳动者的报酬收入和家庭经营收入。

(1)劳动者报酬收入:指受雇于单位或个人,出卖劳动而得到的报酬收入。包括在乡村组织中劳动得到的报酬收入、在企业劳动得到的报酬收入和其他单位劳动得到的报酬收入。其中:

在集体组织中劳动得到的报酬收入:指农村住户成员在当地县、乡、村组织中劳动得到的报酬收入。包括乡村干部和民办教师的工资、奖金、各种补贴,基本建设用工报酬,乡以上行政、事业单位工作人员的工资、奖金、补贴等收入。

在企业劳动得到的报酬收入:指农村住户成员在国营企业、集体企业、私营企业、个体企业等企业劳动,企业直接发给的工资、奖金和各种补贴收入。

在其他单位劳动得到的报酬收入:指除在集体组织和企业以外的单位劳动得到的报酬收入,包括为个人劳动得到的报酬,外出打工得到报酬等。

(2)家庭经营收入:主要用来反映以家庭为生产单位的收入水平、生产规模和经济效益情况。它是农村住户从事各项生产的收入,包括种植业收入、林业收入、牧业收入、渔业收入、手工业收入、采集捕猎收入、工业收入、建筑业收入、运输业收入、生产性劳务收入、商业收入、饮食业收入、服务业收入和其他家庭经营收入。

家庭经营产品的计价:凡是出售部分,按实际出售价格计算;非出售部分(包括自用的和结存的)按出售该产品的市场综合平均价计算。

转移性收入:包括在外人口寄回和带回、农村以外亲友赠送的收入、调查补贴、保险赔款、救济金、救灾款、退休金、优恤金、五保户的供给、奖励收入、土地征用补偿收入和其他转移性收入。

财产性收入:包括利息收入、股息收入、租金收入、出让特许权收入、集体财产收入、其他财产收入。

2. 纯收入:是农村常住居民家庭总收入中,扣除从事生产和非生产经营费用支出、交纳税款、上交承包集体任务金额、集体提留和摊派、生产性固定资产折旧以后剩余的、可直接用于进行农村居民进行生产性、非生产性建设投资、生活消费和积蓄的那一部分收入。它是反映农村居民家庭实际收入水平的综合性的主要指标。农村居民家庭纯收入包括农村居民全年从事生产性和非生产性的经营收入,在外人口寄回、带回和国家财政救济、各种补贴等非经营性收入;既包括货币收入,又包括自产自用的实物收入。但不包括向银行、信用社以及向亲友借款等属于储蓄、借贷性的收入。计算方法为:

纯收入=总收入-家庭经营费用支出-生产性固定资产折旧-交纳税收-上交集体承包任务-其他集体提留收费-调查补贴-赠送农村外部亲友的支出。

四、全年总支出

总支出:指农村居民家庭全年用于生产、生活和再分配等方面的全部实际支出。包括家庭经营费用支出、购置生产性固定资产支出、缴纳税款、上交集体承包任务、集体提留和各种摊派、生活消费支出和其他非借贷性支出。但储蓄借贷性支出不包括在内。

1. 家庭经营费用支出:指农村居民家庭经营生产所支出的费用,包括承包集体生产的费用支出和家庭自营生产的费用支出两部分。凡是未计算收入的产品,在利用它作为原材料支出时,就不应该计算生产费用支出。库存的化肥、农药也不应该计算生产费用支出。包产户经营集体生产,仍由集体统一开支的费用,如种籽、化肥、农药等,也不应该包括在内。

2. 购置生产性固定资产支出:是指农民家庭用于购置生产性固定资产的开支,用来反映当年已实现的扩大再生产能力。固定资产是指单位价值50元以上,使用两年以上的生产资料,如役畜、产品畜、价值50元以上的铁木农具、农、林、牧、渔业生产机械、工业机械等。

3. 缴纳税金:是指农村住户从事家庭经营生产向国家缴纳的各种税款。包括:

(1)第一产业的税金:是指农村住户从事种植业、林业、牧业、渔业手工业、采集捕猎经营生产向国家缴纳的各种税款。

(2)第二产业的税金:是指农村住户从事工业、建筑业经营生产向国家缴纳的各种税款。

(3)第三产业的税金:是指农村住户从事运输业、生产性劳务、商业、饮食业、服务业、其他家庭经营生产向国家缴纳的各种税款。

4. 上交集体承包任务:是指包干户按承包合同规定向集体上交提留和包产户按承包合同规定向集体上交的包产任务。

5. 集体提留和摊派:是指农村住户上交集体的三项提留(即公积金、公益金和管理费)、五项统筹(即教育附加、计划生育、民兵训练、优恤和交通等民办公助事业统筹款)和其他临时性集资摊派款。

6. 生活消费支出:指农村常住居民家庭全年用于日常生活的全部开支。生活消费支出按消费类别划分包括:食品,衣着,居住,家庭设备、用品及服务,医疗保健,交通和通讯,文化教育娱乐用品及服务,其他商品和服务等消费支出。生活消费支出按消费性质划分包括:直接使用现金在市场上购买的货币性消费和自产自用实物产品的货币折价金额。各消费类别的具体内容如下:

(1)食品消费:指主食、副食、其他食品、在外饮食支出和食品加工费。其中的主食:是指各种粮食和粮食复制品的消费量折价。粮食复制品:指利用原粮加工而成的食品,如挂面、年糕等。但不包括用粮食加工成豆油、豆腐、粉条、酒。副食:包括蔬菜、豆制品、油脂类、食糖、肉、禽及其制品、蛋类、水产品、调味品等。其他食品:包括烟草类、酒类、饮料类、干鲜果品、糖果糕点、奶和奶制品、罐头类等。在外饮食:包括在外面饭馆、小吃部、小卖部、茶馆、饮食摊内吃饭、喝茶、吃冷饮时消费的各种食品。开会和住院的伙食费也应包括在内。食品加工费:指加工食品所需的费用,包括把原粮加工成副食品和其他食品的费用。

(2)衣着:指农村住户各种穿着用品及加工穿用品的各种材料等支出。包括棉花、丝棉、化纤棉、驼毛、棉布、各种化纤布、绸、缎、呢绒、各类成衣、棉、毛、丝、麻纺织品,背心、汗衫、棉毛衫裤、卫生衫裤、袜子等针织品,毛线、毛线织品、各种鞋、帽等消费品及衣着的加工修理费。但不包括用各种布料做的床上用品,室内装饰品。

(3)居住:指农村住户与居住有关的支出,包括住房、水、电、燃料等方面的支出。

(4)家庭设备、用品及服务:指农村住户消费的各种家庭设备、用品及设备、用品的加工修理费用。包括耐用消费品、室内装饰品、床上用品、家庭日用杂品等。

(5)医疗保健:指农村住户用于医疗和保健的药品、医疗器械和服务费用。包括医药卫生保健用品、医疗保健服务费和医疗卫生设备、用品加工修理费等。

(6)交通和通讯:指农村住户用于交通和通讯的工具、各种服务费、维修费用支出。

(7)文化教育娱乐用品及服务:指农村住户用于文化、教育、娱乐方面的支出。包括文化教育娱乐用品支出和文化教育娱乐服务支出。

(8)其他商品和服务:是指上述各类支出以外的商品和服务支出。其中商品性支出:包括化装品、金银珠宝饰品和其他商品。服务支出:指生活消费的服务。包括旅店住宿费、洗澡费、照相费、殡殓费等。

7. 其他非借贷性支出:指包括寄给和带给在外人口、赠送农村以外亲友、利息支出、租金支出、支付保险费支出、购买特许权支出、土地有偿使用费支出、其他支出等。

五、农村居民家庭现金收入与支出

1. 现金收入:指农村居民家庭年内所有家庭成员的全部现金收入。包括基本收入(即以工资形式支付的劳动报酬收入和家庭经营现金收入)、财产性收入、转移性收入和储蓄借贷现金收入。其中:

储蓄借贷的现金收入:是指农村住户从银行信用社得到的贷款、借入款、收回借出款、从银行信用社取回存款和出售债券、转让股票收入及收回投资款。

2. 现金支出:指农村居民家庭年内全部现金支出。包括用于承包经营生产的家庭经营费用支出的各项现金,向国家缴纳的各种税金,按承包合同上交的集体提留或承包任务的现金,购买生产用固定资产支付的现金,用于生活消费支出,转移性支出和储蓄借贷支出的现金等。其中:

储蓄借贷现金支出:是指农村住户季(年)内归还银行信用社贷款、借出款、归还借款、存入银行信用社款、购买股票支出和支出投资款所支付的现金。

六、农村住户粮食收支情况

粮食收支基本情况主要从数量角度反映农村住户全年粮食收入、支出和结存情况,研究农村住户粮食收入的各项来源,粮食支出的各种去向及其构成变化。本年鉴中的粮食收支平衡指标均按原粮计算,加工粮也折合成了原粮。

1. 年内粮食收入合计:是指农村住户年内从各种来源得到的粮食,包括从集体统一经营中得到的粮食,家庭经营生产的粮食、国家销售和奖售的粮食、购入粮食、借入粮食、收回借出粮食和其他来源的粮食。

家庭经营生产的粮食:是指年内承包集体生产所得的全部粮食和家庭自营地上生产的粮食。

购入粮食:是指农村住户年内购买国家销售粮和奖售粮以及其他购粮,包括从集市上购买的粮食和从国家粮店购入的议价粮。

其他粮食收入：指上述各项粮食收入以外得到的粮食，如收获季节在地里拣拾的粮食、在外人口寄回和带回的粮食、国家对困难户补助救济的粮食等。包括亲友赠送的粮食。

2．年内粮食支出合计：是指农村住户年内实际支出的粮食，包括生活用粮、出售粮、种籽用粮、饲料用粮、借出粮食、归还借粮、上交集体粮食和其他粮食支出。

主食用粮：是指农村住户年内实际消费的口粮，包括消费的挂面、年糕等粮食复制品，并应折成原粮计算。

其他生活用粮：是指农村住户年内用于主食以外的生活用粮，包括大豆加工成豆油、用粮食加工成酒、粉条等粮食消费。如加工后的产品，一半自己消费，一半出售，其出售部分用的粮食，应计入出售粮食项内。

出售粮食：是指农村住户年内实际出售的全部粮食，包括出售给国家的、集市上出售的（民间的交易），以及直接出售给机关、企业等单位的粮食。也包括加工后出售的粮食，但应折合成原粮。

种籽用粮：是指农村住户年内经营承包生产和在自营地上生产实际所耗费的种籽用粮。

饲料用粮：是指农村住户年内饲养各种畜禽和其他小动物实际所耗费饲料用粮，包括承包集体生产饲养的和家庭个人饲养的两部分。

上交集体承包任务：是指包干户按承包合同规定上交集体的粮食，及包产户按承包合同规定上交集体的包产任务数。

其他粮食支出：是指上述粮食支出以外的其他粮食支出，如入库后保管不好而霉烂不能用的粮食、赠送亲友支出的粮食等。

七、农村居民家庭主要食品消费量

农村居民主要食品消费量是指农村居民全年人均实际消费的食品数量，包括从集体统一经营中得到的、家庭经营生产的、购买的和其他来源得到的食品的消费。

1．粮食：指农村住户年内消费的小麦、玉米、稻谷、薯类及其他各种杂粮和粮食复制品的消费量。其中，粮食复制品：是指利用原粮加工而成的食品，如挂面、年糕等。但不包括用粮食加工成豆油、豆腐、粉条、酒。粮食消费量（包括粮食复制品）一律按加工前的原粮计算消费量。

2．豆类及豆制品：

包括消费的大豆、杂豆及其他豆类，以及豆腐和各类豆制品，包括豆腐干、豆腐皮、千张（百叶）、豆腐丝、素鸡、豆浆粉、腐竹、酱豆腐、臭豆腐、油豆腐、豆浆、豆奶、豆腐脑等。

3．蔬菜：包括鲜菜和干菜及其制品。鲜菜包括绿叶菜类、白菜类、瓜菜类、块根、块茎菜类、花菜类、茄果菜类、葱蒜类、菜用豆类、水生菜类、多年生菜类、食用菌类和山菜类。干菜包括黄花菜、黑木耳、蘑菇、腌干菜、萝卜干、笋干、白木耳等。菜制品包括蔬菜罐头等。

4．油脂类：是指各种食用油脂，包括植物油和动物油。

植物油：包括花生油、芝麻油、菜籽油、豆油、茶油、棉籽油等食用植物油的消费量。

动物油：包括猪油、牛油、羊油等食用动物油的消费量。

5．肉、禽及其制品：

是指家畜、野畜、家禽、野禽等各种肉食品，包括活的、鲜的、冻的以及各类再制品、熟食品等，包括罐头。其中：

猪牛羊肉：指包括鲜的、冻的以及各类熟食品、罐头再制品等猪、牛、羊肉、及肉制品的消费量，按鲜肉重量计算。如消费咸肉、腊肉、肉干等，均应折成鲜肉重量计算。但用肥肉炼油，不应计算肉的消费量。

家禽：按屠宰去毛和内脏重量计算。

6．蛋类及蛋制品：指各种禽蛋和禽蛋制品。按鲜蛋重量计算。

7．奶和奶制品：是指鲜乳品、奶粉、酸奶以及其他奶制品。包括炼乳、活性乳、可可奶、麦乳精等。

8．水产品：指鱼、虾、蟹、贝、藻等各类海水和淡水产品及其制品，包括水产品罐头。按鲜水产品的重量计算。

9．食糖和糖果：食糖包括白糖、红糖、冰糖、方糖等。但不包括糖精。糖果包括水果糖、奶糖等各类硬糖、软糖以及巧克力糖、麦芽糖等。

10．酒类：包括各种白酒、黄酒、啤酒、果酒等。

11．茶叶：包括红茶、绿茶等茶叶的消费量。按干毛茶的重量计算。

12．糕点：包括各式蛋糕、饼干、桃酥、面包以及粗、细夹心馅的各种糕点。

13．水果及水果制品：是指各类干鲜水果及其制品，包括各种水果、果用瓜、干果、蜜饯及水果罐头等。

14. 坚果及果仁制品：是指各类坚果、果仁及其制品的消费量，包括核桃、板栗、开心果等。

八、年末主要耐用消费品拥有情况

1. 自行车：也称单车、脚踏车。指各种牌号、型号、尺寸的男女自行车。包括普通标定车、加重车、轻便车、小轮车（包括折叠式）、赛车以及电动自行车。不包括儿童玩具车、手推车、小三轮车等。

2. 电风扇：指各种规格、型号的台扇、壁扇、落地扇以及吊扇，不包括排风扇。

3. 洗衣机：指各种规格、型号的自动、半自动、单缸、双缸家用洗衣机。

4. 电冰箱：指单门、双门、三门电冰箱，包括冰柜。

5. 摩托车：包括各种型号的摩托车、轻骑摩托车。

6. 黑白电视机：也称黑白电视接收机。包括各种牌号、尺寸的黑白电视机。

7. 彩色电视机：也称彩色电视接收机。包括各种牌号、尺寸的彩色电视机。

8. 录放像机：指各种牌号、规格的录放像机，包括单放像机和录放像机。

9. 摄像机：指各种牌号、规格的摄像机。

10. 收录机：指各种型号的收录机，一般具有收听、录音、扩音、重放、转录的功能。包括便携式、座式和落地式

11. 照相机：指各种牌号、型号的照像机。包括折合式、双镜头反光式和单镜头反光式。

12. 抽油烟机：指家庭炊事用抽油烟机，不包括排风扇。

13. 空调机：指具有空气的加热、冷却、增湿、减湿等功能的家用空气调节器，不包括冷暖风机。

14. 大型家俱：指各种不同类型的大型家俱，包括大衣柜、书柜、装饰柜等。

九、经济地带划分

1. 东部地区：包括北京、天津、河北、辽宁、上海、江苏、浙江、福建、山东、广东、广西、海南12个省（区、市）。

2. 中部地区：包括山西、内蒙、吉林、黑龙江、安徽、江西、河南、湖北、湖南9个省（区、市）。

3. 西部地区：包括重庆、四川、贵州、云南、西藏、陕西、甘肃、青海、宁夏、新疆10个省（区、市）。

4. 东部10省：包括北京、天津、河北、辽宁、上海、江苏、浙江、福建、山东、广东。

5. 西部12省：包括内蒙、广西、重庆、四川、贵州、云南、西藏、陕西、甘肃、青海、宁夏、新疆。